面向汽车的
新一代信息技术

崔胜民◎编

机械工业出版社
CHINA MACHINE PRESS

信息技术已经把我们带到了一个智能化的时代，信息技术的互联互通不仅催生了新技术、新经济，更深层次地改变了交通、工业、医疗、金融等领域，改变了人们的生活方式。

本书以新一代信息技术为主线，全面系统地介绍了人工智能、大数据、云计算、边缘计算、区块链、5G、V2X 和物联网的基本知识，以及它们的应用领域和应用案例，分析了新一代信息技术与自动驾驶汽车的关系。书中内容反映了新一代信息技术的最新研究成果。

本书内容新颖，图文并茂，通俗易懂，实用性强，可供汽车行业和信息行业的工程技术人员参考，也可作为高等院校相关专业信息技术的通识教育课参考教材，还可供信息技术和汽车爱好者阅读。

图书在版编目（CIP）数据

面向汽车的新一代信息技术／崔胜民编. —北京：
机械工业出版社，2021.4（2025.2 重印）
ISBN 978 - 7 - 111 - 67525 - 9

Ⅰ.①面… Ⅱ.①崔… Ⅲ.①信息技术-应用-汽车
Ⅳ.①U46 - 39

中国版本图书馆 CIP 数据核字（2021）第 028746 号

机械工业出版社（北京市百万庄大街 22 号 邮政编码 100037）
策划编辑：何士娟 责任编辑：何士娟 王 婕
责任校对：张 力 李 婷 责任印制：邓 博
北京盛通数码印刷有限公司印刷
2025 年 2 月第 1 版 第 2 次印刷
184mm×260mm · 13.25 印张 · 326 千字
标准书号：ISBN 978 - 7 - 111 - 67525 - 9
定价：99.90 元

电话服务 网络服务
客服电话：010 - 88361066 机 工 官 网：www.cmpbook.com
010 - 88379833 机 工 官 博：weibo.com/cmp1952
010 - 68326294 金 书 网：www.golden-book.com
封底无防伪标均为盗版 机工教育服务网：www.cmpedu.com

前 言
Preface

新一代信息技术是国务院确定的七个战略性新兴产业之一。新一代信息技术是以物联网、云计算、大数据、人工智能为代表的新兴技术，是当今世界创新最活跃、渗透性最强、影响力最广的技术，已经成为新一轮科技革命和产业变革的核心驱动力，正在对世界经济、社会进步和人民生活产生极其深刻的影响。

《新能源汽车产业发展规划（2021—2035年）》的颁布，旨在加快推进汽车向电动化、智能化和网联化方向快速发展。智能网联汽车发展的总体目标是到2035年，高度自动驾驶、完全自动驾驶的智能网联汽车具备与其他交通参与者间的网联协同决策与控制能力，各类网联式高度自动驾驶车辆广泛运行于中国广大地区。为了实现汽车智能化和网联化，新一代信息技术将承担重要使命。自动驾驶是汽车产业与人工智能、大数据、云计算、边缘计算以及物联网等新一代信息技术深度融合的产物，是当前全球汽车与交通出行领域智能化和网联化发展的主要方向，已成为各国争抢的战略制高点。

本书全面系统地介绍了新一代信息技术。全书共分8章，分别介绍了人工智能技术、大数据技术、云计算技术、边缘计算技术、区块链技术、5G技术、V2X技术和物联网技术的基本知识，以及它们的应用领域和典型应用案例，同时介绍了新一代信息技术与自动驾驶汽车的关系。

本书在编写过程中，注重知识的完整性、实用性和先进性，精选行业真实案例，通俗易懂，便于非信息类专业人员阅读。通过对本书的学习，可以帮助读者快速了解新一代信息技术及其在各行各业中的应用，开阔视野，激发创新思维，提高信息素养，培养运用新一代信息技术解决问题的能力，为培养熟悉新一代信息技术的高素质技术人才以及"汽车+IT+通信"的复合型创新人才奠定基础。

在本书编写过程中，参考了广泛的资料，特向各位作者表示深切的谢意。

由于编者学识有限，书中难免有疏漏之处，恳盼读者给予指正。

编 者

2020 年 12 月

目录 Contents

第3章

云计算技术及应用

Contents

Contents

Contents

第1章
人工智能技术及应用

概述
人工智能技术
人工智能技术的应用

目前，人工智能产品在日常生活中无处不在，如智能手机、智能机器人、智能无人机、智能家居以及自动驾驶汽车等。这些智能产品正在改变人们的生活，促进人类社会的进步。人工智能已经成为新一轮科技革命和产业变革的核心驱动力，正在对世界经济、社会进步和人民生活产生极其深刻的影响。人工智能在5G、物联网、云计算以及边缘计算的协同下，成为能够真正改变现有人类社会生产工艺的科学技术。

1.1 概述

1.1.1 人工智能的定义与分类

1. 人工智能的定义

目前，人工智能（AI）没有统一的定义标准。在 AI 的发展过程中，不同学科背景的学者在不同发展阶段对 AI 有着不同的理解。综合起来，可以从"能力""学科"和"实用"三个方面对人工智能进行定义。从能力角度看，人工智能是指用人工的方法在机器上实现的智能；从学科角度看，人工智能是研究如何构造智能机器或智能系统，使它能模拟、延伸和扩展人类智能的学科；从实用角度看，人工智能是指用机器实现所有目前必须借助人类智慧才能实现的任务。

人工智能的定义示意图如图 1-1 所示。

当使用人工智能技术时，经常涉及机器学习和深度学习这两个术语。如何理解人工智能、机器学习和深度学习的关系呢？

人工智能是让计算机以某种方式模仿人类行为；机器学习是人工智能的一个子集，它指通过数据训练出能完成一定功能的模型，是实现人工智能的手段之一，也是目前最主流的人工智能实现方法；深度学习是机器学习的一个子集，它是

图1-1 人工智能的定义示意图

利用深度神经网络来解决特征表达的一种学习过程，其动机在于建立、模拟人脑进行分析学习的神经网络，从而模仿人脑的机制来解释数据，如图像、声音、文本等。一般超过8层的神经网络模型就叫深度学习。

机器学习是一种实现人工智能的方法，深度学习是一种实现机器学习的技术，三者之间的关系如图1-2所示。

图1-2　人工智能、机器学习和深度学习的关系

2. 人工智能的分类

人工智能分为弱人工智能、强人工智能和超人工智能。

（1）弱人工智能　弱人工智能只专注于完成某个特定的任务，例如语音识别、图像识别和翻译等，是擅长于单个方面的人工智能。它们只是用于解决特定的具体类的任务问题，大都是统计数据，以此从中归纳出模型。弱人工智能的产生减轻了人类智力劳动，类似于高级仿生学。无论是阿尔法围棋（Alpha Go），还是能够撰写新闻稿和小说的机器人，目前仍然还只属于弱人工智能范围，它们的能力仅在某些方面超过了人类。

（2）强人工智能　强人工智能属于人类级别的人工智能，在各方面都能和人类比肩，它能够进行思考、计划、解决问题、抽象思维、理解复杂理念、快速学习和从经验中学习等操作，并且和人类一样得心应手，可以让机器人全方位实现类人的能力。

（3）超人工智能　超人工智能在几乎所有领域都比最聪明的人类大脑要聪明许多，包括科学创新、通识和社交技能。在超人工智能阶段，人工智能的计算和思维能力已经远超人脑。此时的人工智能将打破人脑受到的维度限制，其所观察和思考的内容，人脑已经无法理解，人工智能将形成一个新的社会。

现有的科技发展水平还处于弱人工智能阶段，但正逐渐向强人工智能发展。

3. 人工智能的层级

人工智能可以分为四个层级，分别是算法、研究方法、技术领域和应用领域，如图1-3所示。

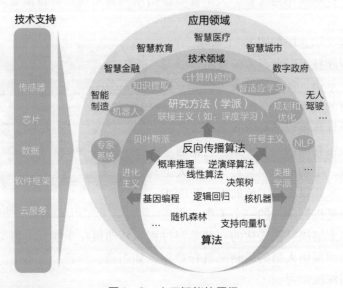

图1-3　人工智能的层级

1.1.2　人工智能的发展历程

1. 人工智能的发展阶段

人工智能的发展分为计算智能、感知智能和认知智能三个阶段。

（1）计算智能阶段　在计算智能阶段，机器可以像人类一样存储、计算和传递信息，帮助人类存储和快速处理海量数据，有赖于算法的优化和硬件的技术进步。这一阶段是感知智能和认知智能的基础。

（2）感知智能阶段　在感知智能阶段，机器具有类似人的感知能力，如视觉、听觉等，不仅可以听懂、看懂，还可以基于此做出判断并做出反馈或采取行动，即"能听会说，能看会认"，包括图像识别、语音识别等技术。目前，国内外人工智能技术发展主要集中于这一阶段。

（3）认知智能阶段　在认知智能阶段，机器能够像人一样主动思考并采取行动，全面辅助或替代人类进行工作。这一阶段是人工智能的最高级形态，也是行业未来的着力点。

2. 人工智能发展的三次热潮

从历史的时间进程来看，人工智能的发展历程如图 1-4 所示。

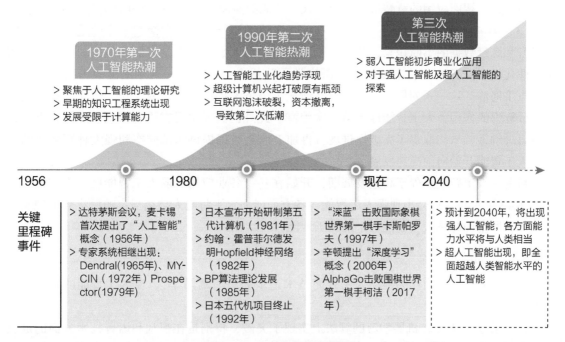

图 1-4　人工智能的发展历程

1956 年，在美国达特茅斯学院举办的人工智能会议上，达特茅斯学院的麦卡锡首次提出了"人工智能"的概念，此次会议被公认为是人工智能这一学科的起源，1956 年也被称为人工智能的元年。自 1956 年以来，人工智能的发展经历了三次浪潮。

（1）第一次浪潮（1956—1974 年）　这一时期主要聚焦人工智能的理论研究，形成了早期的知识工程系统，推出了一系列专家系统。1957 年，罗布森拉特发明了感知机；1965 年，第一个专家系统（Dendral）出现。该专家系统输入的是质谱仪的数据，输出是给定物质的化学结构。1972 年，美国斯坦福大学开发的 AI 程序（MYCIN），旨在通过推荐某些传染病的治疗方法来协助医生。1979 年，斯坦福大学推出了地质勘探专家系统（Prospector）。这一时期出现了很多人工智能系统。

第一次浪潮最杰出的代表就是贝尔曼算法和感知机，贝尔曼算法又称为最短路径算法，是增强学习的雏形；感知机是一种人工神经网络，被视为一种形式最简单的前馈式人工神经网络，是一种二元线性分类器，也是深度学习的雏形。

然而，随着计算能力的不足、社会资本的退出以及政府资助的下降，人工智能迎来第一次寒冬。

（2）第二次浪潮（1974—2006 年）　相比第一次浪潮，第二次浪潮朝着更为专业化的方向发展，侧重于借用领域专家的知识来武装自己。这一时期，人工智能工业化趋势浮现。1981 年，日本宣布开始研制第五代计算机；1982 年，约翰·霍普菲尔德发明了 Hopfield 神经网络，它属于反馈式神经网络；1985 年，BP 算法被发明。第二次浪潮更专注于解决实际问题，不再专注于理论知识的证明。

第二次浪潮的主要成就是人工智能计算机、多层神经网络和 BP 反向传播等算法的突破，以及语音识别和语言翻译等。

由于人工智能应用的范畴依旧有限，人工智能的浪潮在 20 世纪 90 年代开始逐渐消退。

（3）第三次浪潮（2006 年至今）　与前两次浪潮不同，第三次浪潮依靠的是计算机性能的提升和海量数据的不断积累，其核心是基于互联网大数据深度学习的突破，弱人工智能初步商业化应用。2006 年，辛顿提出"深度学习"概念；2017 年，阿尔法围棋击败围棋世界第一棋手柯洁。这一系列促使人工智能逐渐成为当下炙手可热的研究领域。依靠算法、大数据、计算力的作用，人工智能迎来第三次浪潮。此外，深度学习在语音识别、图像识别、自然语言理解等领域均取得了突破性进展，再加上海量数据提供测试样本和强大计算能力的支持，人工智能开始向前高速发展。

目前，人工智能正处于高速发展期，开始在各行各业应用。弱人工智能已基本成熟，预计到 2040 年左右，将会出现强人工智能，各方面能力水平将与人类相当；随后将会出现超人工智能，即全面超越人类智能水平的人工智能。

3. 人工智能发展的"三驾马车"

算法、数据和算力作为推动人工智能技术进步的"三驾马车"，在人工智能的发展历程中不断创新。

（1）算法　人类在机器学习的算法上实现了突破，特别是在视觉和语音技术方面的成就尤为突出。人工智能算法模型经过长期发展，已覆盖多个子领域。以机器学习为例，其核心算法包括最小二乘法、K 近邻算法、K 均值聚类算法、主成分分析法；模型包括线性回归、逻辑回归、判定树、聚类、支持向量机等。

（2）数据　数据是人工智能底层逻辑中不可或缺的支撑要素。没有数据，针对人工智能的数据处理将无法进行。移动互联网时代使数据量呈爆炸式增长，随着大数据技术的不断提升，人工智能赖以学习的数据获得成本下降，同时对数据的处理速度大幅提升。随着人工智

能技术的迭代更新，从数据生产、采集、存储、计算、传播到应用都将被机器所替代。数据
处理的发展阶段如图 1-5 所示。

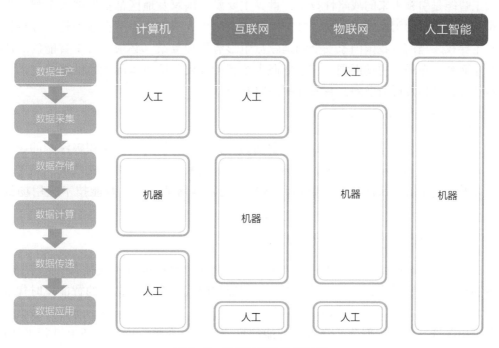

图1-5 数据处理的发展阶段

（3）算力 得益于芯片处理能力的提升和硬件价格的下降，算力大幅提升。目前，全球
人工智能的算力主要是以图形处理器（GPU）芯片为主。但随着技术的不断迭代，如专用集
成电路、现场可编程门阵列在内的计算单元类别将成为支撑人工智能技术发展的底层技术。

4. 我国人工智能的发展历程

我国人工智能的发展历程可以分为起步阶段、成长阶段和爆发阶段。

（1）起步阶段（1978—1999 年） 1978 年，国家把"智能模拟"纳入国家研究计划；
1981 年 9 月，中国人工智能学会在长沙成立。

（2）成长阶段（2000—2016 年） 进入 21 世纪之后，我国的人工智能与智能系统的研
究课题获得国家的大力支持，视觉与听觉的认知计算、中文智能搜索引擎关键技术、虹膜识
别、语音识别、人机交互与合作等领域的研究获得了国家专项基金的支持，技术也取得了重
大突破。

（3）爆发阶段（2017 年至今） 2017 年 5 月，阿尔法围棋成功战胜围棋世界冠军，人
工智能吸引了全世界的关注；2017 年 7 月，国务院印发《新一代人工智能发展规划》，指导
构建我国人工智能发展的先发优势，加快建设创新型国家和世界科技强国，将人工智能的未
来发展上升为国家战略。

1.1.3 人工智能发展的战略意义

我国发展人工智能具有重要的战略意义。

1. 人工智能成为国际竞争的新焦点

人工智能是引领未来的战略性技术，世界主要发达国家及地区都把发展人工智能作为提升国家竞争力、推动国家经济增长、维护国家安全的重大战略，力图在新一轮国际科技竞争中掌握主导权。当前，我国国家安全和国际竞争形势更加复杂，必须把人工智能发展放在国家战略层面系统布局、主动谋划，牢牢把握人工智能发展新阶段国际竞争的战略主动，打造竞争新优势，开拓发展新空间，有效保障国家安全。

2. 人工智能成为经济发展的新引擎

人工智能作为新一轮产业变革的核心驱动力，正在对我国经济产生积极深刻的影响。近年来，人工智能受到国家高度重视，相继出台了一系列鼓励人工智能发展政策。随着新基建的推进以及 5G 通信、云计算、大数据和物联网的发展落地，人工智能技术应用场景越来越多。

3. 人工智能助推产业转型升级

在 2019 年全国两会上，"人工智能（AI）+"的概念首次被写入政府工作报告中。随着人工智能技术的不断进步，目前已经进入新的智能化时代。企业要在新的智能化时代继续保持并提升自身的核心竞争力，就必须充分利用各个环节、要素及参与者的全方位数据，从海量的数据中筛选有价值的部分，将人工智能的算法、算力在整个产业链条上进行灵活调用，以此提升产品质量和服务水平，解决关键痛点，创造新的价值。

人工智能可以助推农业、制造业、零售业、教育、营销、医疗等各产业智能化转型升级，如图 1-6 所示。

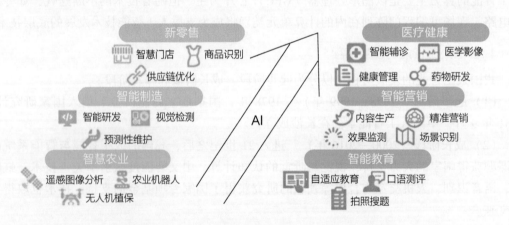

图1-6　人工智能可以助推各产业智能化转型升级

4. 人工智能改变人们的生活方式

目前，机器学习、深度学习、图像识别、语音识别等人工智能技术已经广泛应用于智能终端、智能家居、移动支付等领域。未来，人工智能技术还将在教育、医疗、出行等与人民生活息息相关的领域里发挥更为显著的作用，为人们提供覆盖更广、体验感更优、便利性更佳的生活服务。

近年来，金融、营销、安防、客服、教育等场景在信息技术（IT）基础设施、数据质量、对新技术的接受周期等 AI 发展基础条件方面表现较优；在当下市场规模、行业发展增速、解决方案落地效果和政策导向等诸多因素的影响下，它们将产生较高的商业化渗透和对传统产业的提升程度。在其余产业中，制造场景由于基础建设复杂，数据获取难度较大，且实际智能应用仍较为边缘化，AI 应用短期内渗透释放难度较大；医疗、零售、交通等场景随着 AI 技术与场景核心痛点匹配度上升，产品逐渐完善，未来将激发更大的价值；农业场景因为技术基础、商业模式、购买能力等问题，目前 AI 的赋能作用尚不明显，有待进一步探索。

人工智能产业成熟度评估模型如图 1-7 所示。

图 1-7　人工智能产业成熟度评估模型

1.1.4　人工智能的发展布局

为了抢占 AI 发展的制高点，全球科技巨头加速 AI 布局，助力 AI 快速发展。

百度 AI 全面赋能，加速推进产业智能化，其主要布局如图 1-8 所示。

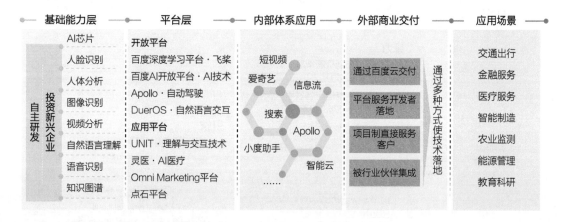

图 1-8　百度 AI 主要布局

阿里聚焦产业 AI，定位技术底座，其主要布局如图 1-9 所示。

腾讯着眼于消费级 AI 多维应用场景与产业级 AI 技术使能，其主要布局如图 1-10 所示。

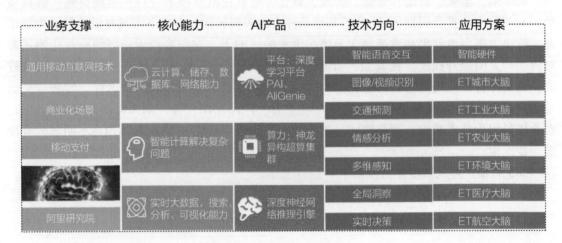

图1-9　阿里 AI 主要布局

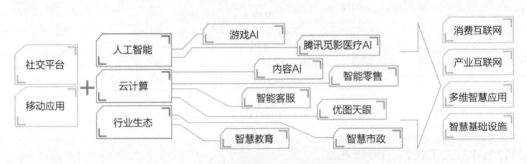

图1-10　腾讯 AI 主要布局

海外科技巨头谷歌、脸书、微软等关注基础能力，基于自身基因发展应用，其主要布局如图 1-11 所示。

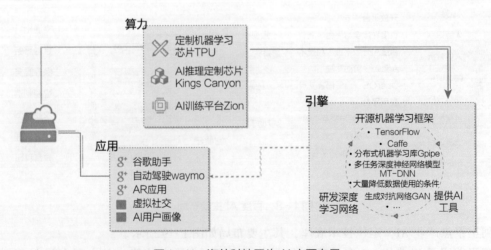

图1-11　海外科技巨头 AI 主要布局

1.2　人工智能技术

1.2.1　机器学习

1. 机器学习的定义

机器学习是人工智能的一个重要子领域，涵盖概率论、统计学、近似理论和复杂算法等知识，是使用计算机作为工具并致力于真实、实时地模拟人类学习方式，并将现有内容进行知识结构划分来有效提高学习效率。

机器学习还有下面几种定义：

1）机器学习是一门人工智能的科学，该领域的主要研究对象是人工智能，特别是如何在经验学习中改善具体算法的性能。

2）机器学习是对能通过经验自动改进的计算机算法的研究。

3）机器学习是用数据或以往的经验，以此优化计算机程序的性能标准。

4）机器学习是一种通过利用数据训练出模型，然后使用模型预测的一种方法。

机器学习与人类学习的比较如图 1-12 所示，机器学习是依靠历史数据建立模型，再根据新的数据预测未知属性；人类学习是依靠经验归纳出规律，再根据新的问题预测未来。机器学习中的"训练"与"预测"过程可以对应到人类的"归纳"与"预测"过程。通过这样的对应可以发现，机器学习的思想并不复杂，仅仅是对人类在生活中学习成长的一个模拟。

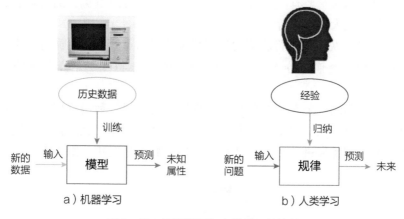

图 1-12　机器学习与人类学习的比较

2. 机器学习的分类

机器学习的分类方法很多，如基于学习策略的分类、基于学习方法的分类、基于学习方式的分类、基于数据形式的分类、基于学习目标的分类等。其中最常用的分类是基于学习方式的分类。

基于学习方式的分类，机器学习分为监督学习、非监督学习和强化学习，其中监督学习又分为分类学习、回归学习、排序学习、匹配学习等，如图1-13所示。

（1）监督学习 监督学习是从给定的训练数据集中学习出一个函数（模型参数），当新的数据到来时，可以根据这个函数预测结果。监督学习的训练集要求包括输入和输出，也可以说是特征和目标。分类是最常见的机器学习应用问题，如垃圾邮件过滤、人脸检测、用户画像、网页归类等，本质上都是分类问题。

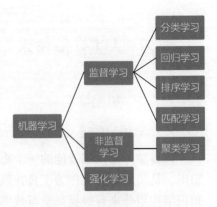

图1-13　机器学习的分类

监督学习是训练神经网络和决策树的常用技术。这两种技术高度依赖事先确定的分类系统给出的信息，对于神经网络，分类系统利用信息判断网络的错误，然后不断调整网络参数；对于决策树，分类系统用它判断哪些属性提供了最多的信息。

监督学习最典型的算法是K近邻算法和支持向量机。

（2）非监督学习 对于非监督学习，输入数据没有标签，也没有确定的结果。样本数据类别未知，需要根据样本间的相似性对样本集进行聚类，试图使类内差距最小化，类间差距最大化。非监督学习的目标不是告诉计算机怎么做，而是让计算机自己去学习怎样做事情。

（3）强化学习 强化学习就是通过结果的反馈来对有效规则进行强化，并弱化无效或者较差的规则。与监督学习的不同之处在于，在学习器的训练前没有标记样本的结果，而需要通过尝试来得到各种行为的结果，进而对训练本身进行反馈。

3. 机器学习的常用算法

机器学习的常用算法主要有决策树、朴素贝叶斯、支持向量机、随机森林、人工神经网络、关联规则和期望最大化算法等。

（1）决策树 使用决策树进行决策的过程就是从根结点开始，测试待分类项中相应的特征属性，并按照其值选择输出分支，直到到达叶子结点，将叶子结点存放的类别作为决策结果。

图1-14所示为预测一个人是否会购买计算机的决策树。利用这棵树，可以对新的记录进行分类。从根结点（年龄）开始，如果某个人的年龄为中年，就直接判断这个人会买计算机；如果是青少年，则需要进一步判断是否是学生；如果是老年，则需要进一步判断其信用

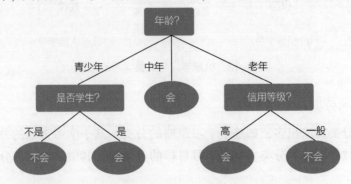

图1-14　预测一个人是否会购买计算机的决策树

等级。假设客户甲具备以下 4 个属性：年龄 20、低收入、身份是学生、信用一般。通过决策树的根结点判断年龄，判断结果为客户甲是青少年，符合左边分支；再判断客户甲是否是学生，判断结果为客户甲是学生，符合右边分支，最终客户甲落在"会"的叶子结点上。因此，预测客户甲会购买计算机。

（2）朴素贝叶斯　朴素贝叶斯是基于贝叶斯定理与特征条件独立假设的分类方法。在所有的机器学习分类算法中，朴素贝叶斯和其他绝大多数的分类算法都不同。对于大多数的分类算法，比如决策树、支持向量机等，都是判别方法，也就是直接学习出特征输出 Y 和特征 X 之间的关系，要么是决策函数 $Y=f(X)$，要么是条件分布 $P(Y|X)$。但是朴素贝叶斯却是生成方法，也就是直接找出特征输出 Y 和特征 X 的联合分布 $P(X,Y)$，然后用 $P(Y|X) = P(X,Y)/P(X)$ 得出。朴素贝叶斯很直观，计算量也不大，在很多领域有广泛的应用。

（3）支持向量机　支持向量机是一个类分类器，是一个能够将不同类样本在样本空间分隔的超平面。换句话说，给定一些标记好的训练样本，支持向量机算法就可以输出一个最优化的分隔超平面。支持向量机应用于垃圾邮件识别、人脸识别等多种分类问题。

假设给定一些分属于两类的二维点，如图 1-15 所示，这些点可以通过多条直线分割，但目标是要找到一条最优的分割线。注意：在这个示例中，只考虑直角平面坐标系的点和线，而不考虑高维的向量与超平面。这一简化是为了以更加直观的方式建立起对支持向量机的理解，但是其基本原理同样适用于更高维的样本分类。

在图 1-15 中可以观测到有多条直线能够将两类样本分开，但哪条是最优的？可以定义评价直线最优的标准：距离样本太近的直线不是最优的。因为这样的直线对噪声敏感度高，泛化性较差。因此，该示例的目标就是找到一条直线，离所有点的距离最远。

支持向量机算法的实质就是找出一个能够将某个值最大化的超平面，这个值就是超平面离所有训练样本的距离最小，这个最小距离称为间隔。最优分割超平面就是最大化训练数据的间隔，如图 1-16 所示。

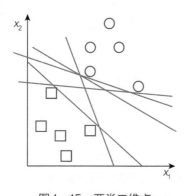

图 1-15　两类二维点

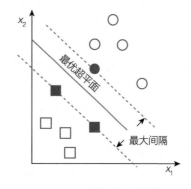

图 1-16　最优分割超平面

（4）随机森林　随机森林是指利用多棵决策树对样本数据进行训练、分类并预测的一种方法。它在对数据进行分类的同时，还可以给出各个变量（基因）的重要性评分，评估各个变量在分类中所起的作用。随机森林主要是应用于回归和分类这两种场景，又侧重于分类。对于分类问题，按多棵树分类器投票决定最终分类结果；对于回归问题，则由多棵树预测值的均值决定最终预测结果。

随机森林分类过程示意图如图 1 – 17 所示。

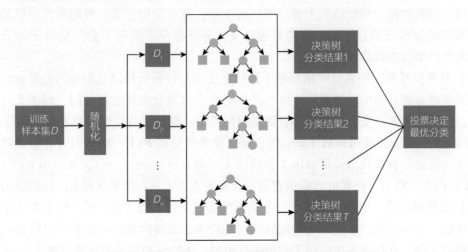

图 1 – 17　随机森林分类过程示意图

（5）人工神经网络　人工神经网络是从信息处理角度对人脑神经元网络进行抽象，建立某种简单模型，按不同的连接方式组成不同的网络。

一个简单的人工神经网络逻辑架构如图 1 – 18 所示，它分成输入层、隐含层和输出层。输入层负责接收信号，隐含层负责对数据进行分解与处理，最后的结果被整合到输出层。每层中的一个圆代表一个处理单元，可以认为是模拟了一个神经元。若干个处理单元组成一个层，若干个层再组成一个网络，也就是神经网络。

（6）关联规则　关联规则是用规则去描述两个变量或多个变量之间的关系，是客观反映数据本身性质的方法。它是机器学习的一大类任务，可分为两个阶段，先从资料集中找到高频项目组，再去研究它们的关联规则，其得到的分析结果即是对变量间规律的总结。

（7）期望最大化　期望最大化算法是统计学中通过不断迭代得到模型中参数的最大似然或最大后验概率的方法，其中模型依赖于未观测的隐藏变量。

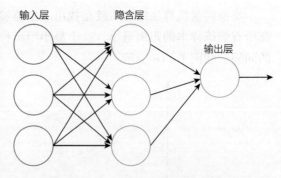

图 1 – 18　人工神经网络逻辑架构

例如，食堂的大师傅炒了一份菜，要等分成两份给两个人吃，显然没有必要拿来天平精确地去称分量，最简单的办法是先随意地把菜分到两个碗中，观察是否一样多，然后把比较多的那一份取出一点放到另一个碗中，这个过程一直迭代地执行下去，直到大家看不出两个碗所容纳的菜有什么分量上的不同为止。

4. 机器学习的范围

机器学习的范围包括模式识别、数据挖掘、统计学习、计算机视觉、语音识别和自然语言处理等，如图 1 – 19 所示。

图 1-19　机器学习的范围

（1）模式识别　模式识别是指用计算机通过计算的方法，根据样本的特征对样本进行分类，它包括文字识别、指纹识别和图像识别等，是典型的机器学习。

（2）数据挖掘　数据挖掘是指从数据库的大量数据中揭示出隐含的、先前未知的并有潜在价值的信息过程。数据挖掘的算法主要包括神经网络法、决策树法、遗传算法、粗糙集法、模糊集法和关联规则法等。

（3）统计学习　统计学习是指使用统计方法的一种机器学习，可视作基于数据的机器学习问题的一个特例。从一些观测（训练）样本出发，试图得到一些目前不能通过原理分析得到的规律，并利用这些规律来分析客观对象，从而对未来的数据进行较为准确的预测。

（4）计算机视觉　计算机视觉是指用摄像头和计算机代替人眼对目标进行识别、跟踪和测量等的机器视觉，并进一步做图像处理，使计算机处理成为更适合人眼观察或传送给仪器检测的图像。

（5）语音识别　语音识别也被称为自动语音识别，其目标是将人类语音中的词汇内容转换为计算机可读的输入，例如按键、二进制编码或者字符序列。与说话人识别及说话人确认不同，后者尝试识别或确认发出语音的说话人而非其中所包含的词汇内容。

（6）自然语言处理　自然语言处理是计算机科学领域与人工智能领域中的一个重要方向。它研究能实现人与计算机之间用自然语言进行有效通信的各种理论和方法。自然语言处理是一门融语言学、计算机科学、数学于一体的科学。自然语言处理并不是一般地研究自然语言，而在于研制能有效地实现自然语言通信的计算机系统，特别是其中的软件系统，因而它是计算机科学的一部分。

1.2.2　深度学习

1. 深度学习的定义

深度学习是机器学习的一个类型，其模型直接从图像、文本或声音中学习执行分类任务。通常使用神经网络架构实现深度学习。深度是指网络中的层数，层数越多，网络越深。传统的神经网络只包含2层或3层，而深度网络可能有几百层。

深度神经网络由一个输入层、多个隐含层和一个输出层组成。各层通过节点或神经元相互连接，每个隐含层使用前一层的输出作为其输入，如图1-20所示。

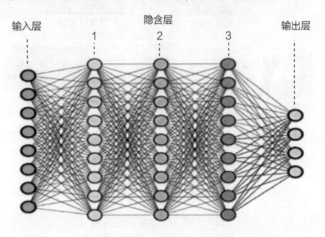

图1-20　深度神经网络

深度学习算法与其他算法的比较如图1-21所示。基于规则的系统一般会编写显示的规则逻辑，这些逻辑一般是针对特定的任务设计的，并不适合其他任务。传统机器学习算法一般会人为设计具有一定通用性的特征检测方法，如尺度不变特征变换、方向梯度直方图特征，这些特征能够适合某一类的任务，具有一定的通用性。但是如何设计特征方法，特征方法的好坏是问题的关键。神经网络的出现，使得人为设计特征这一部分工作可以通过神经网络让机器自动学习，不需要人类干预。但是浅层神经网络的特征提取能力较为有限，而深层的神经网络擅长提取深层、抽象的高层特征，因此具有更好的性能表现。

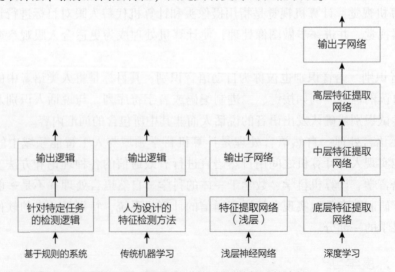

图1-21　深度学习算法与其他算法的比较

深度学习是机器学习的子类型。使用机器学习，需要手动提取图像的相关特征。使用深度学习，只需要将原始图像直接馈送给深度神经网络，该网络便可以自动学习特征。为了获得最佳结果，深度学习通常需要成百上千乃至数百万张图像，而且属于计算密集型，需要高性能图像处理器。

2. 深度学习的特点

与机器学习、浅层神经网络相比，深度学习通常具有以下特点。

（1）数据量 早期的机器学习算法比较简单，容易快速训练，需要的数据集规模也比较小，如 1936 年由英国统计学家 Ronald Fisher 收集整理的鸢尾花卉数据集（Iris）共包含 3 个类别的花卉，每个类别 50 个样本。随着计算机技术的发展，设计的算法越来越复杂，对数据量的需求也随之增大。1998 年，由 Yann LeCun 收集整理的手写数字图片数据集（MNIST）共包含 0 ~ 9 共 10 类数字，每个类别多达 7000 张图片。随着神经网络的兴起，尤其是深度学习，网络层数较深，模型的参数量达到成百上千万个，为了防止过拟合，需要的数据集的规模通常也是巨大的。现代社交媒体的流行也让收集海量数据成为可能，如 2010 年的图像数据集（ImageNet）收录了 14197122 张图片，整个数据集的压缩文件大小就有 154GB。

由于深度学习对数据集需求较高，所以收集数据尤其是收集带标签的数据，往往是代价昂贵的。数据集的形成通常需要手动采集、爬取原始数据，并清洗掉无效样本，再通过人类智能去标注数据样本，不可避免地会引入主观偏差和随机误差。因此，研究数据量需求较少的算法模型是非常有用的一个方向。

（2）计算能力 计算能力的提升是第三次人工智能复兴的一个重要因素。实际上，目前深度学习的基础理论在 1980 年就已经被提出，但直到 2012 年基于两块 GTX580 GPU 训练的卷积神经网络（AlexNet）发布后，深度学习的真正潜力才得以发挥。传统的机器学习算法并不像神经网络这样对数据量和计算能力有严苛的要求，通常在中央处理器上串行训练即可得到满意结果。但是深度学习非常依赖并行加速计算设备，目前的大部分神经网络均使用英伟达的图形处理器和谷歌的张量处理器或其他神经网络并行加速芯片训练模型参数。

（3）网络规模 早期的感知机模型和多层神经网络层数只有 1 层或者 2 ~ 4 层，网络参数量也在数万左右。随着深度学习的兴起和计算能力的提升，神经网络层数不断增加，8 层、16 层、22 层、50 层、121 层的模型相继被提出，同时输入图片的大小也从 28×28 逐渐增大，变成 224×224、299×299 等，这些使得网络的总参数量可达到千万级别。

网络规模的增大，使得神经网络的容量相应增大，从而能够学习到复杂的数据模态，模型的性能也会随之提升；另一方面，网络规模的增大，意味着更容易出现过拟合现象，训练需要的数据集和计算代价也会变大。

（4）通用智能 在过去，为了提升某项任务上的算法性能，往往需要手动设计相应的特征和先验设定，以帮助算法更好地收敛到最优解。这类特征或者先验往往是与具体任务场景强相关的。一旦场景发生了变动，这些依靠人工设计的特征或先验便无法自适应新场景，往往需要重新设计算法模型，模型的通用性不强。

设计一种像人脑一样可以自动学习、自我调整的通用智能机制一直是人类的共同愿景。从目前来看，深度学习是最接近通用智能的算法之一。在计算机视觉领域，过去需要针对具体的任务设计特征、添加先验的做法，已经被深度学习完全抛弃，目前在图像识别、目标检测、语义分割等方向，几乎全是基于深度学习端到端的训练，获得的模型性能好，适应性强。

3. 深度学习的应用

深度学习算法已经广泛应用到人们的生活中，例如手机中的语音助手、自动驾驶汽车、人脸支付等。下面将从计算机视觉、自然语言处理和强化学习三个领域入手，介绍深度学习的一些主流应用。

（1）计算机视觉　计算机视觉可用于图像识别、目标检测、语义分割、视频理解和图像生成等。

1）图像识别。图像识别是常见的分类问题。神经网络的输入为图像数据，输出值为当前样本属于每个类别的概率，通常选取概率值最大的类别作为样本的预测类别。图像识别是最早成功应用深度学习的任务之一。

2）目标检测。目标检测是指通过算法自动检测出图像中常见物体的大致位置，通常用边界框表示，并分类出边界框中物体的类别信息，如图1-22所示。

图1-22　目标检测效果图

3）语义分割。语义分割是通过算法自动分割并识别出图像中的内容，可以将语义分割理解为每个像素点的分类问题，分析每个像素点属于物体的类别，如图1-23所示。

图1-23　语义分割效果图

4）视频理解。视频理解随着深度学习的发展在二维（2D）图像的相关任务上取得较好的效果，具有时间维度信息的三维（3D）视频理解任务受到越来越多的关注。常见的视频理解任务有视频分类、行为检测、视频主体抽取等。

5）图像生成。图像生成通过学习真实图像的分布，并从学习到的分布中采样而获得逼真度较高的生成图像。目前模型产生的图像样本已经达到了肉眼难辨真伪的效果，如图 1-24 所示。

图 1-24　模型生成的图像

除了上述应用，深度学习还在其他方向上取得了不俗的效果，比如艺术风格迁移、超分辨率、图像去噪/去雾、灰度图像着色等一系列非常实用酷炫的任务。

（2）自然语音处理　自然语音处理的典型应用有机器翻译和聊天机器人。

1）机器翻译。过去的机器翻译算法通常是基于统计机器翻译模型，这也是 2016 年前谷歌（Google）翻译系统采用的技术。2016 年 11 月，谷歌基于 Seq2Seq 模型上线了谷歌神经机器翻译系统，首次实现了源语言到目标语言的直译技术，在多项任务上实现了 50% ~ 90% 的效果提升。

2）聊天机器人。聊天机器人也是自然语言处理的一项主流任务，通过机器自动与人类对话，对于人类的简单诉求提供满意的自动回复，提高客户的服务效率和服务质量。常应用于咨询系统、娱乐系统和智能家居等。

（3）强化学习　强化学习的典型应用有虚拟游戏、机器人和自动驾驶汽车等。

1）虚拟游戏。相对于真实环境，虚拟游戏平台既可以训练、测试强化学习算法，又可以避免无关干扰，同时也能将实验代价降到最低。

2）机器人。在真实环境中，机器人的控制已经取得很大的进展。美国波士顿动力公司制造的机器人在复杂地形行走、多智能体协作等任务上表现良好，如图 1-25 所示。

3）自动驾驶汽车。自动驾驶被认为是强化学习短期内能技术落地的一个应用方向，很多公司投入大量资源在自动驾驶上，图 1-26 所示为百度的自动驾驶汽车。

图 1-25　美国波士顿动力公司制造的机器人

图 1-26　百度的自动驾驶汽车

1.2.3 语义分割

1. 语义分割的定义

语义分割是将标签或类别与图像的每个像素关联的一种深度学习算法，用来识别构成可区分类别的像素集合。例如，自动驾驶汽车需要识别车辆、行人、交通信号、人行道和其他道路特征等。

语义分割的一个简单例子就是将图像划分成两类。如图 1-27 所示，一副图像显示一个人在海边，与之相配的版本显示分割为两个不同类别的图像像素：人和背景。

图1-27 语义分割

语义分割并不局限于两个类别，可以更改对图像内容进行分类的类别数。例如，图 1-27 中的图像也可分割为四个类别：人、天空、水和背景。

2. 语义分割与目标检测的区别

语义分割可以作为对象检测的一种有用替代方法，因为它允许感兴趣对象在像素级别上跨越图像中的多个区域。这种技术可以清楚地检测到形态不规则的对象。相比之下，目标检测要求目标必须位于有边界的方框内，如图 1-28 所示。

图1-28 自动驾驶的车辆检测

3. 语义分割在自动驾驶中的应用

因为语义分割会给图像中的像素加上标签，所以精确性高于其他形式的目标检测。这使得语义分割适用于各种需要准确图像映射的行业应用，比如自动驾驶，通过区分道路、行人、人行道、电线杆和其他汽车等，让汽车识别可行驶的路径。图 1－29 所示为自动驾驶场景的语义分割。

a）原始图像

b）分割结果

图1-29　自动驾驶场景的语义分割

图 1－30 所示为激光雷达点云的语义分割。

a）激光点云　　　　b）分割结果

图1-30　激光雷达点云的语义分割

1.2.4　卷积神经网络

1. 神经网络的定义

神经网络也称为人工神经网络，是一种模仿生物神经网络行为特征的算法数学模型，由神经元（细胞体、细胞核、树突）、节点与节点之间的连接（轴突）所构成，如图 1－31 所示。

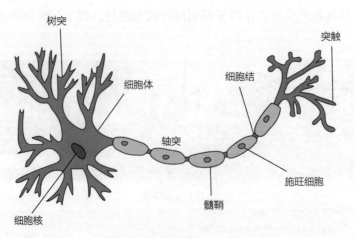

图1-31 生物的神经网络

每个神经网络单元抽象出来的数学模型如图 1-32 所示，也叫感知器，它接收多个输入 (x_1, x_2, x_3, …)，产生一个输出，这就好比是神经末梢感受各种外部环境的变化（外部刺激），然后产生电信号，以便于传导到神经细胞（又叫作神经元）。

单个感知器就构成一个简单的模型，但在现实世界中，实际的决策模型则要复杂得多，往往是由多个感知器组成的多层网络，如图 1-33 所示，这也是典型的神经网络结构，由输入层、隐含层和输出层构成。输入层、隐含层和输出层的单元可以有多个。

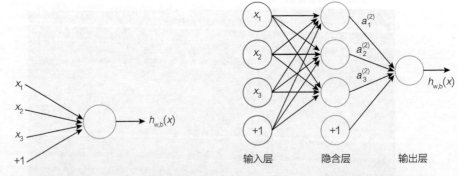

图1-32 神经网络单元抽象出来的数学模型　　　图1-33 典型的神经网络结构

隐含层也可以有多层，如图 1-34 所示为具有双隐含层的神经网络结构。

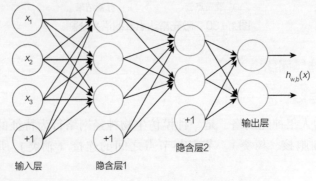

图1-34 具有双隐含层的神经网络结构

人工神经网络可以映射任意复杂的非线性关系，具有很强的鲁棒性、记忆能力、自学习等能力，在分类、预测、模式识别等方面有着广泛的应用。

2. 卷积神经网络的定义

卷积神经网络（Convolutional Neural Networks，CNN）是一类包含卷积计算且具有深度结构的前馈神经网络，是深度学习的代表算法之一。特别是在模式分类领域，由于该网络避免了对图像的复杂前期预处理，可以直接输入原始图像，因而得到了更为广泛的应用。

卷积神经网络包括一维卷积神经网络、二维卷积神经网络以及三维卷积神经网络。一维卷积神经网络主要用于序列类的数据处理，二维卷积神经网络常应用于图像类文本的识别，三维卷积神经网络主要应用于医学图像以及视频类数据识别。

卷积神经网络是一个多层的神经网络，每层由多个二维平面组成，而每个平面由多个独立神经元组成，如图 1－35 所示。

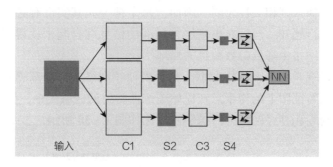

图 1－35　卷积神经网络结构

输入图像通过与三个可训练的滤波器和可加偏置进行卷积，卷积后在 C1 层产生三个特征映射图，然后特征映射图中每组的四个像素再进行求和、加权值、加偏置，通过一个 S 型函数得到三个 S2 层的特征映射图。这些映射图再经过滤波得到 C3 层，这个层级结构再经过与得到 S2 一样的过程产生 S4。最终，这些像素值被光栅化，并连接成一个向量输入到传统的神经网络，得到输出。

一般地，C 层为特征提取层，每个神经元的输入与前一层的局部感受野相连，并提取该局部的特征，一旦该局部特征被提取后，它与其他特征间的位置关系也随之确定下来；S 层为特征映射层，网络的每个计算层由多个特征映射组成，每个特征映射为一个平面，平面上所有神经元的权值相等。特征映射结构采用 S 型函数作为卷积网络的激活函数，使得特征映射具有位移不变性。

此外，由于一个映射面上的神经元共享权值，因而减少了网络自由参数的个数，降低了网络参数选择的复杂度。卷积神经网络中的每一个特征提取层（C 层）都紧跟着一个用来求局部平均与二次提取的计算层（S 层），这种特有的两次特征提取结构使网络在识别时对输入样本有较高的畸变容忍能力。

3. 卷积神经网络的应用案例

下面通过一个案例来学习卷积神经网络的应用。

假设给定一张图,可能是字母 X 或者字母 O,通过 CNN 即可识别出是 X 还是 O,如图 1-36 所示,这是怎么做到的呢?

卷积神经网络的处理顺序为图像输入、特征提取、卷积、池化、激活函数、深度神经网络、全连接层、卷积神经网络。

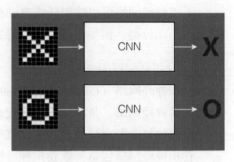

图 1-36 识别字母

(1)图像输入 采用经典神经网络模型,需要读取整幅图像作为神经网络模型的输入,即全连接的方式。图像尺寸越大,其连接的参数将变得越多,从而导致计算量非常大。

人类对外界的认知一般是从局部到全局,即先对局部有感知的认识,再逐步对全体有认知,这是人类的认识模式。在图像中的空间联系也是类似,局部范围内的像素之间联系较为紧密,而距离较远的像素则相关性较弱。因而,每个神经元其实没有必要对全局图像进行感知,只需要对局部进行感知,然后在更高层将局部的信息综合起来就得到了全局的信息。这种模式就是卷积神经网络中降低参数数目的局部感受野。

局部感受野就是视觉感受区域的大小。在卷积神经网络中,局部感受野的定义是卷积神经网络每一层输出的特征图上的像素点在原始图像上映射的区域大小,如图 1-37 所示。

经典神经网络与卷积神经网络的图像输入对比如图 1-38 所示。

全连接模式(经典神经网络)　　　　局部连接模式(卷积神经网络)

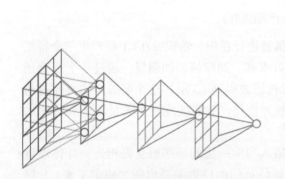
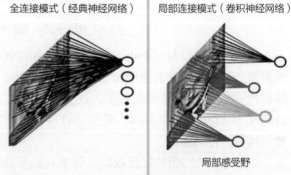

局部感受野

图 1-37　局部感受野　　　　图 1-38　经典神经网络与卷积神经网络的图像输入对比

(2)特征提取 如果字母 X、字母 O 是固定不变的,那么最简单的方式就是对图像之间的像素一一比对就行,但在现实生活中,字体都有着各个形态上的变化,例如平移、缩放、旋转以及微变形等,如图 1-39 所示。

对于各种形态变化的 X 和 O,都要通过 CNN 准确地识别出来,这就涉及应该如何有效地提取特征,作为识别的关键因子。对于 CNN,它是一小块一小块地来进行比对,在两幅图像中大致相同的位置找到一些粗糙的特征(小块图像)进行匹配,相比起传统的整幅图逐一比对的方式,CNN 的这种小块匹配方式能够更好地比较两幅图像之间的相似性,如图 1-40 所示。

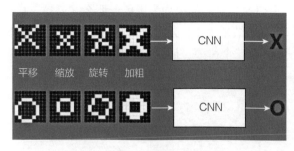

图1-39 字母形态的变化

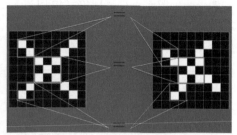

图1-40 CNN 的小块匹配

以字母 X 为例，可以提取出三个重要特征，即两个交叉线和一个对角线，如图 1-41 所示。

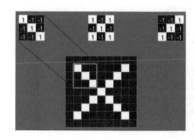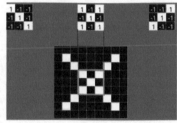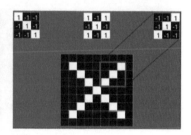

图1-41 字母 X 的三个重要特征

假如以像素值"1"代表白色，像素值"-1"代表黑色，则字母 X 的像素值特征如图 1-42所示。那么这些特征又是怎么进行匹配计算的呢?

图1-42 字母 X 的像素值特征

（3）卷积 当给定一张新图时，CNN 并不能准确地知道这些特征到底要匹配原图的哪些部分，所以它会在原图中把每一个可能的位置都进行尝试，相当于把这个特征变成一个过滤器。这个用来匹配的过程称为卷积操作，这也是卷积神经网络名字的由来。卷积的操作如图 1-43所示。

在本案例中，要计算一个特征和其在原图上对应的某一小块的结果，只需将两个小块内对应位置的像素值进行乘法运算，然后将整个小块内乘法运算的结果累加起来，最后再除以小块内像素点总个数即可。

1	1	1	0	0
0	1	1	1	0
0	0	1×1	1×0	1×1
0	0	1×0	1×1	0×0
0	1	1×1	0×0	0×1

图像

4	3	4
2	4	3
2	3	4

卷积

图1-43 卷积的操作

如果两个像素点都是白色（值均为1），那么1×1＝1，如果均为黑色，那么（－1）×（－1）＝1，也就是说，每一对能够匹配上的像素，其相乘结果为1。类似地，任何不匹配的像素相乘结果为－1。具体过程如图1－44所示，第一个、第二个……、最后一个像素的匹配结果。

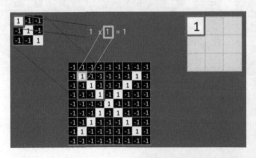
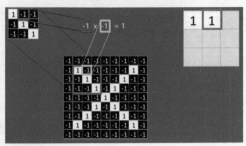
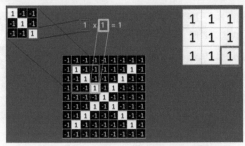

图1-44　字母X的像素匹配过程

根据卷积的计算方式，第一块特征匹配后的卷积计算如图1－45所示，结果为1。

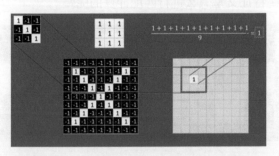

图1-45　第一块特征匹配后的卷积计算

对于其他位置的匹配也是类似，例如中间部分的匹配，如图1－46所示。

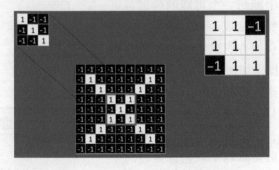

图1-46　字母X中间部分的匹配

计算之后的卷积如图 1-47 所示。

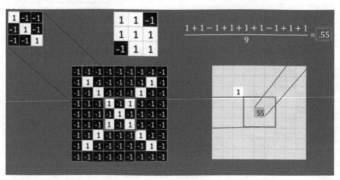

图 1-47　字母 X 中间部分卷积的计算结果

依此类推，对三个特征图像不断地重复上述过程，通过每一个特征的卷积操作，会得到一个新的二维数组，称之为特征映射。其中的值越接近 1，表示对应位置和特征的匹配越完整；越是接近 -1，表示对应位置和特征的反面匹配越完整；而值接近 0 则表示对应位置没有任何匹配或者说没有什么关联。当图像尺寸增大时，其内部的加法、乘法和除法操作的次数会增加得很快，每一个特征的大小和特征的数目呈线性增长。由于有许多因素的影响，很容易使得计算量变得相当庞大。

（4）池化　CNN 使用池化减少计算量。池化就是将输入图像进行缩小，减少像素信息，只保留重要信息。池化的操作也很简单，通常情况下，池化区域是 2×2 大小，然后按一定规则转换成相应的值，例如取这个池化区域内的最大值、平均值等，以这个值作为结果的像素值。

图 1-48 所示为左上角区域的池化结果，取该 2×2 区域（0.77，-0.11，-0.11，1.00）的最大值 1.00 作为池化后的结果。

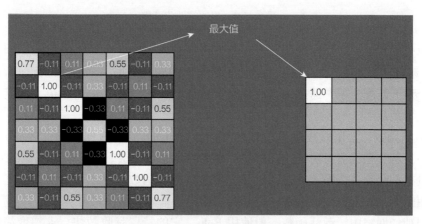

图 1-48　左上角区域的池化结果

第二小块区域（0.11，0.33，-0.11，0.33）取最大值 0.33 作为池化后的结果，如图 1-49 所示。

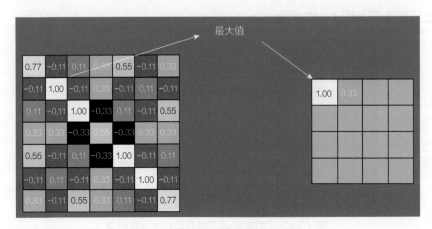

图1-49　第二小块区域的池化结果

其他区域也是类似，取区域内的最大值作为池化后的结果，最终的池化结果如图1-50所示。可以对所有的特征映射进行池化。

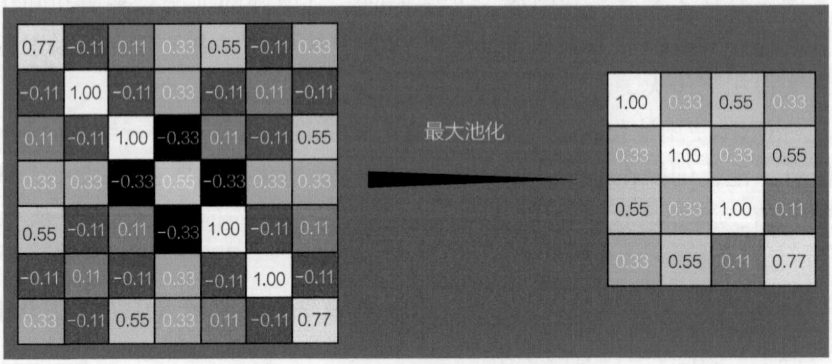

图1-50　最终的池化结果

最大池化保留每一小块内的最大值，相当于保留这一块最佳的匹配结果（因为值越接近1表示匹配越好）。也就是说，它不会具体关注窗口内到底是哪一个地方匹配了，而只关注是不是有某个地方匹配上了。通过加入池化层，可以使图像缩小，从而在很大程度上减少计算量，降低机器负载。

（5）激活函数　常用的激活函数有S型函数（Sigmoid）、双曲正切（Tanh）、线性整流函数（Relu）等，前两者常见于全连接层，后者常见于卷积层。

感知机在接收到各个输入后进行求和，再经过激活函数后输出，如图1-51所示。激活函数的作用是用来加入非线性因素，把卷积层输出结果做非线性映射。

在卷积神经网络中，激活函数一般使用Relu，它的特点是收敛快，求梯度简单。计算公式也很简单，max（0，T），即对于输入的负值，输出全为0；对于输入的正值，则原样输出。

下面看一下本案例的Relu激活函数操作过程。

第一个值，取max（0，0.77），结果为0.77，如图1-52所示。

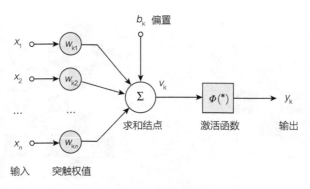

图 1 – 51　激活函数

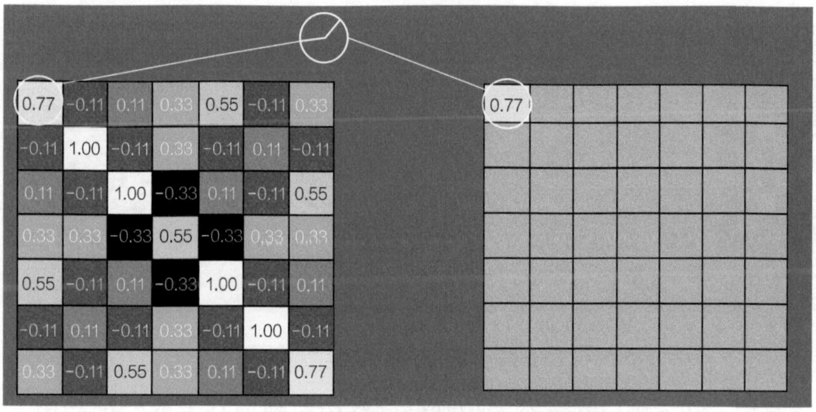

图 1 – 52　取 max(0,0.77)的结果

第二个值，取 max（0，－0.11），结果为 0，如图 1 – 53 所示。

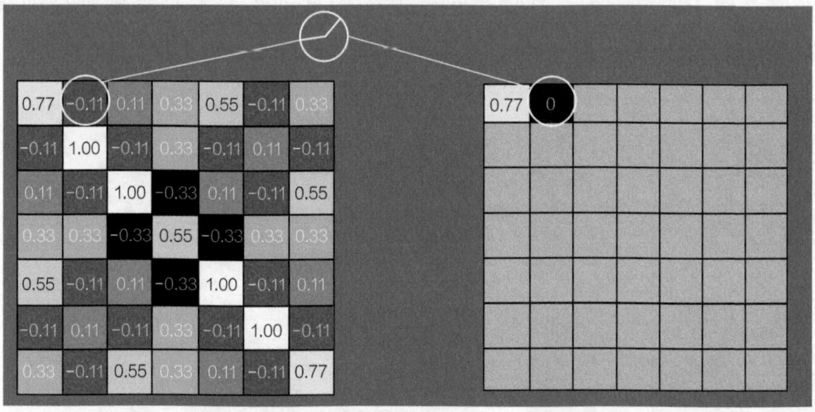

图 1 – 53　取 max(0,－0.11) 的结果

依此类推，经过 Relu 激活函数后，结果如图 1 – 54 所示。可以对所有的特征映射执行 Relu 激活函数操作。

（6）深度神经网络　通过将卷积、激活函数、池化组合在一起，加大网络的深度，增加更多的层，就得到了深度神经网络，如图 1 – 55 所示。

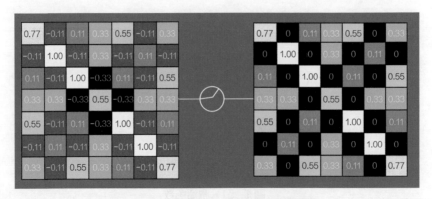

图1-54　经过 Relu 激活函数后的结果

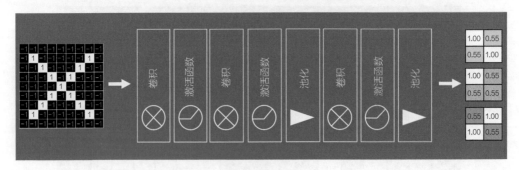

图1-55　深度神经网络

（7）全连接层　全连接层在整个卷积神经网络中起到"分类器"的作用，即通过卷积、激活函数、池化等深度网络后，再经过全连接层对结果进行识别分类。

首先将经过卷积、激活函数、池化的深度神经网络后的结果串联起来，如图1-56所示。

由于神经网络属于监督学习，在模型训练时，根据训练样本对模型进行训练，从而得到全连接层的权重，如预测字母 X 的所有连接的权重，如图1-57所示。

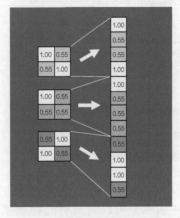

图1-56　串联深度神经网络的结果

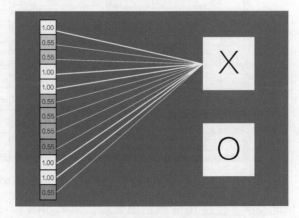

图1-57　预测字母 X 的所有连接的权重

在利用该模型进行结果识别时，根据刚才提到的模型训练得出来的权重，以及经过前面的卷积、激活函数、池化等深度网络计算出来的结果，进行加权求和，得到各个结果的预测

值，然后取值最大的作为识别的结果，如图 1 - 58 所示，最后计算出来字母 X 的识别值为
0.92，字母 O 的识别值为 0.51，则结果判定为 X。

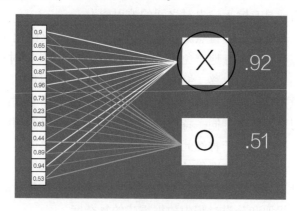

图 1-58 字母的识别结果

上述过程定义的操作为全连接层，全连接层也可以有多个，如图 1-59 所示。

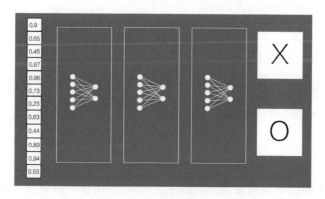

图 1-59 多个全连接层

（8）卷积神经网络 将以上所有结果串起来后，就形成了一个卷积神经网络结构，如
图 1-60 所示。

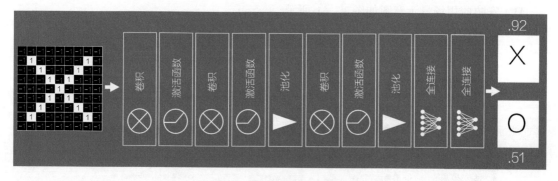

图 1-60 卷积神经网络

卷积神经网络主要由两部分组成，一部分是特征提取（卷积、激活函数、池化），另一
部分是分类识别（全连接层）。

卷积神经网络在本质上是一种输入到输出的映射，它能够学习大量的输入与输出之间的映射关系，而不需要任何输入与输出之间的精确的数学表达式，只要用已知的模式对卷积神经网络加以训练，网络就具有输入输出对之间的映射能力。

卷积神经网络一个非常重要的特点就是头重脚轻，即输入权值越小，输出权值越多，呈现出一个倒三角的形态，这就很好地避免了 BP 神经网络中反向传播时梯度损失过快的情形。

卷积神经网络主要用来识别位移、缩放及其他形式扭曲不变性的二维图形。由于 CNN 的特征检测层通过训练数据进行学习，所以在使用 CNN 时，避免了显式的特征抽取，而隐式地从训练数据中进行学习；再者由于同一特征映射面上的神经元权值相同，所以网络可以并行学习，这也是卷积神经网络相对于神经元彼此相连网络的一大优势。卷积神经网络以其局部权值共享的特殊结构在语音识别和图像处理方面有着独特的优越性，其布局更接近于实际的生物神经网络。权值共享降低了网络的复杂性，特别是多维输入向量的图像可以直接输入网络这一特点避免了特征提取和分类过程中数据重建的复杂度。

1.3 人工智能技术的应用

1.3.1 人工智能的应用场景

人工智能的应用场景涉及安防产业、金融业、客服行业、医疗健康产业、新零售产业、广告营销产业、教育产业、智能交通产业、制造业和农业等。

1. 安防产业

从客户类型看，安防产业可划分为公共安全安防、其他政府安防、行业安防和消费者安防等。人工智能将安防由被动向主动方向改变。例如，AI 视频分析技术对监控信息进行实时分析，使人力查阅监控和锁定嫌疑人轨迹的时间由数十天缩短到分秒，极大提升了公共安全治理的效率；人证核验技术识别速度快，准确率高，节省了人力成本。AI 在安防领域的应用体现出深入场景、定制化服务的特点，未来将进一步实现数据跨网融合、提升认知计算能力。

AI＋安防应用场景示意图如图 1-61 所示。

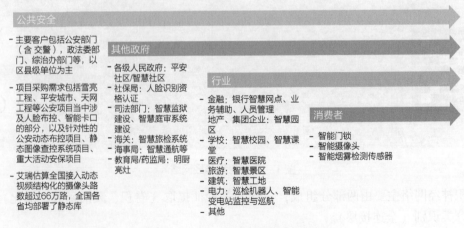

图 1-61　AI＋安防应用场景示意图

2. 金融业

金融业利用人工智能技术，可以实现智能投研、智能营销、智能理赔、智能催收、人证比对、智能客服、智能投顾、智能风控等，大幅提高办事效率和风险把控能力。例如，据某股份制银行实际应用情况，智能风控系统可以在 1 万笔交易中，仅拦截 80 ~ 120 笔就能达到整体 80% 欺诈拦截的准确率；而传统银行则需要拦截上千笔交易才能达到，大幅降低成本，提高银行业务的执行效率。

AI + 金融应用场景示意图如图 1 - 62 所示。

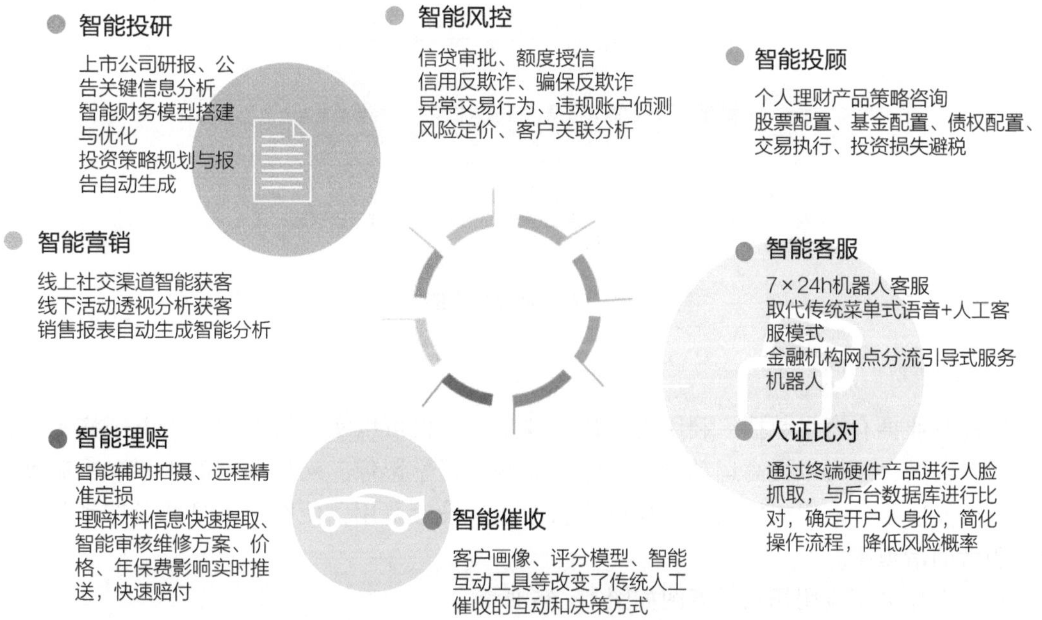

● 智能投研
上市公司研报、公告关键信息分析
智能财务模型搭建与优化
投资策略规划与报告自动生成

● 智能营销
线上社交渠道智能获客
线下活动透视分析获客
销售报表自动生成智能分析

● 智能理赔
智能辅助拍摄、远程精准定损
理赔材料信息快速提取、智能审核维修方案、价格、年保费影响实时推送，快速赔付

● 智能风控
信贷审批、额度授信
信用反欺诈、骗保反欺诈
异常交易行为、违规账户侦测
风险定价、客户关联分析

● 智能催收
客户画像、评分模型、智能互动工具等改变了传统人工催收的互动和决策方式

● 智能投顾
个人理财产品策略咨询
股票配置、基金配置、债权配置、交易执行、投资损失避税

● 智能客服
7×24h机器人客服
取代传统菜单式语音+人工客服模式
金融机构网点分流引导式服务机器人

● 人证比对
通过终端硬件产品进行人脸抓取，与后台数据库进行比对，确定开户人身份，简化操作流程，降低风险概率

图 1 - 62　AI + 金融应用场景示意图

3. 客服行业

中国客服行业经历了三个发展阶段：传统呼叫中心、在线客服 + 客服软件、云客服 + 智能客服机器人，如图 1 - 63 所示。

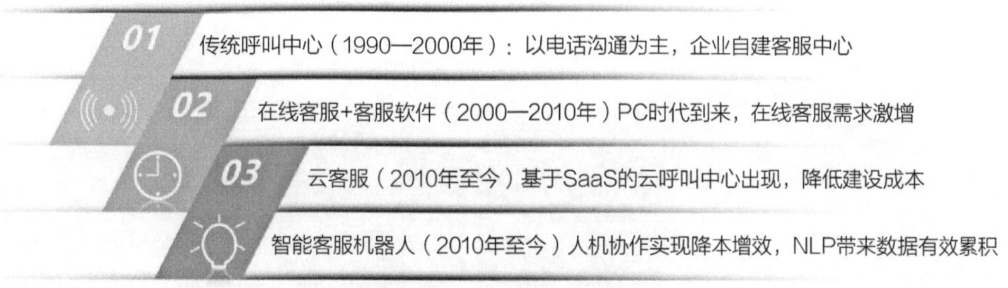

01 传统呼叫中心（1990—2000年）：以电话沟通为主，企业自建客服中心

02 在线客服+客服软件（2000—2010年）PC时代到来，在线客服需求激增

03 云客服（2010年至今）基于SaaS的云呼叫中心出现，降低建设成本

智能客服机器人（2010年至今）人机协作实现降本增效，NLP带来数据有效累积

图 1 - 63　中国客服行业的发展历程

自然语言处理技术是智能客服行业的核心竞争力，不仅对客服行业起到降本增效的作用，还可以向医疗、制造、政务、企业服务、金融等领域拓展，向集认知、交互、协同、功能性于一身的智能系统发展。智能客服未来的发展方向如图1-64所示。

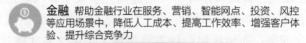
金融 帮助金融行业在服务、营销、智能网点、投资、风控等应用场景中，降低人工成本、提高工作效率、增强客户体验、提升综合竞争力

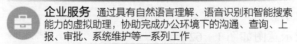
企业服务 通过具有自然语言理解、语音识别和智能搜索能力的虚拟助理，协助完成办公环境下的沟通、查询、上报、审批、系统维护等一系列工作

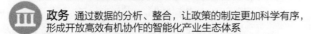
政务 通过数据的分析、整合，让政策的制定更加科学有序，形成开放高效有机协作的智能化产业生态体系

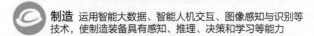
制造 运用智能大数据、智能人机交互、图像感知与识别等技术，使制造装备具有感知、推理、决策和学习等能力

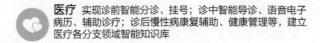
医疗 实现诊前智能分诊、挂号；诊中智能导诊、语音电子病历、辅助诊疗；诊后慢性病康复辅助、健康管理等，建立医疗各分支领域智能知识库

图1-64　智能客服未来的发展方向

4. 医疗健康产业

医疗行业拥有海量数据，利用人工智能技术，不仅可以实现智能辅诊、电子病历语言输入、手术辅助，还可以提高运动管理、体征监测、医学影像、疾病预测的水平和准确度，降低药物研发成本，缩短研发周期，最终使患者减少诊疗费用，使医护人员减轻劳动强度，并提高患者的治愈率。

AI+医疗健康应用场景示意图如图1-65所示。

图1-65　AI+医疗健康应用场景示意图

5. 新零售产业

新零售的核心是通过人工智能技术捕获人、货、场中的数据信息，辅助工作人员优化销售、物流、管理以及供应链方面的流程，实现无人零售、商品识别、智慧门店管理、供应链优化、精准营销、智能支付等，为零售产业产生增值服务。

AI + 新零售应用场景示意图如图 1 – 66 所示。

智慧门店管理
以人脸识别技术为主，围绕"人"的整个购买行为做数据获取和价值挖掘

商品识别
以人脸识别技术为主，围绕"货"在零售场景中的状态，做识别、检测等服务

无人零售
无人零售主要包括开放式货架、无人货柜、无人便利店，以AI相关技术实现"场"的拓展和无人化

智能支付
主要体现在刷脸支付和身份识别，通过计算机识别技术实现自助结算和结算保护，提高效率

精准营销
根据客户的行为数据、交易数据、特征数据等，通过机器学习达到个性化推荐

供应链优化
通过数据关联性打通，将产业链上下游链接，通过算法模型打造仓储、运输和门店形成柔性供应链

图 1 – 66　AI + 新零售应用场景示意图

6. 广告营销产业

广告营销涉及广告创作、广告投放、广告监测等，利用人工智能技术，可以对广告营销三个重要维度——内容管理、流量管理以及数据管理进行赋能升级。

AI + 广告营销应用场景示意图如图 1 – 67 所示。

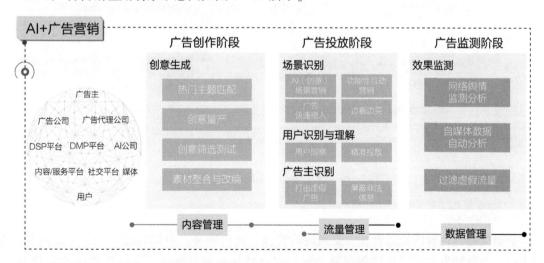

图 1 – 67　AI + 广告营销应用场景示意图

7. 教育产业

传统教育模式下，优秀教育资源的分配是不均匀的。通过将人工智能技术用于学习管理、学习测评、教学辅助和教学认知等环节，可以创建一种新的教学模式，注重学生个性化的教

育，有助于教师因材施教，提升教学与学习质量，在一定程度上改善教育资源分配问题，促进教育均衡化。

人工智能技术在各教育环节中的应用如图 1-68 所示。

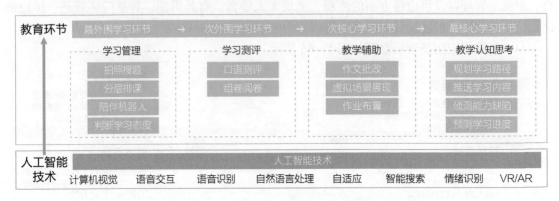

图1-68　人工智能技术在各教育环节中的应用

AI+教育未来发展的核心是自适应教育。自适应教育是通过计算机手段检测学生当前的学习水平和状态，并相应地调整后面的学习内容和路径，帮助学生提升学习效率。自适应教育的本质与核心价值在于以数据和人工智能技术为驱动力，实现规模化的个性化教育。

人工智能自适应教育的核心价值如图 1-69 所示。

	传统面授教育	录播/直播模式的在线教育	人工智能自适应教育
教师资源	优质师资非常稀缺 教学效果参差不齐	优质师资比较稀缺 教学效果参差不齐	普通老师得到系统辅助，整体教学效果的下限被拉高、差距被缩小，缓解优质师资稀缺和教学效果参差不齐的问题
教学过程	教师需要备课、凭经验授课以老师为中心	老师仍需要备课、凭经验授课以老师为中心	老师备课工作量大大降低，学习路径、内容和顺序由系统规划，以学生为中心
教学反馈	不即时、不具体	不一定即时、不一定具体	即时、具体
效果评估	依赖教师经验和考试分数统一评估，评估维度单一、粗糙	依赖教师经验、考试分数、学习过程数据，测评维度比较全面	依赖学习过程数据、考试结果等来测评，测评比较全面、精准，并能够支持学习过程的动态优化，有助于教学效率的提升
技术需求	不需要技术支持	需要一定的数字化技术支持	需要高级的数字化技术及智能技术的支持
个性化程度	低	中	高

图1-69　人工智能自适应教育的核心价值

8.智能交通产业

智能交通包括智能交通管控、交通运输管理、出行服务、自动驾驶、V2X 车联网等。在城市中，事故频发、交通拥堵等问题凸显，仅靠增加基础设施建设和应用传统的管理方法，已显捉襟见肘。通过 AI、物联网（IoT）、大数据等新一代信息技术驱动的智能交通解决方案，在交通信号灯调控、车流调控、峰值预警等应用中已初显成效。

AI+交通应用场景示意图如图 1-70 所示。

治理拥堵问题是城市交通场景的核心需求，建设智慧交通管控平台（交通大脑）是治拥核心。交通大脑实质是包括数据采集平台、数据分析平台、数据建模平台和决策平台的 PaaS 云服务，通过对城市交通场景中众多传感器采集的数据信息关联性处理，建立数据库，由机器学习对信号灯管控、车流诱导等问题进行建模，联动信号灯控制系统和手机地图软件等，输出最佳解决办法。

交通大脑应用流程图如图 1-71 所示。

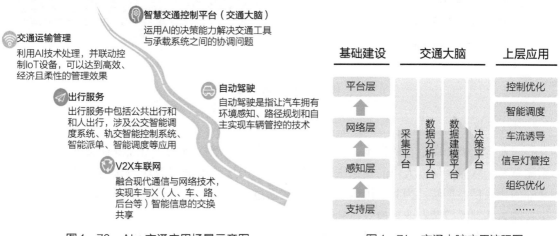

图 1-70　AI + 交通应用场景示意图　　　　图 1-71　交通大脑应用流程图

9. 制造业

中国的制造业正在向数字化、网络化以及智能化转型升级。目前，人工智能技术与制造业的融合场景主要有三类，一是产品智能化研发设计，二是智能质检，三是生产设备的预测性维护。

AI + 制造主要应用场景示意图如图 1-72 所示。

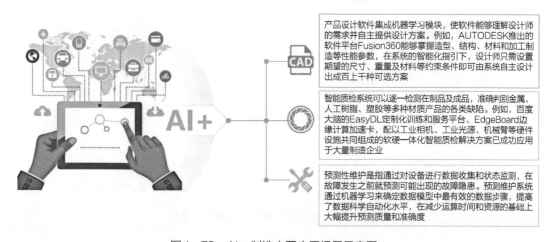

图 1-72　AI + 制造主要应用场景示意图

智能制造定义为"具有自感知、自学习、自决策、自执行、自适应等功能的新型生产方式"，智能制造之路是从传统制造向数字化制造、网络化制造发展，最终实现智能化制造，如图 1-73 所示。

图1-73　智能制造之路

10. 农业

农业是人类赖以生存的根本,在三次产业中占据基础性地位,对经济社会的稳定与发展至关重要。然而,随着人口的快速增长、耕地面积的逐步缩减以及城镇化的加速推进,农业面临的挑战日益严峻。为此,国内外都在探索通过信息技术来促进农业提质增效,其中以人工智能为基础的智慧农业新模式得到迅速发展。

广义的农业主要包含种植业、林业、畜牧业、渔业及农业辅助性活动五大行业。目前,人工智能与农业的融合主要集中于数字化种植与精细化养殖两大领域。其中,数字化种植主要是利用人工智能在卫星遥感、智能农机、农业物联网等技术与设备的配合,在播种、施肥、灌溉、除草、病虫害防治、采摘分拣等环节都已实现小规模应用;精细化养殖主要是通过图像识别、声音识别等技术提高畜禽存活率,提升产品质量。

AI+农业典型应用场景示意图如图1-74所示。

图1-74　AI+农业典型应用场景示意图

1.3.2　人工智能的应用案例

人工智能的应用案例非常多,如眼神科技的多态生物识别、合合信息的识别技术、标贝科技的语音合成、乐言科技的AI客服机器人、普渡科技的配送机器人、影创科技的全息教室、地平线的智能驾驶、闪马智能的视频异常识别等。

1. 眼神科技的多态生物识别

北京眼神科技有限公司打造的多模态生物识别统一平台，可以实现多场景、多应用、多产品、多种识别技术统一管理，涵盖金融、教育、社保、公安、政府、军队以及企事业单位等多个领域。

眼神科技的多态生物识别架构及解决方案如图1-75所示。

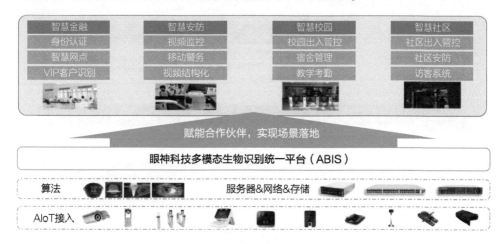

图1-75 眼神科技多态生物识别架构及解决方案

2. 合合信息的识别技术

上海合合信息科技股份有限公司拥有字符识别、场景文档识别图像处理、深度学习算法等多项人工智能技术，能够实时、动态、多维、全量运营商业企业数据库，既为个人用户提供APP服务，也为金融、银行、保险、证券、汽车金融、物流等多个行业提供智能化解决方案，帮助客户寻找和推荐目标客户、用户画像以及金融风控模型等。

合合信息产品架构及解决方案如图1-76所示。

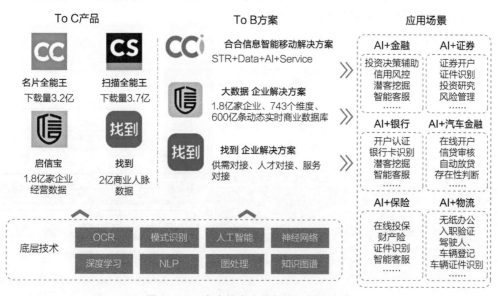

图1-76 合合信息产品架构及解决方案

3. 标贝科技的语音合成

标贝（北京）科技有限公司专注于人工智能语音合成解决方案与安全化数据服务，业务涵盖语音合成整体解决方案及语音合成、语音识别、计算机视觉、自然语言处理、歌曲等数据业务，产品涵盖汽车、教育、金融、客服、零售、智能硬件等领域。

标贝科技 AI 语音产品技术体系如图 1-77 所示。

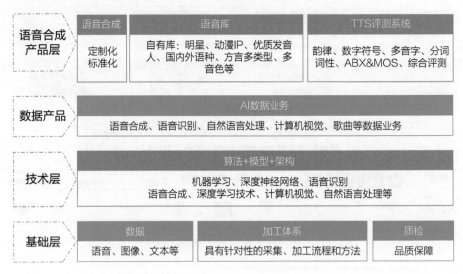

图 1-77　标贝科技 AI 语音产品技术体系

4. 乐言科技的 AI 客服机器人

上海乐言信息科技有限公司基于自然语言处理、知识图谱、机器学习等认知智能技术，开发跨领域认知计算平台，为行业升级赋能。乐言科技 AI 客服机器人"乐语助人"具备协助人工客服进行客服咨询接待、业务问题处理、智能推荐等功能，为卖家节省成本，提升客户沟通效率，切实提高订单销售额和转化率。

乐言科技 AI 客服机器人技术架构如图 1-78 所示。

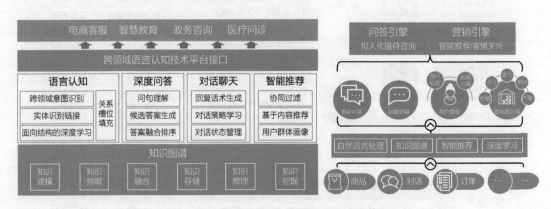

图 1-78　乐言科技 AI 客服机器人技术架构

5. 普渡科技的配送机器人

深圳市普渡科技有限公司综合即时定位与地图构建、智能导航避障、多机调度、人机交互等人工智能技术，为餐厅、酒店、楼宇等广泛场景提供配送机器人解决方案，在高动态的商业环境下精确建图和定位，实现高效运行优化餐饮服务作业流程，降低企业成本。未来普渡科技的产品将全面覆盖迎宾、领位、送餐、回盘等餐饮服务环节，并通过物联网平台实现远程的自动运维和售后，为餐企提供更全面的智慧餐厅解决方案。

普渡科技的产品布局如图 1-79 所示。

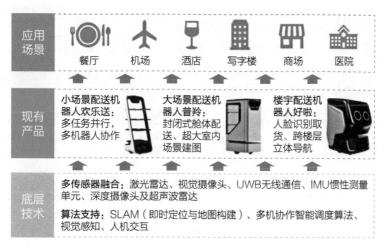

图 1-79　普渡科技的产品布局

6. 影创科技的全息教室

上海影创信息科技有限公司以融合人工智能技术的混合现实眼镜为核心，构建了全息教室的解决方案。该系统在教室中接入高速率、低时延的 5G 网络，结合混合现实应用，以清晰的画质和更低的渲染时延带来沉浸式教学体验。该方案能够辅助课堂教学，提升远程教学和沟通效率，营造场景化教学新体验。

影创科技全息教室技术架构如图 1-80 所示。

图 1-80　影创科技全息教室技术架构

7. 地平线的智能驾驶

北京地平线信息技术有限公司致力于向行业提供边缘人工智能芯片及解决方案。面向智能驾驶和智能物联网，地平线可提供高性价比的边缘 AI 芯片、优秀的功耗效率、开放的工具链、多样的算法模型样例和全面的赋能服务。

地平线智能驾驶解决方案如图 1-81 所示。

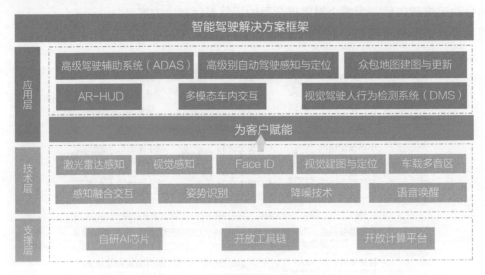

图 1-81　地平线智能驾驶解决方案

8. 闪马智能的视频异常识别

上海闪马智能科技有限公司通过识别视频中的异常内容，预知其中潜在危险，从而让海量视频数据为城市安全运营服务。其研发的视频智能分析平台应用于城市交通、城市治理、岗位管理和城市大客流管理，大幅缩短 AI 应用在智慧城市、智慧交通、互联网内容安全等领域的落地周期。

闪马智能视频分析平台实施方案如图 1-82 所示。

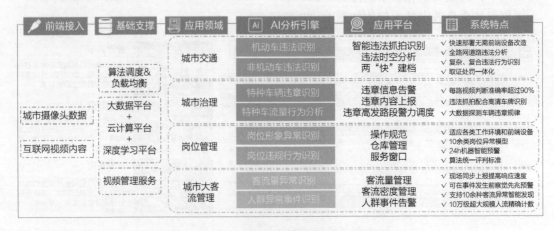

图 1-82　闪马智能视频分析平台实施方案

1.3.3　人工智能技术与自动驾驶汽车

1. 自动驾驶技术

（1）自动驾驶技术概述　自动驾驶技术是对人类驾驶人在长期驾驶实践中，对"环境感知—决策与规划—控制与执行"过程的理解、学习和记忆的物化，如图 1 - 83 所示。自动驾驶汽车是一个复杂的软硬件结合的智能自动化系统，运用到了自动控制技术、现代传感技术、计算机技术、信息与通信技术以及人工智能等。

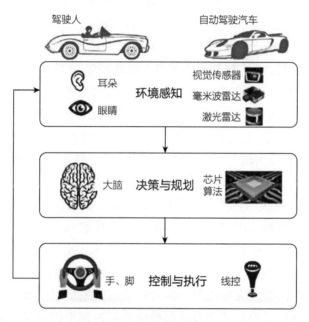

图 1 - 83　自动驾驶技术

1）环境感知。环境感知相当于人类的眼睛与耳朵，处于自动驾驶汽车与外界环境信息交互的关键位置，是实现自动驾驶的基础。环境感知技术通过利用超声波雷达、毫米波雷达、激光雷达及视觉传感器等车载传感器，辅以 V2X 和 5G 等技术获取汽车所处交通环境信息和车辆状态信息，为自动驾驶汽车的决策规划进行服务。

2）决策与规划。通常情况下，自动驾驶汽车的规划系统包含路径规划和驾驶任务规划两大方面。这一部分主要涉及芯片和算法。

路径规划即路径局部规划，自动驾驶汽车中的路径规划算法会在行驶任务设定之后将完成任务的最佳路径选取出来，避免碰撞和保持安全距离。在此过程中，会对路径的曲率和弧长等进行综合考量，从而实现路径选择的最优化。

驾驶任务规划即全局路径规划，主要规划内容是指行驶路径范围的规划。当自动驾驶汽车上路行驶时，驾驶任务规划会为汽车的自动驾驶提供方向引导方面的行为决策方案，通过 GPS 技术进行即将需要前进行驶的路段和途径区域的规划与顺序排列。

3）控制与执行。再好的基础与运算规划能力，如果不能做到安全控制执行，也不能实现自动驾驶。因此自动驾驶汽车的控制与执行是自动行驶的保障。控制包括汽车的纵向控制和横向控制，纵向控制是通过对加速与制动的协调，期望实现对车速的精准跟随；横向控制是通过转向盘调整以及轮胎力的控制实现自动驾驶路径跟踪。

（2）人工智能与自动驾驶技术的关系　人工智能与自动驾驶的关键技术密切相关，主要体现在以下几个方面：

1）环境感知方面。自动驾驶汽车所要面临的环境感知包括：路面路缘检测、车道线检测、护栏检测、交通标志检测、交通信号灯检测，以及重中之重的行人检测、机动车检测和非机动车检测等。

对于如此复杂的路况检测和目标检测，普通算法难以满足要求。基于人工智能的深度学习可以满足视觉感知的高精度需求，基于深度学习的计算机视觉，自动驾驶汽车可获得接近于人的感知能力。有研究报告表明，深度学习在算法和样本量足够的前提下，视觉感知的准确率可以达到99.9%以上，而人感知的准确率一般是95%。

2）决策与规划方面。行为决策与路径规划是人工智能在自动驾驶汽车领域中的另一个重要应用，前期的决策树与贝叶斯网络都是已经大量应用的人工智能技术。目前越来越多的研发机构将强化学习应用到自动驾驶的行为与决策中，把行为与决策分解成两部分：可学习部分与不可学习部分，可学习部分是由强化学习来决策行驶需要的高级策略，不可学习部分是按照这些策略利用动态规划来实施具体的路径规划。

3）车辆控制方面。相对于传统的车辆控制技术，智能控制方法主要体现在对控制对象模型的运用和综合信息学习运用上，包括神经网络控制和深度学习方法等，这些算法已经逐步在自动驾驶汽车控制中应用。其中，通过神经网络控制可以把控制问题看成模式识别问题，而源于神经网络的研究，进一步开发深度神经网络学习，可以免除人工选取特征的繁复冗杂和高维数据的维度灾难问题。因为自动驾驶系统最终要尽量减少人的参与或者没有人的参与，所以深度学习自动学习状态特征的能力使得深度学习在自动驾驶系统中具有先天的优势。

2. 基于机器学习的车辆检测和行人检测

MATLAB 提供了基于机器学习的目标检测函数，利用这些检测函数，非常容易对图像中的车辆和行人进行识别，也可以对视频中的车辆和行人进行识别。

（1）vehicleDetectorACF　vehicleDetectorACF 为基于聚合通道特性（ACF）的车辆检测器函数，其调用格式为

```
detector = vehicleDetectorACF
detector = vehicleDetectorACF (modelName)
```

其中，modeName 为模型名称；detector 为 AFC 车辆检测器。

模型名称分为全视图模型和前后视图模型，全视图（full - view）模型使用的训练图像是车辆的前、后、左、右侧的图像；前后视图（front - rear - view）模型仅使用车辆前后侧的图像进行训练。

【例 1 - 1】利用 ACF 车辆检测器检测图像中的车辆，车辆图像如图 1 - 84 所示。

图1-84　车辆图像

解：在 MATLAB 命令行窗口输入以下程序。

```
1 detector = vehicleDetectorACF('front - rear    % 装载预先训练过的车辆检测器
  -view');
2 I = imread('c12.png');                          % 读取原始车辆图像
3 [bboxes,scores] = detect(detector,I);           % 检测图像中的车辆
4 I = insertObjectAnnotation(I,'rectangle',       % 标注被检测车辆及其检测分数
  bboxes,scores);
5 imshow(I)                                        % 显示检测结果
```

检测结果如图 1-85 所示。

图1-85　利用 ACF 车辆检测器检测结果

（2）peopleDetectorACF　peopleDetectorACF 为基于聚合通道特性（ACF）的行人检测器函数，其调用格式为

detector = peopleDetectorACF

detector = peopleDetectorACF (name)

其中，name 为模型名称；detector 为 ACF 行人检测器。

【例1-2】利用 ACF 行人检测器检测图像中的行人，行人图像如图1-86所示。

图1-86　行人图像

解：在 MATLAB 命令行窗口输入以下程序。

```
1 detector = peopleDetectorACF;              % 装载预先训练过的行人检测器
2 I = imread('xr2.jpg');                      % 读取原始行人图像
3 [bboxes,scores] = detect(detector,I);       % 检测图像中的行人
4 I = insertObjectAnnotation(I,'rectangle',    % 标注被检测行人及其检测分数
  bboxes,scores);
5 imshow(I)                                    % 显示检测结果
```

检测结果如图1-87所示。

图1-87　利用 ACF 行人检测器检测结果

（3）vision. PeopleDetector　vision. PeopleDetector 为基于 HOG 特征检测行人的函数，其调用格式为

```
peopleDetector = vision. PeopleDetector
peopleDetector = vision. PeopleDetector(model)
```

其中，model 为模型名称；peopleDetector 为行人检测器。

与 vision. PeopleDetector 函数配套使用的命令格式为

```
bboxes = peopleDetector(I)
[bboxes, scores] = peopleDetector(I)
[_____] = peopleDetector(I, roi)
```

其中，I 为输入图像；roi 为图像检测感兴趣区域；bboxes 为检测到的目标位置；scores 为检测置信度分数。

【例1-3】基于 HOG 特征检测图1-88 所示的行人。

图1-88 HOG 行人检测原始图像

解：在 MATLAB 命令行窗口输入以下程序。

```
1 peopleDetector = vision.PeopleDetector;          % 装载预先训练过的行人检测器
2 I = imread('xr2.jpg');                            % 读取原始行人图像
3 [bboxes,scores] = peopleDetector(I);             % 检测图像中的行人
4 I = insertObjectAnnotation(I,'rectangle',        % 标注被检测行人及其检测分数
  bboxes,scores);
5 imshow(I)                                          % 显示检测结果
```

检测结果如图1-89 所示。

图1-89 基于 HOG 特征行人检测结果

（4）Vision. CascadeObjectDetector Vision. CascadeObjectDetector 为用 Viola – Jones 算法检测物体，其调用格式为

```
detector = vision.CascadeObjectDetector
detector = vision.CascadeObjectDetector (model)
```

【例1-4】检测图1-90所示的人脸。

图1-90 检测人脸的原始图像

解：在 MATLAB 命令行窗口输入以下程序。

1 faceDetector = vision.CascadeObjectDetector;	% 装载预先训练过的人脸检测器
2 I = imread('visionteam.jpg');bboxes = faceDetector (I);	% 读取原始人脸图像
3 bboxes = faceDetector(I);	% 检测图像中的人脸
4 IFaces = insertObjectAnnotation (I,'rectangle', bboxes,'Face');	% 标注被检测人脸
5 imshow(IFaces)	% 显示检测结果

检测结果如图1-91所示。

图1-91 人脸检测结果

3. 基于深度学习的车辆检测

MATLAB 提供了基于深度学习的目标检测的函数，例如 vehicleDetectorFasterRCNN。

vehicleDetectorFasterRCNN 为基于更快的 RCNN 的车辆检测器函数，其调用格式为

```
detector = vehicleDetectorFasterRCNN
detector = vehicleDetectorFasterRCNN (modelName)
```

其中，modelName 为模型名称，模型名称为全视图（full‑view）模型，即使用的训练图像是车辆的前、后、左、右侧的图像；detector 为 RCNN 车辆检测器。

【例 1‑5】利用 RCNN 车辆检测器检测图像中的车辆，原始图像如图 1‑92 所示。

图 1‑92　RCNN 车辆检测原始图像

解：在 MATLAB 命令行窗口输入以下程序。

```
1 fasterRCNN = vehicleDetectorFasterRCNN('full      % RCNN 车辆检测器
  -view');
2 I = imread('c1.jpg');                             % 读取原始图像
3 [bboxes,scores] = detect(fasterRCNN,I);           % 检测图像中车辆
4 I = insertObjectAnnotation(I,'rectangle',         % 将检测结果标注在图像上
  bboxes,scores,'FontSize',40);
5 imshow(I)                                          % 显示检测结果
```

检测结果如图 1‑93 所示。

图 1‑93　RCNN 车辆检测结果

第2章
大数据技术及应用

　　大数据资源如同农业的土地和劳动力，工业的技术和资本，已经成为信息时代重要的基础性战略资源和关键生产要素，是推动经济发展质量变革、效率变革、动力变革的新引擎，不断驱动人类社会加快在信息时代中的前进步伐，逐步向智能化时代迈进。大数据作为数据资源价值挖掘的动力源，世界主要国家和地区竞相开展大数据战略布局，推动大数据技术创新研发与产业应用落地，旨在以大数据为抓手，抢占数字经济时代全球竞争制高点。

2.1 概述

2.1.1 大数据的定义与分类

1. 大数据的定义

　　大数据是指无法在一定时间范围内用常规软件工具进行捕捉、管理和处理的数据集合，是需要新处理模式才能具有更强的决策力、洞察发现力和流程优化能力的信息资产。大数据是"未来的新石油"。

　　从对象角度来看，大数据是数据规模超出传统数据库处理能力的数据集合；从商业模式角度来看，大数据是企业获得商业价值的业务创新方向；从技术角度来看，大数据是从海量数据中快速获得有价值信息的技术；从应用角度来看，大数据是对特定数据集合应用相关技术获得价值的行为。

　　大数据的定义示意图如图2-1所示。

图2-1　大数据的定义示意图

2. 大数据的分类

（1）根据数据来源划分　按照数据来源的不同，大数据主要分为传统企业数据、机器和传感器数据、社交数据等。

1）传统企业数据。传统企业数据包括客户关系管理系统的消费者数据，传统的企业资源计划（ERP）数据、库存数据以及账目数据等。

2）机器和传感器数据。机器和传感器数据包括智能仪表和工业设备传感器产生的数据，以及设备日志、交易数据等。

3）社交数据。社交数据包括用户行为记录、反馈数据等。

（2）根据数据结构划分　按照数据结构的不同，可以将大数据分为结构化数据和非结构化数据。

1）结构化数据。结构化数据是能够用数据或统一的结构加以表示的信息，如数字、符号。在项目中，保存和管理这些数据的一般为关系数据库，当使用结构化查询语言时，计算机程序很容易搜索到这些术语。结构化数据具有的明确关系使得这些数据运用起来十分方便，不过在商业上的可挖掘价值方面就比较差。

典型的结构化数据包括信用卡号码、日期、财务金额、电话号码、地址、产品名称等。

结构化数据存储在关系数据库中，用于分析结构化数据的工具较为成熟。

2）非结构化数据。非结构化数据是数据结构不规则或不完整，没有预定义的数据模型，不方便用数据库二维逻辑表来表现的数据。

典型的人为生成的非结构化数据包括文本文件、电子邮件、社交媒体、网站、移动数据、通信、媒体和业务应用程序产生的数据。

非结构化数据存储在非关系数据库中，用于挖掘非结构化数据的工具正处于发展阶段，而且非结构化数据要比结构化数据多得多。非结构化数据占90%以上，并且逐年增长。如果没有工具来分析这些海量数据，数据的巨大价值都将无法发挥有效作用。

随着存储成本的下降，以及新兴技术的发展，行业对非结构化数据的重视程度得到提高。比如物联网、工业4.0、视频直播产生了更多的非结构化数据，而人工智能、机器学习、深度学习、语义分析、图像识别等技术方向则更需要大量的非结构化数据来开展工作。

3. 大数据的内容

从大数据的生命周期来看，大数据主要包括大数据采集、大数据预处理、大数据存储和大数据分析。

（1）大数据采集　大数据采集是指对各种来源的结构化和非结构化海量数据所进行的采集。

（2）大数据预处理　大数据预处理是指在进行数据分析之前，先对采集到的原始数据所进行的诸如"清洗、填补、平滑、合并、规格化、一致性检验"等一系列操作，旨在提高数据质量，为后期分析工作奠定基础。

（3）大数据存储　大数据存储是指用存储器以数据库的形式存储采集到的数据的过程。

（4）大数据分析　大数据分析是从可视化分析、数据挖掘算法、预测性分析、语义引擎以及数据质量管理等方面，对杂乱无章的数据进行萃取、提炼和分析的过程。

在人们生活中有很多大数据应用的实例，如在线打车、在线看新闻、在线搜索、在线交互广告、在线买单优惠券、电子商务以及在线看视频等，都应用了大数据技术。

4. 大数据的特征

大数据特征可以归纳为 4 个"V"——Volume（规模性）、Variety（多样性）、Velocity（高速性）和 Value（价值性）。

（1）规模性　大数据不再以几个 GB 或几个 TB 为单位来衡量，而是以 PB、EB 或 ZB 为计量单位，集中储存/集中计算已经无法处理巨大的数据量。

数据存储单位之间的换算关系见表 2 - 1。

表 2 - 1　数据存储单位之间的换算关系

单　位	换算关系	单　位	换算关系
B （字节）	1B = 8bit	TB （太字节）	1TB = 1024GB
KB （千字节）	1KB = 1024B	PB （拍字节）	1PB = 1024TB
MB （兆字节）	1MB = 1024KB	ZB （艾字节）	1EB = 1024PB
GB （吉字节）	1GB = 1024MB	ZB （泽字节）	1ZB = 1024EB

（2）多样性　大数据的数据来源众多，科学研究、企业应用和 Web 应用等都在源源不断地生成新的数据。交通大数据、医疗大数据、电信大数据、电力大数据和金融大数据等都呈现出井喷式增长，所涉及的数据量十分巨大。

大数据的数据类型丰富，包括结构化数据和非结构化数据。其中，结构化数据占 10% 左右，主要是指存储在关系型数据库中的数据；非结构化数据占 90% 左右，种类繁多，主要包括邮件、图片、音频、视频、微信、微博、地理位置信息、手机呼叫信息和网络日志等。如此类型繁多的异构数据，对数据处理和分析技术提出了新的挑战，也带来了新的机遇。

（3）高速性　大数据时代的数据产生速度非常快，例如大型电子对抗机，大约每秒产生 6 亿次的碰撞，每秒生成约 700M 的数据，有成千上万台计算机分析这些碰撞。

大数据时代的很多应用都需要基于快速生成的数据给出实时分析结果，用于指导生产和生活实践。因此，数据处理和分析的速度通常要达到秒级响应，这一点与传统的数据挖掘技术有着本质的不同，后者通常不要求给出实时分析结果。

为了实现快速分析海量数据的目的，新兴的大数据分析技术通常采用集群处理和独特的内部设计。例如，谷歌公司的交互式数据分析系统（Dremel）是一种可扩展的、交互式的实时查询系统，用于只读嵌套数据的分析，通过结合多级树状执行过程和列式数据结构，它能做到几秒内完成对万亿张表的聚合查询，系统可以扩展到成千上万的中央处理器（CPU）上，满足谷歌公司上万用户操作 PB 级数据的需求，并且可以在 2 ~ 3s 内完成 PB 级别数据的查询。

（4）价值性　大数据的价值密度低，商业价值高；只要合理利用数据并对其进行准确分析，将会带来很高的价值回报。

5. 大数据的融合

数据融合的方式从交互程度来讲，可分为数据组合、数据整合和数据聚合三个层次，由低到高，逐步实现数据之间的深度交互，如图 2 - 2 所示。

（1）数据组合 数据组合由各方数据的简单组合形成，能够全貌客户用户特征。该数据融合产生的是物理反应，数据属性本质没有改变。如一份征信报告，由交易数据、通信数据和购物数据等简单拼装而成，如图 2 - 3 所示。

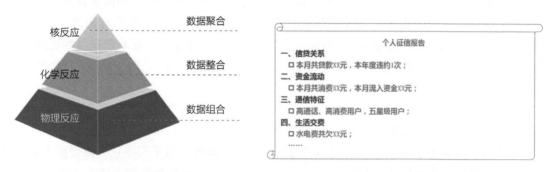

图 2-2 数据的融合方式　　　　　　　　　图 2-3 数据组合

（2）数据整合 数据整合由多方的数据共同存在才能够实现产品价值。该数据的融合产生的是化学反应，有价值产生。如黑名单，只有通过分析金融数据和通信行业数据才能判断是否为黑名单。如该用户有异常金融行为，再加上该用户频繁换手机和停机次数多，基本可判断为黑名单用户，如图 2 - 4 所示。

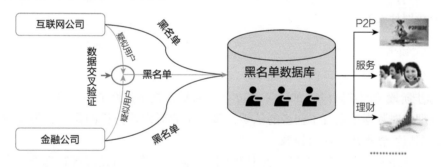

图 2-4 数据整合

（3）数据聚合 数据聚合是指由双方数据聚合孵化产生出的新产品、新模式。如分期贷款，通过大数据风控能力分析，不仅减少审核流程，而且也能进行贷中监控和贷后管理，还能够对失联用户进行定位和催收，如图 2 - 5 所示。

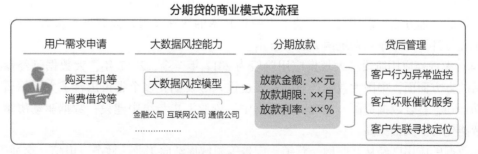

图 2-5 数据聚合

2.1.2 大数据的发展历程

1. 大数据的起源

大数据作为一种概念和思潮由计算领域发起,之后逐渐延伸到科学和商业领域。

(1) 大数据概念的提出 大多数学者认为,大数据这一概念最早公开出现于 1998 年,美国硅图公司的首席科学家约翰·马西在一个国际会议报告中指出:随着数据量的快速增长,必将出现数据难理解、难获取、难处理和难组织等四个难题,并用 "Big Data (大数据)" 来描述这一挑战,在计算领域引发思考。

(2) 大数据应用的起点 大数据的应用和技术是在互联网快速发展中诞生的,起点可追溯到 2000 年前后。当时互联网网页呈爆发式增长,每天新增约 700 万个网页,到 2000 年底全球网页数达到 40 亿,用户检索信息越来越不方便。谷歌等公司率先建立了覆盖数十亿网页的索引库,开始提供较为精确的搜索服务,大大提升了人们使用互联网的效率,这是大数据应用的起点。

(3) 大数据技术的源头 由于搜索引擎要存储和处理的数据,不仅数量之大前所未有,而且以非结构化数据为主,传统技术无法应对。为此,谷歌提出了一套以分布式为特征的全新技术体系,即后来陆续公开的分布式文件系统、分布式并行计算和分布式数据库等技术,以较低的成本实现了之前技术无法达到的规模。这些技术奠定了当前大数据技术的基础,可以认为是大数据技术的源头。

2. 我国大数据的发展历程

我国大数据的发展历程可以总结如下。

(1) 起步阶段 起步阶段为 2004—2012 年,数据库技术逐渐成熟,越来越多的企业开始重视信息管理,对数据挖掘有了初步的认识,基于企业对商业分析的需求,为应对激烈的市场竞争,数据资产管理成为热门领域。

(2) 中国大数据元年 2013 年,贵阳市人民政府与中关村科技园区管理委员会在贵阳签署战略合作框架协议,致力于打造全新的大数据科技园,大数据热潮在中国展开。2013 年被称为中国大数据元年。

(3) 成长阶段 成长阶段为 2014—2016 年,2014 年,大数据首次出现在当年的《政府工作报告》中;2016 年,中华人民共和国工业和信息化部(以下简称工信部)颁布《大数据产业发展规划》,明确提出大数据发展目标;Web2.0 应用迅猛发展,非结构化数据大量产生,传统的处理方法难以应对,带动了大数据技术的快速发展;大数据解决方案逐渐成熟,形成了并行计算和分布式系统两大核心技术。

(4) 大规模应用阶段 大规模应用阶段为 2017 年至今,2017 年,大数据已经渗透到人们生活的方方面面,中国大数据产业的发展也进入爆发期,多个省市出台了大数据研究和发展行动计划,整合数据资源,实现区域数据中心资源汇集与集中建设;数据驱动决策,信息社会智能化程度大幅提高。

大数据的应用已经从互联网、营销、广告等领域逐渐向工业、政务、电信、交通、金融、医疗、教育等领域广泛渗透,并开始向生产、物流、供应链等核心业务延伸。

2.1.3　大数据发展的战略意义

我国发展大数据具有以下战略意义。

1. 大数据成为各国竞争优势的新机遇

在全球信息化快速发展的大背景下，大数据已成为各国重要的基础性战略资源，正引领新一轮科技创新。我国要推动大数据技术产业创新发展，加快构建自主可控的大数据产业链、价值链和生态系统；要大力挖掘和释放数据资源的潜在价值，更好地发挥数据资源的战略作用，增强网络空间数据主权保护能力，维护国家安全，有效提升国家竞争力。

2. 大数据成为推动经济转型发展的新动力

以数据流引领技术流、物质流、资金流、人才流，将深刻影响社会分工协作的组织模式，促进生产组织方式的集约和创新。要坚持以供给侧结构性改革为主线，加快发展数字经济，推动实体经济和数字经济融合发展，推动互联网、大数据、人工智能同实体经济深度融合，做好信息化和工业化深度融合，推动制造业加速向数字化、网络化、智能化发展。数字经济已经成为带动中国经济增长的核心动力。工业互联网、分享经济、网络零售、移动支付等领域的快速发展，既为大数据的发展提供了重要应用场景，也对大数据产业的技术水平提升起到了促进作用。

3. 大数据成为提升政府治理能力的新途径

大数据应用能揭示传统技术方法难以展现的关联关系，推动政府数据开放共享，促进社会事业数据融合和资源整合，将极大提升政府整体数据分析能力，为有效处理复杂社会问题提供新的手段。通过健全大数据辅助科学决策和社会治理的新机制，推进政府管理和社会治理模式创新，实现政府决策科学化、社会治理精准化、公共服务高效化。要实现这一目标，不但要重点推进政府数据本身的开放共享，还应当将各级政府的平台与社会多方数据平台进行互联与共享，并通过大数据管理工具和方法，全面提升政府治理现代化水平。

4. 大数据能保障和改善民生

大数据在保障和改善民生方面大有作为。坚持问题导向，抓住民生领域的突出矛盾和问题，强化民生服务，弥补民生短板。民生大数据应用一向是大数据的重点行业应用，医疗、教育、社保、交通等行业的大数据应用不断取得突破。大数据在流行病预测、个性化医疗、智能交通、治安管理等更广泛的社会场景中，将为增进民生福祉创造更大的技术红利。

5. 大数据涉及国家的安全

加强关键信息基础设施安全保护，强化国家关键数据资源保护能力，增强数据安全预警和溯源能力。明确数据采集、传输、存储、使用、开放等各环节保障网络安全的范围边界、责任主体和具体要求，切实加强涉及国家利益、公共安全、商业秘密、个人隐私、军工科研生产等信息的保护。处理好创新发展和安全保障的关系。

2.1.4　大数据技术的发展趋势

当前，大数据体系的底层技术框架已基本成熟。大数据技术正逐步成为支撑型的基础设施，其发展方向也开始向提升效率转变，逐步向个性化的上层应用聚焦，技术的融合趋势愈发明显。大数据技术的发展趋势呈现算力融合、流批融合、TA 融合、云数融合、数智融合等。

1. 算力融合

算力现在通常泛指大数据的云计算和边缘计算，通过云服务器来提供强大的算力与算法。未来，算力将成为不可或缺的一种资源。算力的强弱将直接影响大数据的应用价值。

随着大数据应用的逐步深入，应用场景愈发丰富，大数据平台开始承载人工智能、云计算、边缘计算、物联网、复杂分析、高性能计算等多样性的任务。同时，数据复杂度不断提升，以 CPU 为底层硬件的传统大数据技术无法有效满足新业务需求，出现性能瓶颈。

当前，以 CPU 为调度核心，协同图形处理器、现场可编辑逻辑门阵列、专用集成电路及各类用于 AI 加速"xPU"的异构算力平台成为行业热点解决方案，以图形处理器为代表的计算加速单元能够极大提升新业务计算效率。

2. 流批融合

数据的批处理可以理解为一系列相关联的任务顺序（或并行）一个接一个地执行，批处理关注事件时间，其输入是一段时间内已经收集保存好的数据，输出可以作为下一个批处理的输入。

数据的流处理可以理解为系统需要接收并处理一系列不断变化的数据，如会员权益营销系统流处理的输入数据是无边界数据，流处理视业务场景而确定是关注事件时间还是处理时间。

流处理能够有效处理即时变化的信息，从而反映出信息热点的实时动态变化；离线批处理则更能够体现历史数据的累加反馈。考虑到实时计算需求和计算资源之间的平衡，需要批处理和流处理共同存在的计算场景。随着大数据技术架构的演进，流批融合计算正在成为趋势，并不断在向更实时更高效的计算推进，以支撑更丰富的大数据处理需求。

3. TA 融合

TA 融合是指事务（Transaction）与分析（Analysis）的融合机制。

传统的业务应用在做技术选型时，会根据使用场景的不同选择对应的数据库技术，当应用需要对高并发的用户操作做快速响应时，一般会选择面向事务的联机事务处理（OLTP）数据库；当应用需要对大量数据进行多维分析时，一般会选择面向分析的联机分析处理（OLAP）数据库。

在数据驱动精细化运营时，海量实时的数据分析需求无法避免。分析和事务是强关联的，但由于这两类数据库在数据模型、行列存储模式和响应效率等方面的区别，通常会造成数据的重复存储。事务系统中的业务数据库只能通过定时任务同步导入分析系统，这导致数据时效性不足，无法实时地进行决策分析。

混合事务/分析处理（HTAP）具有明显的优势，可以避免频繁的数据搬运操作给系统带来的额外负担，减少数据重复存储带来的成本，从而及时高效地对最新业务操作产生的数据进行分析。

数据库从关系数据库管理系统（RDBMS）、大规模并行处理（MPP）、非关系型数据库（NoSQL）向 HTAP 数据库发展，如图 2-6 所示。

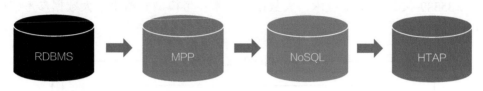

图 2-6　数据库的发展

4. 云数融合

大数据基础设施向云上迁移是一个重要的趋势。各大云厂商均开始提供各类大数据产品以满足用户需求，纷纷构建自己的云上数据产品。向云化迁移的最大优点是用户不用再操心如何维护底层的硬件和网络，能够更专注于数据和业务逻辑，在很大程度上降低了大数据技术的学习成本和使用门槛。

5. 数智融合

大数据与人工智能的融合则已成为大数据领域当前最受关注的趋势之一。这种融合主要体现在大数据平台的智能化与数据治理的智能化。

（1）大数据平台的智能化　用智能化技术处理大数据是释放数据价值的有效手段，但用户往往不希望在两个平台间不断地搬运数据，这促成了大数据平台和机器学习平台深度整合的趋势，大数据平台在支持机器学习算法之外，还将支持更多的 AI 类应用。

（2）数据治理的智能化　数据治理的输出是人工智能的输入，即经过治理后的大数据。数据治理与人工智能的发展存在相辅相成的关系：一方面，数据治理为人工智能的应用提供高质量的合规数据；另一方面，人工智能对数据治理存在诸多优化作用。

数据与资本、土地、知识、技术和管理并列作为可参与分配的生产要素，这体现出数据在国民经济运行中变得越来越重要。可以说，数据对经济发展、社会生活和国家治理正在产生着根本性、全局性、革命性的影响。

在技术方面，我国仍然处在"数据大爆发"的初期，随着 5G、工业互联网的深入发展，将带来更大的"数据洪流"，这就为大数据的存储、分析、管理带来更大的挑战，牵引大数据技术再上新的台阶。硬件与软件的融合、数据与智能的融合将带动大数据技术向异构多模、超大容量、超低时延等方向拓展。

在应用方面，大数据行业应用正在从消费端向生产端延伸，从感知型应用向预测型、决策型应用发展。当前，互联网行业已经全面进入数据时代。未来几年，随着各地政务大数据平台和大型企业数据平台的建成，将促进政务、民生与实体经济领域的大数据应用再上新的台阶。

2.2 大数据技术

2.2.1 大数据参考架构

GB/T 35589—2017《信息技术 大数据 技术参考模型》给出了大数据参考架构和定义，如图2-7所示。

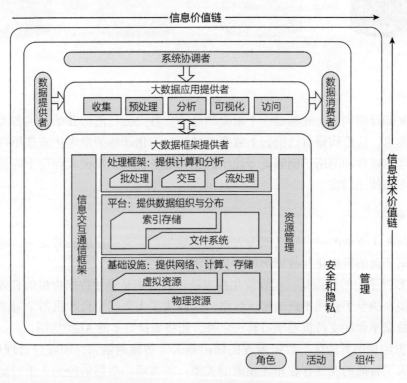

图2-7 大数据参考架构

大数据参考架构涉及以下概念。

1）大数据参考架构。大数据架构是一种用作工具便于对大数据内在的要求、设计结构和运行进行开放性探讨的高层概念模型。

2）系统协调者。大数据参考架构中的一种逻辑功能构件，定义所需的数据应用活动并将它们整合到可运行的垂直系统中。系统协调者可以是人、软件或者二者的组合。

3）数据提供者。大数据参考架构中的一种逻辑功能构件，将新的数据或信息引入大数据系统。

4）大数据应用提供者。大数据参考架构中的一种逻辑功能构件，执行数据生命周期操作，以满足系统协调者定义的需求以及安全和隐私保护需求。

5）大数据框架提供者。大数据参考架构中的一种逻辑功能构件，建立一种计算框架，在此框架中执行转换应用，同时保护数据完整性和隐私。

6）数据消费者。大数据参考架构中的一种逻辑功能构件，是使用大数据应用提供者提供的应用的末端用户或其他系统。

大数据参考架构是一个通用的大数据系统概念模型,它表示通用的、实现无关的大数据系统的逻辑功能构件及构件之间的互操作接口,可以作为开发各种具体类型大数据应用系统架构的通用技术参考框架。

大数据参考架构采用构件层级结构来表达大数据系统的高层概念和通用的构件分类法。

从构成上看,大数据参考架构是由一系列在不同概念层级上的逻辑构件组成的。这些逻辑构件被划分为三个层级,从高到低依次为角色、活动和功能组件。

五个主要的模型构件代表在每个大数据系统中存在的不同技术角色:系统协调者、数据提供者、大数据应用提供者、大数据框架提供者和数据消费者。另外两个非常重要的模型构件是安全和隐私与管理,代表能为大数据系统其他五个主要模型构件提供服务和功能的构件。其中管理角色的功能尤其重要,被集成在任何大数据解决方案中。

大数据参考架构体系中的管理角色可以归类为系统管理、大数据管理和大数据治理这三个活动组。

1)系统管理。系统管理活动组包括调配、配置、软件包管理、软件管理、备份管理、能力管理、资源管理和大数据基础设施的性能管理等活动。

2)大数据管理。大数据管理涵盖了大数据生存周期中所有的处理过程,其活动和功能是验证数据在生命周期的每个过程是否都能够被大数据系统正确地处理。

3)大数据治理。大数据治理负责定义在数据全生存周期中如何访问和处理数据,从而实现更广泛的策略和指引,以确保数据管理的角色和责任的执行、维护数据的合规性、满足数据质量要求、标准化数据管理和利用、降低数据管理的低效率和成本、通过定义和验证数据访问要求来提高数据安全性、建立数据访问的过程以提高性能等目标的实现。

2.2.2　大数据通用技术

大数据通用技术应用于大数据系统端到端的各个环节,包括数据接入、数据预处理、数据存储、数据处理、数据可视化、数据治理以及安全与隐私保护等。

1. 数据接入

数据接入就是对于不同的数据来源、不同的合作伙伴,完成数据采集、数据传输、数据处理、数据缓存到行业统一的数据平台的过程。

大数据系统需要从不同应用和数据源(如互联网、物联网等)进行离线或实时的数据采集、传输和分发。为了支持多种应用和数据类型,大数据系统的数据接入需要基于规范化的传输协议和数据格式,提供丰富的数据接口,读入各种类型的数据。

2. 数据预处理

由于采集到的数据在来源、格式、数据质量等方面可能存在较大的差异,需要对数据进行预处理,以便支撑后续数据处理、查询和分析等进一步应用。

数据预处理包括数据清洗、数据集成、数据归约、数据变换、数据离散化和大数据预处理等。

3. 数据存储

随着大数据系统数据规模的扩大、数据处理和分析维度的提升，以及大数据应用对数据处理性能要求的不断提高，数据存储技术得到持续的发展与优化。一方面，基于大规模并行数据库集群实现海量结构化数据的存储与高质量管理，并能有效支持结构化查询语言和联机交易处理查询；另一方面，基于分布式文件系统实现对海量半结构化和非结构化数据的存储，进一步支撑内容检索、深度挖掘、综合分析等大数据分析应用。同时，数据规模的快速增长，也使得分布式存储成为主流的存储方式，通过充分利用分布式存储设备的资源，能够显著提升容量和读写性能，具备较高的扩展性。

4. 数据处理

不同大数据应用对数据处理需求各异，导致产生如离线处理、实时处理、交互查询和实时检索等不同数据处理方法。

（1）离线处理　离线处理通常是指对海量数据进行批量处理和分析，对处理时间的实时性要求不高，但数据量巨大，占用计算及存储资源较多。

（2）实时处理　实时处理指对实时数据源（比如流数据）进行快速分析，对分析处理的实时性要求高，单位时间处理的数据量大，对 CPU 和内存的要求很高。

（3）交互查询　交互查询是指对数据进行交互式的分析和查询，对查询响应时间要求较高，对查询语言支持要求高。

（4）实时检索　实时检索指对实时写入的数据进行动态查询，对查询响应时间要求较高，并且通常需要支持高并发查询。

为满足不同数据分析场景在性能、数据规模、并发性等方面的要求，流计算、内存计算、图计算等数据处理技术不断发展。同时，人工智能的快速发展使得机器学习算法更多地融入数据处理和分析过程，进一步提升数据处理结果的精准度、智能化和分析效率。

5. 数据可视化

数据可视化是大数据技术在各行业应用中的关键环节。通过直观反映出数据各维度指标的变化趋势，用以支撑用户分析、监控和数据价值挖掘。数据可视化技术的发展使得用户借助图表、2D/3D 视图等多种方式，通过自定义配置可视化界面实现对各类数据源进行面向不同应用要求的分析。

6. 数据治理

数据治理涉及数据全生存周期端到端过程，不仅与技术紧密相关，还与政策、法规、标准、流程等密切关联。从技术角度，大数据治理涉及元数据管理、数据标准管理、数据质量管理、数据安全管理等多方面技术。大数据系统需要通过提供集成化的数据治理能力，实现统一数据资产管理及数据资源规划。

7. 安全与隐私保护

大数据系统的安全与系统的各个组件及系统工作的各个环节相关，需要从数据安全（例如备份容灾、数据加密）、应用安全（例如身份鉴别和认证）、设备安全（例如网络安全、主机安全）等方面全面保障系统的运行安全。同时随着数据应用的不断深入，数据隐私保护（包括个人隐私保护、企业商业秘密保护、国家机密保护）也已成为大数据技术重点研究方向之一。

2.2.3 大数据关键技术

大数据关键技术包括分布式数据库技术、分布式存储技术、流计算技术和图数据库技术。

1. 分布式数据库技术

分布式数据库是指将物理上分散的多个数据库单元连接起来组成的逻辑上统一的数据库，其结构如图 2-8 所示。分布式数据库的数据在物理上是分布存储的，即数据存放在计算机网络上的不同节点（局部数据库），但数据之间在逻辑上有语义上的联系，属于一个系统。

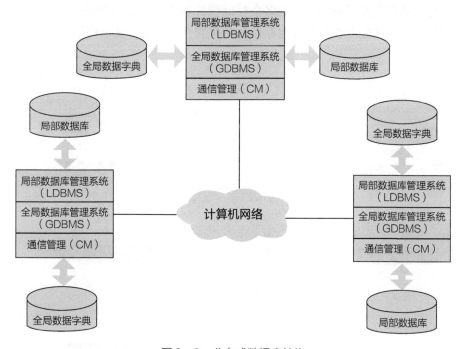

图 2-8 分布式数据库结构

分布式数据库系统由局部数据库管理系统、全局数据库管理系统、通信管理、全局数据字典和局部数据库组成。

1）局部数据库管理系统。局部数据库管理系统用于创建和管理局部数据库，执行局部和全局应用子查询。

2）全局数据库管理系统。全局数据库管理系统协调各局部数据库管理系统，共同完成全局事务的执行并保证全局数据库执行的正确性和全局数据的完整性。

3）通信管理。通信管理实现分布在网络中各个数据库之间的通信。

4）全局数据字典。全局数据字典存放全局概念模式。

5）局部数据库。局部数据库用于查询全局数据库信息。

随着各行业大数据应用对数据库需求不断提升，数据库技术面临数据的快速增长及系统规模的急剧扩大，不断对系统的可扩展性、可维护性提出更高要求。当前以结构化数据为主，结合空间、文本、时序、图等非结构化数据的融合数据分析成为用户的重要需求方向。同时随着大规模数据分析对算力要求的不断提升，需要充分发挥异构计算单元（如 CPU、GPU、AI 加速芯片）来满足应用对数据分析性能的要求。

分布式数据库的发展呈现与人工智能融合的趋势。一方面，基于人工智能进行自调优、自诊断、自愈和自运维，能够对不同场景提供智能化性能优化能力；另一方面，通过主流的数据库语言对接人工智能，有效降低人工智能使用门槛。此外，基于异构计算算力，分布式数据库能基于对不同 CPU 架构的调度进行结构化数据的处理，并基于对 GPU、人工智能加速芯片的调度实现高维向量数据分析，提升数据库的性能与效能。

2. 分布式存储技术

分布式存储就是将数据分散存储到多个存储服务器上，并将这些分散的存储资源构成一个虚拟的存储设备，实际上数据分散地存储在企业的各个角落，其结构如图 2-9 所示。

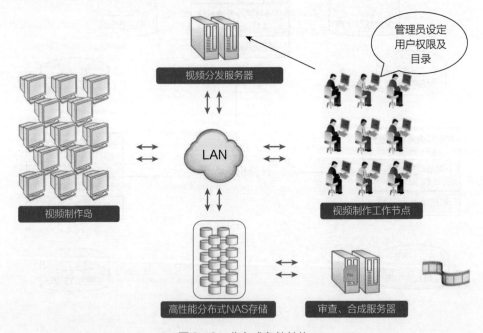

图2-9 分布式存储结构

随着数据尤其是非结构化数据规模的快速增长，以及用户对大数据系统在可靠性、可用性、性能、运营成本等方面需求的提升，分布式架构逐步成为大数据存储的主流架构。

基于产业需求和技术发展，分布式存储主要呈现以下趋势。

1）基于硬件处理的分布式存储技术。目前大多数存储仍是使用传统硬盘，少数存储使用固态硬盘，或者传统硬盘＋固态硬盘的模式，如何充分利用硬件来提升性能，推动分布式存储技术进一步发展是关键问题所在。

2）基于融合存储的分布式存储技术。针对现有存储系统对块存储、文件存储、对象存储、大数据存储的基本需求，提供一套系统支持多种协议融合，降低存储成本，提升上线速度。

3）与人工智能技术融合，例如基于人工智能技术实现对性能进行自动调优、对资源使用进行预测、对硬盘故障进行预判等，提升系统可靠性和运维效率，降低运维成本。

3. 流计算技术

很多企业为了支持决策分析而构建的数据仓库系统，其中存放的大量历史数据是静态数据。技术人员可以利用数据挖掘和在线分析处理（On - Line Analytical Processing，OLAP）工具从静态数据中找到对企业有价值的信息。静态数据的一般处理流程如图 2 - 10 所示。

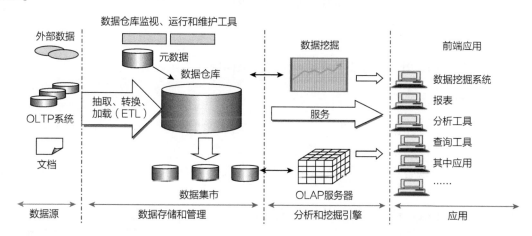

图 2 - 10　静态数据的一般处理流程

近年来，在 Web 应用、网络监控、传感器监测等领域，兴起了一种新的数据密集型应用——流数据，即数据以大量、快速、时变的流形式持续到达。

流计算是指实时获取来自不同数据源的海量数据，经过实时分析处理，获得有价值的信息，如图 2 - 11 所示。

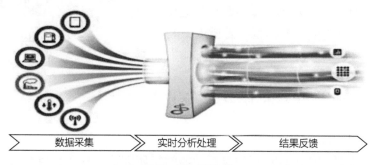

图 2 - 11　流计算

对于一个流计算系统，它应达到如下需求：高性能、海量式、实时性、分布式、易用性、可靠性。

流计算常用于处理高速并发且时效性要求较高的大规模计算场景。流计算系统的关键是流计算引擎，目前流计算引擎主要具备以下特征：

1）支持流计算模型，能够对流式数据进行实时计算。

2）支持增量计算，可以对局部数据进行增量处理。

3）支持事件触发，能够实时对变化进行及时响应。

4）支持流量控制，避免因流量或高而导致崩溃或者性能降低等。

随着数据量的不断增加，流计算系统的使用日益广泛，同时传统的流计算平台和系统开始逐步出现一些不足。状态的一致性保障机制相对较弱，处理延迟相对较大，吞吐量受限等问题的出现，推动着流计算平台和系统向新的发展方向延伸，主要包括以下发展趋势。

1）更高的吞吐速率，以应对更加海量的流式数据。

2）更低的延迟，逐步实现亚秒级的延迟。

3）更加完备的流量控制机制，以应对更加复杂的流式数据情况

4）容错能力的提升，以较小的开销来应对各类问题和错误。

4. 图数据库技术

随着社交、电商、金融、零售、物联网等行业的快速发展，现实社会织起了一张庞大而复杂的关系网，传统数据库很难处理关系运算。大数据行业需要处理的数据之间的关系随数据量呈几何级数增长，急需一种支持海量复杂数据关系运算的数据库，图数据库应运而生。

图数据库并非指存储图片的数据库，而是以图这种数据结构存储和查询数据。

图数据库是一种在线数据库管理系统，具有处理图形数据模型的创建、读取、更新和删除操作。图数据库是利用图结构进行语义查询的数据库，其结构形式如图 2-12 所示。

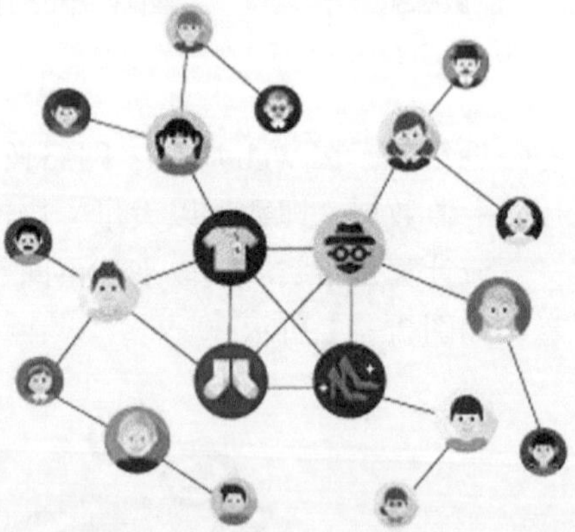

相比关系模型，图数据模型具有以下独特优势：

1）借助边的标签，能对具有复杂甚至任意结构的数据集进行建模；而使用关系模型，需要人工将数据集归化为一组表及它们之间的连接条件，才能保存原始结构的全部信息。

图 2-12　图数据库的结构形式

2）图模型能够非常有效地执行涉及数据实体之间多跳关系的复杂查询或分析，由于图模型用边来保存这类关系，因此只需要简单查找操作即可获得结果，具有显著性能优势。

3）相对于关系模型，图模型更加灵活，能够简便创建及动态转换数据，降低模式迁移成本。

4）图数据库擅于处理网状的复杂关系，在金融大数据、社交网络分析、安全防控及物流等领域有着更为广泛的应用。

在社交领域、零售领域、金融领域、汽车制造领域、电信领域及酒店领域等，都有很多著名的公司在使用图数据库。

2.3 大数据技术的应用

2.3.1 大数据产业生态

近年来，我国大数据产业保持稳步增长，大数据技术逐步成熟，应用场景日益丰富，大数据产业生态初步形成。大数据产业生态主要涵盖 8 种角色，如图 2-13 所示。

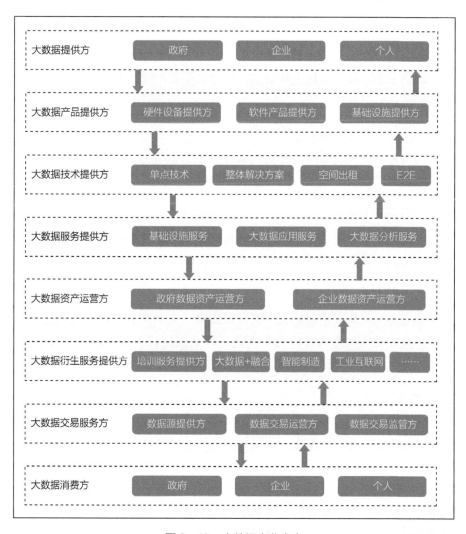

图 2-13 大数据产业生态

1. 大数据提供方

大数据提供方是大数据产业链上的基础环节，其职责是将数据和信息引入大数据系统，用以提供给其他参与方进行数据访问、处理和分析，主要以数据源提供商以及提供数据流通的平台等形态存在。大数据提供方包括政府、企业和个人。

2. 大数据产品提供方

大数据产品提供方主要是指提供大数据相关产品的单位，如硬件设备提供方、软件产品提供方和基础设施提供方，但不限于提供大数据应用软件、基础软件和相关硬件产品的企业。

3. 大数据技术提供方

大数据技术提供方是指提供大数据技术输出的单位，如各类单点技术输出、整体解决方案输出以及端到端（E2E）在线大数据技术方案等。

4. 大数据服务提供方

大数据服务提供方主要是指基于大数据核心技术提供数据价值挖掘服务的企业，包括大数据应用服务提供方和大数据分析服务提供方和大数据基础设施服务提供方等。

5. 大数据资产运营方

大数据资产运营方主要是将数据作为一种全新的资产形态，并且以资产管理的标准和要求来加强相关制度和应用。具体面向数据拥有方提供数据资源规划、数据资产运营管理、数据资产评估、数据资产增值等相关咨询和解决方案服务。

6. 大数据衍生服务提供方

大数据衍生服务提供方主要是指大数据在各行业、各领域深度融合产生的新业态服务商。通过与各领域深度融合发掘数据价值，拓宽大数据应用场景。

7. 大数据交易服务方

大数据交易服务方是指提供包括大数据资产交易、大数据相关的金融衍生数据设计及相关服务的单位。大数据交易服务方将为数据商开展数据期货、数据融资、数据抵押等业务，旨在建立交易双方数据信用评估体系，增加数据交易流量，加快数据流转速度。

8. 大数据消费方

大数据消费方通过使用大数据交易商的分成平台，使得数据提供者获得相应的回报，这样可使大数据产业生态实现良性循环。

2.3.2 大数据商用模式

大数据商用模式主要包含数据买卖模式、信息服务模式、第三方数据服务模式、融合服务模式和软硬件销售模式等。

1. 数据买卖模式

数据买卖模式是指企业直接通过买卖数据取得收入。此类模式的主体是大数据经营商，对大数据的交易是其业务核心，对大数据的重复利用是其发展的原动力。这种公司同时具有很强大的大数据技术能力，多数时候大数据技术本身主要用于自身的运作，例如通过经营大数据交易平台和大数据应用程序接口开发牟利的互联网企业。

2. 信息服务模式

信息服务模式是指企业将通过隐含在信息服务中的大数据取得利润，这类企业往往具备多种技能，甚至同时具有大数据提供者 + 技术提供者 + 服务提供者的能力。这些企业既包括传统的信息技术服务和软件服务企业，也包括咨询、审计、财务、金融等非传统意义上的 IT 企业，信息服务模式是大数据核心产业和衍生产业相互融合表现最突出的一种模式。

3. 第三方数据服务模式

第三方数据服务模式是指企业既不是数据的提供者，也不是数据服务的应用者，而是专注通过提供第三方数据服务取得收入的模式。其主体为数据中间商，本身不具有创造数据的能力，而是从各种地方搜集数据进行整合，通过搭建或提供数据交易平台，从数据中提取有用的信息进行利用或者交易，从而获取利润。

4. 融合服务模式

融合服务模式是指企业将数据隐含在传统产品及服务中取得收入，这其中既包括提供信息服务的咨询、审计、财务等企业，也包括利用大数据在产业链上下游提供金融、物流等服务而获取利润的制造业企业。融合服务模式是大数据发展的重要方向。

5. 软硬件销售模式

软硬件销售模式是指各类大数据产业链企业通过对服务和产品直接销售的方式盈利，对于大数据产品提供方来说，软硬件销售模式是主要的盈利方式。

2.3.3　大数据的应用案例

大数据无处不在，应用于包括智慧城市、金融、医疗、汽车、餐饮、电信、能源和娱乐等在内的社会各行各业。下面介绍面向智慧城市数据融合共享的大数据治理平台、蚂蚁金服"数巢"大数据智能服务平台、某公司 AEOS 运营管理平台以及咸阳市精准扶贫大数据平台。

1. 面向智慧城市数据融合共享的大数据治理平台

（1）平台介绍　大数据治理平台立足于国内智慧城市建设需求，采用开放、先进的互联网和大数据技术，遵循国家智慧城市顶层设计指南数据架构标准和信息技术服务治理数据治理规范设计，构建从数据采集、治理、融合到应用再生产的闭环式全生命周期管理，并利用大数据资源服务总线技术构建跨部门和跨业务的资源服务体系，充分发挥城市大数据资源的服务能力，为城市决策和各委办局构建具有实战应用价值的大数据应用，为办公协调应用、决策保障应用、政务服务应用、社会管理应用、民生服务应用和企业服务应用提供数据服务技术支撑。

（2）平台内容　平台主要完成以下内容：

1）数据采集。采用统一的信息资源标准和技术规范标准，建设多元数据采集系统，支持将政务数据、行业数据、互联网数据和其他各类不同来源的数据资源采集并存储到数据全图，为数据挖掘和数据共享提供基础资源。

2）数据全图。包括各类数据汇聚形成的归集库、标准化和"一数一源"梳理后的中心库，以及数据加工处理后生成的各类基础库和主题库数据资源；提供城市级数据全图，扩大数据采集范围，实现全市的跨部门、跨平台和跨应用系统的数据采集；全面整合结构化数据及半结构化数据，实现分布式、异构、异源数据的集成整合，为数据的互联互通及数据驱动应用智能化提供支持。

3）数据治理管理平台。实现对汇聚到大数据平台的数据进行集中治理和管控，针对数据特点，内置 7 种建库标准，包括字段标准、元数据模型、数据质量标志等，并基于标准管理子系统，加强了数据标准化和统一化；通过数据稽核，对已经接入的数据进行稽核，保持数据的完整性、一致性、准确性和时效性；通过元数据管理的血缘/影响分析功能，快速定位数据问题，加强了对数据处理流畅的管控；内置 5 种核检维度和 30 多个质量校验规则，通过数据质量子系统为数据管控能力及数据质量的提高提供长期稳定的服务和支撑，促进数据价值的发挥。

4）数据资源目录。针对所有委办局、资源中心已有和生成的数据资源统一编目形成的数据资源目录，用于数据检索、共享、开发使用与管理；实现自动化数据资源发现及主动数据资源注册功能，并提供智能判断资源的唯一性和资源质量，确保数据资源的质量；支持自动编目和手工编目，实现对目录服务中心的目录内容和目录服务运行的管理；通过自动化接口封装，对共享库中的数据进行快速封装并提供应用，形成数据共享支撑能力；通过数据共享门户，对数据字典、数据名目、数据来源情况和数据调用情况等，进行统一可视化展示。

(3）应用成果　为了有效解决企业扶持资金重复申报，申报后效果难以追踪的问题，构建统一的高质量大数据中心势在必行。通过汇集融合全委 38 套业务系统数据，并融合多个部门的数据，结合互联网数据构建统一的法人库和项目库，通过大数据治理平台构建统一的数据标准、统一的数据融合机制和数据质量评价机制，并通过平台化进行落地保证，支撑项目申报唯一性自动识别，企业项目资助后持续跟进效果评估，确保政府扶持资源使用效率和效果。

大数据治理平台助力主管部门实现了"一体高效运行"，即将原 3 个信息系统整合为一体的智慧服务平台。从数据采集和归集分析应用，对数据全生命周期进行高效治理，为"信息孤岛"的打通以及实现"一数全面汇聚"奠定了坚实基础。

2. 蚂蚁金服"数巢"大数据智能服务平台

(1）平台介绍　蚂蚁金服"数巢"大数据智能服务平台（以下简称数巢智能服务平台）可以在安全、可信、公允的数据环境中完成数据共享，解决了数据共享与隐私数据保护的问题；并能够提供数据交换、数据连接、数据加工、数据挖掘等一站式数据服务能力，覆盖了大数据探索和研究的全链路需求。

数巢智能服务平台的技术架构如图 2-14 所示。

该平台上线以来，帮助金融机构进一步释放了数据价值，产生了较好的经济社会价值。

(2）平台的技术创新点　数巢智能服务平台帮助不同机构在满足用户隐私保护、数据安全和政府法规的要求下进行数据联合使用和建模，破解了数据共享和隐私保护难以平衡的难题，打破了数据孤岛，发挥了数据核变效应，具体有以下功能创新点：

1）防止数据滥用。基于安全沙箱、多方安全协议技术、可信执行环境技术和远程认证

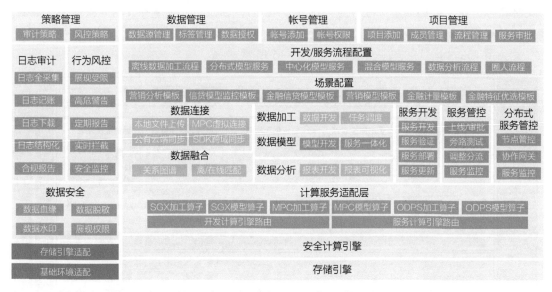

图 2-14 数巢智能服务平台的技术架构

技术，确保数据只能按约定好的行为进行使用，避免数据滥用。

2）隐私保护。基于 SGX 硬件加密技术、可信计算集群化技术和主键保密技术等，确保数据无法被平台或者其他参与方窥探，避免隐私泄露。

3）易用性。多数据源接入、实现可视化建模、模型一键发布部署以及完备的应用程序编辑接口可支持发起训练任务等。

（3）平台的应用实践情况　数巢智能服务平台通过多方数据安全高效融合共创的方式，全面连接数据、渠道、客户及合作伙伴等创造商业价值。

在银行业应用中，数巢智能服务平台搭建了一套基于多方安全计算技术下的数据融合、联合建模以及模型发布一体化平台方案，为蚂蚁微贷与银行的合作提供更完备的大数据风控能力支持。该联营合作模式，在具备用户端授权及隐私数据受保护的前提下，实现了双方丰富变量的融合建模，帮助银行提升了风控效果以及数据处理的能力，符合政策监管要求，助力行方实现科技自主。

在保险行业应用中，数巢智能服务平台为蚂蚁保险与传统保险公司的联合运营提供精准权益策略，提供高风险识别率的安全合规共享环境，孵化的车险可以显著提升车险的差异化权益能力，在通过用户购险前的授权条件下，帮助保险制定更好的销售策略。从车险定价模型实际评测的效果看，通过双方和其他合作方数据，车险根据"从人"（从车主信息）因素能够细分为不同风险的用户，对车主进行精准画像和风险分析，实现"千人千面"的精准权益策略。

3. 某公司 AEOS 运营管理平台

（1）平台介绍　流程是主线，数据是核心，集成是关键，应用是目的。以 AEOS 运营管理体系为指导，梳理公司关键业务流程，运用数据仓库和大数据分析等手段提高数据的关联重用与价值挖掘。基于数据驱动业务的原则，建成了一套面向公司决策层、车间管理层和生产业务层于一体的运营管理平台，将管理要求真正输送到末梢。同时，开展了航空发动机动态关键路径分析、零件期量标准计算与优化、安全库存动态预测等大数据分析应用，有针对性地调整和优化了生产业务过程，达到了提质增效的目的。

某公司 AEOS 运营管理平台架构如图 2 – 15 所示。

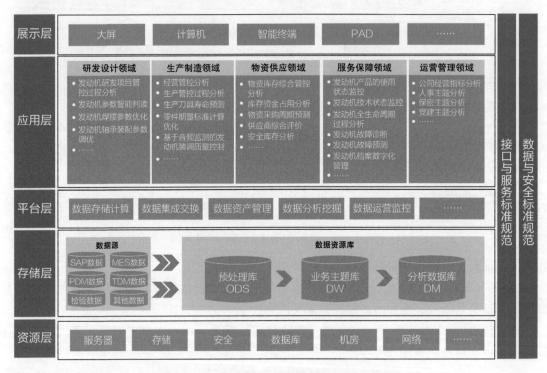

图 2 – 15　某公司 AEOS 运营管理平台架构

（2）平台实施内容和效果　平台实施内容和效果如下：

1）构建业务主题数据库，逐步实现企业数据资产管理与建设。以工业互联网和业务运营数字化为基础，参考《信息技术大数据参考架构》和《信息技术数据质量评价指标》等国家标准，通过采集、清洗、整合产品的结构化和非结构化数据，建立基于大数据存储计算架构的业务主题数据仓库和数据集市，建设公司企业级的数据中心，全面将数据作为资产展开管理，以经营管理、产品设计、生产制造、供应商管理和服务保障业务为分析目标，发挥数据的价值，将数据变为信息、变为知识，提高决策准确性和预见性。

2）梳理公司共性业务，打造公司级一体化业务平台。同一个公司的不同车间、不同加工中心，业务也不尽相同，各中心为满足自身业务所需，建设了各自的业务系统，造成了现阶段烟囱式的信息化架构。通过对公司各加工中心的共性与个性的业务进行统筹与拆分，将共性业务汇聚，构建了覆盖多个加工中心的一体化业务应用平台，集中将共性的、关键的业务数据和分析过程统一调用展示，更好地沉淀和整合了业务能力，增加了分析服务的重用。

3）利用大数据技术开展工业大数据应用试点。通过零件生产周期相关数据的积累、统计和挖掘，优化公司生产周期期量标准，指导生产计划精确排产和异常订单追溯。一方面，将发动机业务信息与订单交付周期进行关联梳理统计，利用大数据可视化技术，建立产品关键路径动态分析展现方法，实现某类型发动机及单台发动机动态关键路径识别与剩余加工周期分析，帮助生产管理人员准确识别管控关键点，及时调整生产管控策略。另一方面，根据需求量、供应商交付周期和期望服务水平，分析当期库存对生产需求的满足情况，构建基于业务机理指导的安全库存预测模型，有效减少生产缺货情况，实现了库存的精细化管理。

随着公司信息化应用的不断深入，数据已成为其重要资产，是未来面向智能工厂转变的重要基础。基于数据建立的运营管控平台将不断向横向与纵向扩展，直至覆盖公司全部经营管理、产品设计、生产制造、供应商管理和服务保障等各个业务领域。项目的落地实施为行业内 AEOS 运营管理体系实施做出了示范，支持向国防装备精密制造型企业进行应用推广。

4. 咸阳市精准扶贫大数据平台

（1）平台背景　咸阳市积极响应国家号召，将脱贫攻坚作为首要政治任务和第一民生工程，大力推进精准扶贫，打造全市统一的"精准扶贫大数据平台"，解决了扶贫基础数据掌握不全面、扶贫对象识别不准确、帮扶施策不科学、缺乏动态监管和智能分析等问题，脱贫工作取得显著成效。

咸阳市精准扶贫大数据平台业务场景如图 2 - 16 所示。

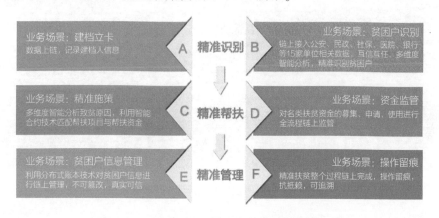

图 2 - 16　咸阳市精准扶贫大数据平台业务场景

（2）平台建设　为实现"六个精准"，咸阳市精准扶贫大数据平台一方面需要采集全市各类扶贫基础数据，另一方面需要汇聚公安、财政、教育、人社、卫生、民政、住建和国土等相关部门业务数据，再将两类数据进行比对，围绕咸阳市建档立卡贫困户进行逐人核查，从而发现存在矛盾数据的贫困户，将这些问题分发到镇到村，安排人员跟踪核查问题，确保实际情况与"国网系统"记录、纸质档案、贫困群众口述和帮扶队员掌握情况"五个一致"。

咸阳市精准扶贫大数据平台界面如图 2 - 17 所示。在贫困户筛查的过程当中，数据发挥了核心作用。

（3）平台的创新应用　围绕"精准识别、精准投放"的工作思路，平台将陕西省政务云平台区块链数据服务引入精准扶贫，各部门数据无须上传至中心数据库，使用沙盒模式比对数据，获取结果后沙盒数据自动销毁，最大限度地保障数据安全使用，保证数据权属不变。

同时，对"精准扶贫"从认定、帮扶，到施策、脱贫的全流程都记录在区块链上，不可篡改，方便业务部门对扶贫工作全面监管，防止弄虚作假、徇私舞弊。针对贫困原因，对扶贫资源进行针对性按需投放，从根本缓解致贫因素；扶贫资金的使用可追溯，使扶贫更加精准、高效、透明、公正。

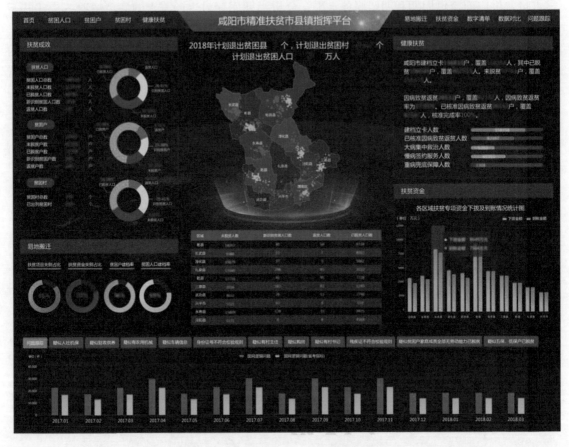

图2-17 咸阳市精准扶贫大数据平台界面

咸阳市精准扶贫大数据平台逻辑架构如图2-18所示。

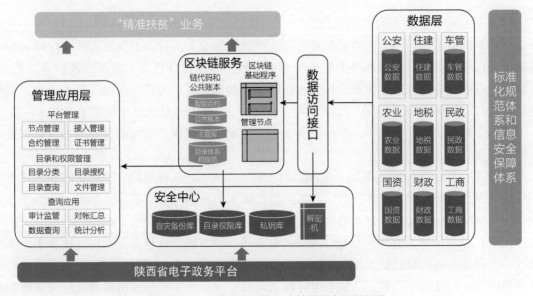

图2-18 咸阳市精准扶贫大数据平台逻辑架构

（4）平台实施效果　通过精准扶贫大数据平台的应用，咸阳市将社保、工商、税务、银行和公安等 15 个部门的 67 项数据上链，实现扶贫信息全程可溯、可管、可控，精准定位贫困户 42155 户，贫困人口 123379 人；实现扶贫资金低成本、高效率覆盖；通过人工智能筛选比对，发现问题数据 55577 条，与扶贫办等部门对接反馈相关结果，全面核查整改。政务云＋区块链＋人工智能的数据共享应用模式，服务了咸阳近 500 万人口，市县镇三级 720 多个部门，这一平台是运用大数据解决百姓民生难点、痛点问题，化解社会关注的焦点、热点工作的有效手段，能够起到积极推动和促进为民服务水平、提升社会治理能力的双重作用。

2.3.4　大数据技术与自动驾驶汽车

自动驾驶汽车每行驶 8h 将产生并消耗约 40TB 的数据，这意味着自动驾驶汽车将至少像依赖石油或电力一样依赖数据。自动驾驶汽车可以通过大数据分析，做出明确、合理的决策，保障汽车安全行驶。随着自动驾驶程度的提高，为自动驾驶提供支持的技术变得更加复杂，这就需要更多的数据。

自动驾驶主要依靠智能传感器感知周围环境信息，并自行做出驾驶行为决策，控制车辆到达既定目的地。其核心在于深度的 AI 算法，但这又依靠海量大数据和高性能计算。

1. 自动驾驶汽车如何收集数据

自动驾驶汽车使用来自各种内置传感器来收集数据。在自动驾驶汽车中，来自各种内置传感器的数据可以在毫秒内得到处理和分析。这使得汽车不仅可以从 A 点到 B 点安全行驶，还可以将路况信息传递给云端，从而传递给其他车辆。然后，来自互联汽车的大数据将与其他智能汽车共享。

2. 哪些传感器帮助自动驾驶汽车收集数据

为了观察和感知自身周围的一切，自动驾驶汽车通常使用三种类型传感器：摄像头、毫米波雷达和激光雷达。摄像头可帮助汽车获得周围环境的 360° 全景。不仅如此，现代摄像头还可以提供逼真的 3D 图像，用于识别物体和人，并确定它们之间的距离。但恶劣的天气条件、损坏的交通标志和对比度不足会影响摄像头的性能。对毫米波雷达而言，天气条件并不会影响其性能，它可以检测移动物体，实时测量距离和速度。激光雷达可以创建周围环境的 3D 图像并绘制地图，从而在汽车周围创建 360° 视图。

在自动驾驶中，一个更为关键的组件是帮助分析自动驾驶汽车中数据的软件。将其连接到网络后，自动驾驶汽车不仅可以将其所有传感器的数据传递到云端，而且还能立即对情况做出响应。

3. 自动驾驶汽车如何处理大数据

自动驾驶汽车必须有传感器、人工智能软件和云服务器。自动驾驶汽车通过定位技术确定自己的世界坐标位置，并结合来自内部传感器的数据来确定它的速度和方向；同时，还需要在地图中定位，标志、标记、车道和各种障碍物都要被考虑在内。利用收集到的数据，自动驾驶汽车可以针对道路上许多可能的情况制定策略。自动驾驶汽车之间的数据共享将有助于避免交通堵塞，同时考虑天气状况并应对紧急情况。

4. 大数据对自动驾驶汽车的作用

大数据对自动驾驶汽车具有以下作用。

(1) 环境感知　尽管自动驾驶汽车配有雷达和视觉传感器，使它们能够感知周围的环境，但如果不能获得可靠的数据流，以及了解周围的情况和未来的预判，自动驾驶汽车就会存在安全风险。未来的自动驾驶汽车可以依靠传感器和已有的大数据，将不同数据有效融合起来，建立一个基于大数据的感知系统，保障自动驾驶汽车的安全行驶。

(2) 驾驶行为决策　在路况简单时，要控制好在行驶过程中的自动驾驶汽车，传统的方式是基于规则的判定。而在未来更复杂的环境包括拥堵情况下，基于数据驱动的驾驶行为的决策，会变成整个发展的主流。大数据在交通行业已经实现商业化应用。采集了车速及安全带使用、制动、加速习惯及下班后的用车习惯等相关信息。若该类数据可以共享并用于自动驾驶，研发人员可将该类数据用于机器学习，更精确地定位车辆信号及路况情况，从而提升自动驾驶的安全性，降低事故发生率。

如何将海量数据高效地传输到运营点和云集群中，如何将全部海量数据成体系地组织在一起，快速搜索，灵活使用，为数据流水线和各业务应用如训练平台、仿真平台、汽车标定平台提供数据支撑，均涉及大数据技术。

第3章
云计算技术及应用

云计算是推动信息技术能力实现按需供给、提高信息化建设利用水平的新技术、新模式、新业态，并能够为互联网、大数据、人工智能等领域发展提供重要的基础支撑。目前，我国云计算行业正处于高速增长阶段，云服务应用逐渐从互联网行业向制造、政务、金融、教育、医疗等传统行业渗透，企业利用云计算加快数字化、网络化、智能化转型，云计算行业未来发展前景广阔。

3.1 概述

3.1.1 云计算的定义与分类

1. 云计算的定义

云计算没有统一的定义，简单来说，云计算就是将很多计算机资源和服务集中起来，人们只要接入互联网，将能很轻易、方便地访问各种基于云的应用信息，省去了安装和维护的烦琐操作。

美国国家标准与技术研究院对云计算的定义：云计算是一种按使用量付费的模式，这种模式提供可用的、便捷的、按需的网络访问，进入可配置的计算资源共享池（包括网络、服务器、存储、应用软件、服务等资源），这些资源能够被快速提供，只需投入很少的管理工作，或与服务供应商进行很少的交互。

云计算是分布式计算技术的一种，是通过网络将庞大的计算处理程序自动拆分成无数个较小的子程序，再交由多部服务器所组成的庞大系统，经搜寻、计算分析之后将处理结果回传给用户。通过这项技术，网络服务提供者可以在数秒之内，达成处理数以千万计甚至亿计的信息，达到与超级计算机具有同样强大效能的网络服务。

云计算是一种资源交付和使用模式，指通过网络获得应用所需的资源。提供资源的网络被称为"云"。之所以称为"云"，是因为它在某些方面具有现实中云的特征：云一般较大，云的规模可以动态伸缩，它的边界是模糊的；云在空中飘忽不定，无法也无须确定它的具体位置，但它又的确存在于某处。"云"中的资源在使用者看来是可以无限扩展的，并且可以随时获取，按需使用，随时扩展。

云计算定义的示意图如图3-1所示。

2.云计算的分类

云计算作为发展中的概念，尚未有全球统一的标准分类。根据目前业界基本达成的共识，可以从不同角度将其进行分类。

（1）按部署方式分类　按部署方式，云计算主要分为私有云、公共云和混合云三种形态，如图3-2所示。

图3-1　云计算定义的示意图

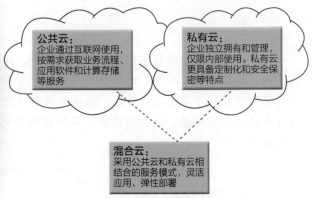

图3-2　云计算按部署方式分类

1）私有云。私有云是专供一个企业或组织使用的云计算资源，因而可以提供对数据、安全性和服务质量的最有效控制。一般部署在自家数据中心上，也可以付费给第三方的提供商托管。私有云极大地保障了安全问题，目前有很多企业已经构建了自己的私有云。

2）公共云。公共云或公有云是基于标准云计算的一个模式，其中服务供应商负责创造资源，如应用和存储，公众可以通过网络获取这些资源，如阿里云和腾讯云等。

3）混合云。混合云是指两种或两种以上（公共云、私有云）云服务方式的结合，通过技术手段支持数据和应用程序在两者之间迁移，能够为企业提供更大的灵活性和更多的部署选项。由于安全和控制的原因，并非所有的企业信息都能放置在公共云上，这样一来，大部分已经应用云计算的企业将会使用混合云模式。

（2）按服务模式分类　从云计算的服务模式看，主要分为基础设施即服务（Infrastructure-as-a-Service，IaaS）、平台即服务（Platform-as-a-Service，PaaS）和软件即服务（Software-as-a-Service，SaaS），分别为客户提供构建云计算的基础设施、云计算操作系统、云计算环境下的软件和应用服务，如图3-3所示。

1）基础设施即服务。基础设施即服务（IaaS）是通过软件平台提供类似互联网数据中心的基础设施资源池，并从中分配主机、网络、存储等资源，使得基础设施资源具备弹性扩展能力，大幅提升资源交付效率和密度，降低成本。

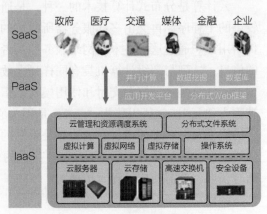

图3-3　云计算按服务模式分类

2）平台即服务。平台即服务（PaaS）可基于 IaaS 平台或物理基础设施提供各种软件开发组件，如数据库、消息队列、负载均衡和缓存服务等中间件平台。近年来，PaaS 的定义范围也扩展到了业务编排和调度服务，与微服务架构配合用来实现业务的自发现、自运维和自恢复等功能。

3）软件即服务。软件即服务（SaaS）通过网络为用户直接提供软件服务，而用户不需要关心软件运行在何处、如何部署维护。

两种分类的云计算比较如图 3 - 4 所示。

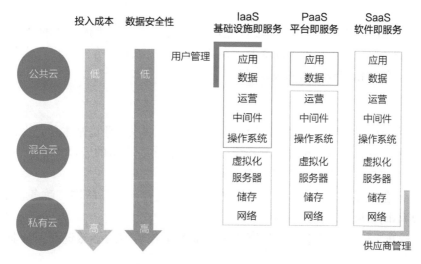

图 3 - 4　两种分类的云计算比较

（3）按行业类别分类　依据行业不同，云可以分为政务云、医疗云和金融云等。行业云是以公共云的建设模式、私有云的个性化标准，基于 IaaS/PaaS/SaaS 多层次覆盖完全服务能力构建的个性化的行业解决方案。

1）政务云。政务云是指基于云计算技术、统筹利用已有的计算资源、存储资源、网络资源、信息资源、应用支撑等资源和条件，统一建设的为各政务部门提供基础设施、支撑软件、应用功能、信息资源、运行保障和信息安全等服务的电子政务综合性服务平台。

2）医疗云。医疗云是在医疗护理领域采用云计算相关技术和服务理念构建医疗保健服务的系统。借助医疗云平台，多个医院之间可以共享由大量系统连接在一起形成的基础设施资源池，减少医院的运行成本，提高效率。

3）金融云。金融云是指采用云计算的模型及原理，将金融产品、信息、服务分散到庞大分支机构所构成的云网络当中，从而提高金融机构迅速发现并解决问题的能力，提升整体工作效率。帮助金融客户实现从传统 IT 向云计算转型，实现业务互联网化，助力金融客户业务创新。

3.1.2　云计算的发展历程

云计算的发展历程分为三个阶段，即萌芽阶段、成长阶段和发展阶段。

1. 萌芽阶段

2006 年，谷歌首席执行官埃里克·施密特在搜索引擎大会首次提出"云计算"的概念，这是云计算发展史上第一次正式地提出这一概念，有着巨大的历史意义。

萌芽阶段为 2007—2010 年。此阶段为技术储备和概念推广阶段，解决方案和商业模式尚在普试中，用户对云计算认知度仍然较低。初期以政府公共云建设为主，公共云和私有云出现。

2. 成长阶段

成长阶段为 2011—2015 年。此阶段产业高速发展，进入云计算产业的"黄金机遇期"。用户对云计算的了解和认可程度不断提高，越来越多的厂商开始介入，出现大量的应用解决方案。混合云出现，私有云增速加快。

3. 发展阶段

发展阶段为 2016 年至今。此阶段云计算产业链、行业生态环境基本稳定，云计算成为一项基础设施。各厂商解决方案更加成熟稳定，可以提供各种丰富的云计算产品。

云计算仍将迎来下一个黄金十年，进入普惠发展期。

1）随着新基建的推进，云计算将加快应用落地进程，在互联网、政务、金融、交通、物流、教育等不同领域实现快速发展。

2）在全球数字经济背景下，云计算成为企业数字化转型的必然选择，企业上云进程将进一步加速。

3）新冠肺炎疫情的出现，加速了远程办公、在线教育等 SaaS 服务落地，推动云计算产业快速发展。

3.1.3 云计算的发展特点

1. 云计算的特点

云计算具有以下特点。

（1）超大规模 "云"具有相当的规模，谷歌云计算已经拥有 100 多万台服务器，亚马逊、IBM、微软、雅虎等的"云"均拥有几十万台服务器。企业私有云一般拥有数百上千台服务器。"云"能赋予用户前所未有的计算能力。

（2）虚拟化 云计算支持用户在任意位置、使用各种终端获取应用服务。所请求的资源来自"云"，而不是固定的有形的实体。应用在"云"中某处运行，但实际上用户无须了解、也不用担心应用运行的具体位置。只需要一台笔记本计算机或者一部手机，就可以通过网络服务来实现所需要的一切，甚至包括超级计算的任务。

（3）高可靠性 "云"使用了数据多副本容错、计算节点同构可互换等措施来保障服务的高可靠性，使用云计算比使用本地计算机可靠。

（4）通用性 云计算不针对特定的应用，在"云"的支撑下可以构造出千变万化的应用，同一个"云"可以同时支撑不同的应用运行。

（5）高可扩展性 "云"的规模可以动态伸缩，以满足应用和用户规模增长的需要。

（6）按需服务　"云"是一个庞大的资源池，可按需购买；云可以像自来水、电、燃气那样计费。

（7）价格低廉　由于"云"的特殊容错措施，可以采用极其廉价的节点来构成"云"。"云"的自动化集中式管理使大量企业无须负担日益高昂的数据中心管理成本，"云"的通用性使资源的利用率较传统系统大幅提升，因此用户可以充分享受"云"的低成本优势。

2. 云计算技术的发展特点

云计算技术的发展具有以下特点。

（1）云原生技术快速发展　云原生是一系列云计算技术体系和企业管理方法的集合，既包含实现应用云原生化的方法论，也包含落地实践的关键技术。云原生专为云计算模型而开发，用户可快速将这些应用构建和部署到与硬件解耦的平台上，为企业提供更高的敏捷性、弹性和云间的可移植性。云原生关键技术架构如图 3-5 所示。

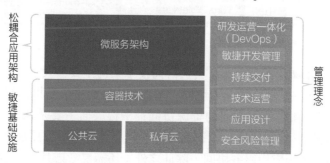

图 3-5　云原生关键技术架构

以容器、微服务、DevOps 为代表的云原生技术，能够构建容错性好、易于管理和便于监测的松耦合系统，让应用随时处于待发布状态。

（2）智能云技术体系架构初步建立　智能云技术体系架构如图 3-6 所示，它由基础资源层、使能平台和应用服务三部分组成。

图 3-6　智能云技术体系架构

（3）开始探索智能化运维　随着机器学习、深度学习等人工智能技术的不断成熟，运维平台向智能化的延伸和发展将成为必然趋势。智能化运维架构如图 3-7 所示。

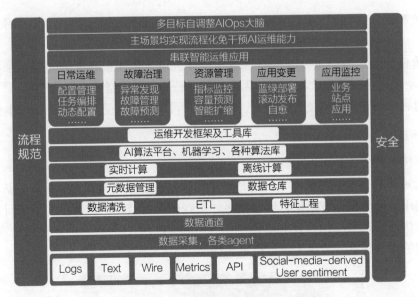

图3-7　智能化运维架构

（4）云边协同技术架构不断完善　云边协同技术架构主要涉及云计算和边缘计算节点在基础设施、平台和应用三个层面的全面协同，基础设施层面主要是指云端 IaaS 与边缘 IaaS 之间需要实现计算、网络和存储等方面的资源协同；平台层面主要是指云端 PaaS 与边缘 PaaS 之间需要实现数据协同、智能协同、服务编排协同和部署协同；应用层面主要是指云端 SaaS 与边缘 SaaS 之间需要实现应用服务协同。除此之外，还需要考虑计费、运维、安全等方面的协同。云边协同技术架构如图3-8所示。

（5）云网融合服务能力体系已经形成　云网融合服务能力是基于云专网提供云接入与基础连接能力，通过与云服务商的云平台结合对外提供覆盖不同场景的云网产品，并与其他类型的云服务深度融合，最终延伸至具体的行业应用场景。云网融合服务能力体系架构已经形成，主要包括三个层级：最底层为云专网，中间层为云平台提供云网产品，最上层为行业应用场景，如图3-9所示。

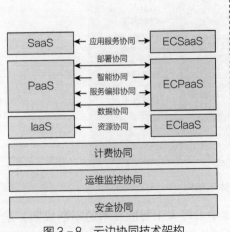

图3-8　云边协同技术架构

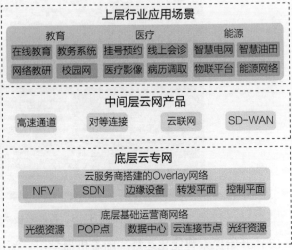

图3-9　云网融合服务能力体系架构

3.1.4 云计算发展的战略意义

我国发展云计算具有以下战略意义。

1. 云计算是"新基建"中的基础设施

（1）"新基建"的含义 国家高度重视"新基建"，内涵不断丰富。"新基建"概念范畴广泛。2020 年 4 月 20 日，中华人民共和国国家发展和改革委员会（以下简称国家发展改革委）首次就"新基建"概念做出解释，新一代信息技术引领的新型基础设施建设也正式确定了其边界。"新基建"具体包含信息基础设施、融合基础设施和创新基础设施三个方面，如图 3-10 所示。

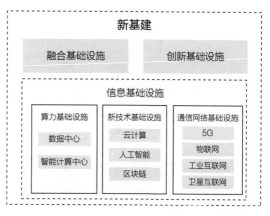

图 3-10 "新基建"的含义

1）信息基础设施。信息基础设施是"新基建"的核心。信息基础设施主要是指基于新一代信息技术演化生成的基础设施，比如，以 5G、物联网、工业互联网、卫星互联网为代表的通信网络基础设施；以人工智能、云计算、区块链等为代表的新技术基础设施；以数据中心、智能计算中心为代表的算力基础设施等。

2）融合基础设施。融合基础设施主要是指深度应用互联网、大数据、人工智能等新技术，支撑传统基础设施转型升级，进而形成的基础设施。

3）创新基础设施。创新基础设施主要是指支撑科学研究、技术开发和产品研制的具有公益属性的基础设施。

"新基建"的三大基础设施体现出以信息基础设施为核心的特点，融合基础设施强调的是新技术与传统行业的结合与深度应用，创新基础设施则需要围绕新技术强化资源投入与设施部署，以更好的布局与建设运行模式支撑新技术的深度发展，加强科技创新能力。

（2）云计算在"新基建"中的作用 云计算在"新基建"中的作用如图 3-11 所示。

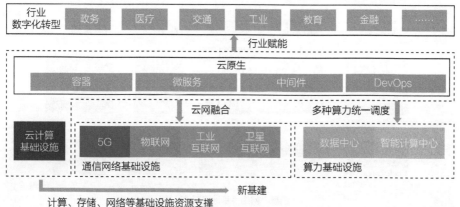

图 3-11 云计算在"新基建"中的作用

在信息基础设施中，云计算承担了"操作系统"的角色，主要体现在以下两个方面：

1）云计算为算力和通信网络基础设施提供了资源管理能力。

2）云计算为其他新技术基础设施和应用提供了部署环境和技术支撑能力。

信息基础设施与计算机系统的类比如图3-12所示。

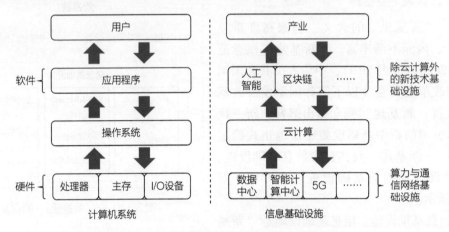

图3-12　信息基础设施与计算机系统的类比

2. 云计算促使企业数字化转型

数字化转型是利用数字技术，把企业各环节要素数字化，推动要素资源配置优化、业务流程生产方式重组变革，从而提高企业经济效率的过程，其中数字基础设施是生产工具，数据是生产资料。以云计算为核心，融合人工智能、大数据等技术实现企业信息技术软硬件的改造升级，创新应用开发和部署工具，加速数据的流通、汇集、处理和价值挖掘，有效提升应用的生产率。云原生技术彻底改变了传统信息基础设施架构，加速了基础设施的敏捷化，进一步提升了企业生产效能。企业数字基础设施云化管理示意图如图3-13所示。

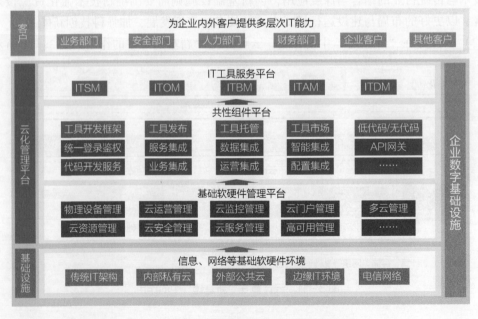

图3-13　企业数字基础设施云化管理示意图

3. 云计算推动通信网络变革

通信网络基础设施包含5G、物联网、工业互联网与卫星互联网，覆盖不同的业务场景，对网络性能与覆盖程度要求极高。因此需要通过优化网络架构确保网络的灵活性、智能性和可运维性，提供差异化的网络服务，从而满足不同的业务需求。云计算是通信网络架构优化改造的关键技术，主要体现在对5G网络架构改造与提升数据中心间网络连接能力。

云计算对5G网络架构改造示意图如图3-14所示。多个数据中心之间的网络连接如图3-15所示。

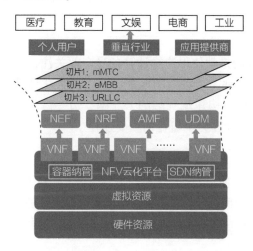
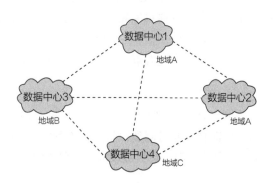

图3-14　云计算对5G网络架构改造示意图　　图3-15　多个数据中心之间的网络连接

4. 云计算被视为信息技术的第三次浪潮

云计算被视为信息技术的第三次浪潮，将带来工作方式和商业模式的根本性改变。"云"颠覆了传统的应用模式，使计算机应用从"桌面"转移至"网络"。"云"将会使信息化成为社会、组织及个人的基本属性，并开创新经济时代。

5. 云计算关乎国家信息安全

目前，信息技术领域逐渐被发达国家特别是美国所垄断，全球真正有实力研发和提供"云计算"服务的公司只有谷歌、雅虎、微软、IBM和亚马逊等少数IT巨头。而发展中国家在技术上没有主导权，其战略选择非常有限。在"云"面前，国家信息安全和主流思想文化受到挑战。"云计算"的发展将导致全球信息在收集、传输、储存和处理等各个环节上进一步集中，国家信息将在"去国家化"的趋势中受到严峻考验。从国家战略层面来说，应建立自有云计算平台，充分利用云计算这一先进生产力提升我国创新能力，并确保国家信息安全。

3.1.5　云计算的发展趋势

云计算具有以下发展趋势。

1. 云技术从粗放向精细转型

随着云计算技术的快速发展，云的形态也在不断演进。基于传统技术栈构建的应用包含太多开发需求，而传统的虚拟化平台只能提供基本运行的资源，云端强大的服务能力并没有完全得到释放。随着云原生技术进一步成熟和落地，用户可将应用快速构建和部署到与硬件解耦的平台上，使资源可调度粒度越来越细，管理越来越方便，效能越来越高。

2. 云需求从 IaaS 向 SaaS 上移

随着企业上云进程不断加快，企业用户对云服务的认可度逐步提高，希望通过云服务进一步实现降本增效。企业用户不再满足于仅仅使用基础设施即服务（IaaS）完成资源云化，而是期望通过软件即服务（SaaS）实现企业管理和业务系统的全面云化。SaaS 服务必将成为企业上云的重要抓手，助力企业提升创新能力。

3. 云布局从中心向边缘延伸

随着 5G、物联网等技术的快速发展和云服务的推动使得边缘计算备受产业关注，但只有云计算与边缘计算通过紧密协同才能更好地满足各种需求场景的匹配，从而最大化体现云计算与边缘计算的应用价值。随着新基建的不断落地，构建端到端的云、网、边一体化架构将是实现全域数据高速互联、应用整合调度分发以及计算力全覆盖的重要途径。

4. 云安全从外延向原生转变

受传统 IT 系统建设影响，企业上云时往往重业务而轻安全，安全建设较为滞后，导致安全体系与云上 IT 体系相对割裂，而安全体系内各产品模块间也较为松散，作用局限效率低。随着原生云安全理念的兴起，安全与云将实现深度融合，推动云服务商提供更安全的云服务，帮助云计算客户更安全地上云。

5. 云应用从互联网向行业生产渗透

随着全球数字经济发展的进程不断加快，数字化发展进入动能转换的新阶段，数字经济的发展重心由消费互联网向产业互联网转移，数字经济正在进入一个新的时代。云计算将结合 5G、AI、大数据等技术，为传统企业由电子化到信息化再到数字化搭建阶梯，通过其技术上的优势帮助企业在传统业态下的设计、研发、生产、运营、管理、商业等领域进行变革与重构，进而推动企业重新定位和改进当前的核心业务模式，完成数字化转型。

6. 云定位从基础资源向基建操作系统扩展

在企业数字化转型的过程中，云计算被视为一种普惠、灵活的基础资源，随着"新基建"定义的明确，云计算的定位也在不断变化，内涵也更加丰富，云计算正成为管理算力与网络资源，并为其他新技术提供部署环境的操作系统。云计算将进一步发挥其操作系统属性，深度整合算力、网络与其他新技术，推动"新基建"赋能产业结构不断升级。

7. 云自动化

云自动化决策将越来越依赖于人工智能和机器学习。人工智能和机器学习可以大规模地自动执行例行的、可重复的任务，可大大提高云计算的效率和速度。基于云的服务平台可以让用户在任何预算和技能水平上访问机器学习功能，如图像识别工具、语言处理和推荐引擎等。

8. 混合云和本地云解决方案越来越受欢迎

事实证明，对于一些组织来说，在公共云、私有云或混合云环境之间进行选择是一件具有挑战性的事情。在灵活性、性能、安全性和法规遵从性方面，每种交付模式都有其优缺点。但随着云生态系统的成熟，许多人发现，市场上并没有万能的解决方案。混合云或多云环境中，用户选择云厂商提供符合其需求的单个元素，这种环境越来越受欢迎，导致这些云厂商们开始重新评估其交付模式。

例如，亚马逊和谷歌一直以来都是依靠在其公共云平台上销售客户空间的市场领导者，而微软和 IBM 则更为灵活，允许用户在其现有的内部网络上部署云工具和技术。

云厂商已经意识到企业内部需要不同的平台和方法，可能利用公共云提供内容交付，同时通过私有或内部解决方案存储和处理客户数据和其他受控信息。

3.2　云计算技术

3.2.1　虚拟化技术

1. 虚拟化的定义

虚拟化技术是云计算的核心技术之一。虚拟化是指通过虚拟化技术将一台计算机虚拟为多台虚拟机。在一台计算机上同时运行多个虚拟机，每个虚拟机可运行不同的操作系统，配置不同的网络 IP 地址，而且应用程序都可以在相互独立的空间内运行而互不影响，可以显著提高计算机的工作效率。

虚拟机监视器（Virtual Memory Manager，VMM）是一种运行在物理服务器和操作系统之间的中间层软件。VMM 是一种在虚拟环境中的 "元" 操作系统，可以访问服务器上包括 CPU、内存、磁盘、网卡在内的所有物理设备。VMM 不但协调着这些硬件资源的访问，也同时在各个虚拟机之间施加防护。当服务器启动并执行 VMM 时，它会加载所有虚拟机客户端的操作系统，同时会分配给每一台虚拟机适量的 CPU、内存、网卡和硬盘等，如图 3 - 16 所示。

目前 CPU 发展到多核，且本身就支持虚拟化。虚拟化软件厂商直接推出了能运行在裸机上的虚拟化软件层，在虚拟化软件层上直接创建更多的虚拟机，如图 3 - 17 所示。

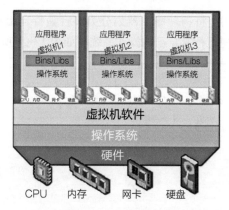
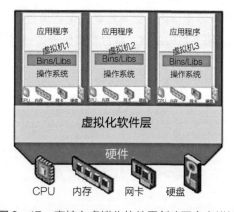

图 3 - 16　虚拟机结构　　　　图 3 - 17　直接在虚拟化软件层创建更多虚拟机

但是在每台虚拟机里都要安装和运行操作系统，仍然会浪费很多计算资源。例如，一台计算机的配置是双核 3GHz 的 CPU、8GB 的内存、500GB 的硬盘，现在在这台计算机上创建 6 台虚拟机,每台虚拟机分配1GHz的CPU、1GB的内存、64GB的硬盘,虚拟机都安装Windows 7操作系统。当全部虚拟机启动后,几乎就很难再运行应用程序,因为内存和CPU资源都被操作系统本身消耗掉。

为此,有公司专门推出了应用软件容器产品,即在操作系统层上创建一个个容器,这些容器共享下层的操作系统内核和硬件资源,但是每个容器可单独限制CPU、内存、硬盘和网络带宽容量,并且拥有单独的IP地址和操作系统管理员账户,可以关闭和重启。与虚拟机最大的不同是,容器里不用再安装操作系统,因此浪费的计算资源也就大大减少,同样一台计算机就可以服务于更多的租户,容器示意图如图3-18所示。

容器里不能进行操作系统级的修改和配置,对于做驱动开发和Linux内核定制的人来说,就不适合租赁容器,而虚拟机则没有任何限制。

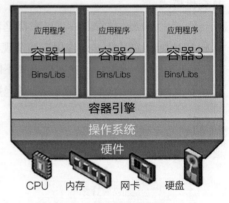

图3-18 容器示意图

2. 虚拟化的优势

虚拟化具有以下优势:

1) 虚拟化的对象是各种各样的资源。

2) 经过虚拟化后的逻辑资源对用户隐藏了不必要的细节。

3) 用户可以在虚拟环境中实现其在真实环境中的部分或全部功能。

3. 虚拟化的类型及应用

(1) 虚拟化的类型 虚拟化包括服务器虚拟化、桌面虚拟化、应用虚拟化、网络虚拟化和存储虚拟化,如图3-19所示。

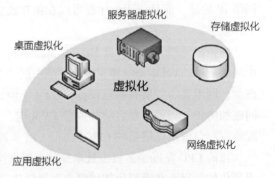

图3-19 虚拟化的类型

1) 服务器虚拟化。服务器虚拟化是通过软件应用,将物理服务器划分为多台独特且相互隔离的虚拟化服务器的过程。每台虚拟服务器可以独立地运行其自己的操作系统,如图3-20所示。

图3-20 服务器虚拟化

利用服务器虚拟化可以经济高效地在IT基础架构中提供Web托管服务以及有效使用现有资源。若没有服务器虚拟化,服务器就只能发挥出自身的一小部分处理能力。这样会导致服务器闲置，因为工作负载只分配到网络中的一部分服务器。一大堆未得到充分利用的服务器挤满数据中心，导致资源和处理能力的浪费。

通过将每台物理服务器划分为多台虚拟服务器，服务器虚拟化让每台虚拟服务器都能像一个独立的物理设备一样工作。每台虚拟服务器可以运行自己的应用和操作系统。此过程通过让每台虚拟服务器像物理服务器一样工作，提高了资源利用率，此外还增加了每台物理机的容量。

2）桌面虚拟化。桌面虚拟化是指将计算机的终端系统（也称作桌面）进行虚拟化，以达到桌面使用的安全性和灵活性。可以通过任何设备，在任何地点、任何时间通过网络访问属于个人的桌面系统，如图 3 - 21 所示。

3）应用虚拟化。应用虚拟化是将应用程序与操作系统解耦合，为应用程序提供一个虚拟的运行环境。在这个环境中，不仅包括应用程序的可执行文件，还包括它所需要的运行时环境。从本质上说，应用虚拟化是把应用对低层的系统和硬件的依赖抽象出来，可以解决版本不兼容的问题。

4）网络虚拟化。网络虚拟化是让一个物理网络能够支持多个逻辑网络，虚拟化保留了网络设计中原有的层次结构、数据通道和所能提供的服务，使得最终

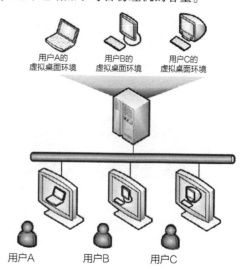

图 3 - 21　桌面虚拟化

用户的体验和独享物理网络一样，同时网络虚拟化技术还可以高效的利用网络资源如空间、能源、设备容量等。网络虚拟化可以实现托管云管理服务（电信云）、软件定义网络、虚拟网络功能以及由大数据分析、机器学习和人工智能所支持的零接触操作。

目前比较常见的网络虚拟化应用包括虚拟局域网、虚拟专用网以及虚拟网络设备等。

5）存储虚拟化。存储虚拟化是在存储设备上加入一个逻辑层，通过逻辑层访问存储资源；对管理员来说，可以很方便地调整存储资源，提高存储利用率；对终端用户来说，集中的存储设备可以提供更好的性能和易用性。

（2）虚拟化的应用　图 3 - 22 所示为某公司推出的超融合云计算系统，该超融合云计算系统具有以下特点：

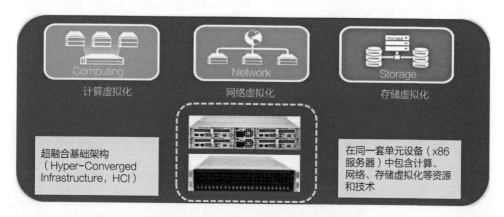

图 3 - 22　某公司推出的超融合云计算系统

1）天然耦合。计算、网络和存储融合，标准 x86 服务器硬件；两种或两种以上的元素融合。

2）无存储局域网。不再需要专门的局域网存储。

3）软硬结合。软件与硬件紧密结合，实现资源整合、统一管理与调配，易于横向扩展。

4）虚拟化。与虚拟化层紧密结合；实现计算虚拟化、存储虚拟化和网络虚拟化。

超融合系统横向扩展，成为超融合一体机系统，如图 3-23 所示。

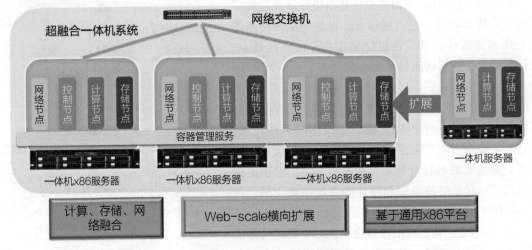

图 3-23 超融合一体机系统

3.2.2 分布式云技术

为满足在视频直播、增强现实（AR）/虚拟现实（VR）、工业互联网等场景下，能够实现更广连接、更低时延、更好控制等需求，云计算在向一种更加全局化的分布式组合模式进阶。分布式云或分布式云计算，是云计算从单一数据中心部署向不同物理位置多数据中心部署、从中心化架构向分布式架构扩展的新模式。分布式云是未来计算形态的发展趋势，是整个计算产业未来决胜的关键方向之一，对于物联网、5G 等技术的广泛应用起到重要支撑作用。

分布式云技术架构如图 3-24 所示。

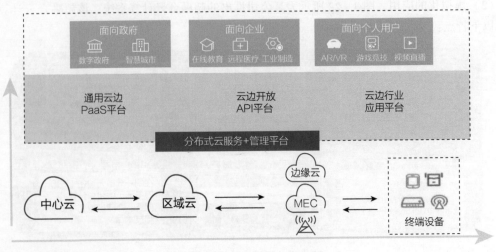

图 3-24 分布式云技术架构

分布式云一般根据部署位置的不同、基础设施规模的大小、服务能力的强弱等要素，分为三个业务形态：中心云、区域云和边缘云。

（1）中心云　中心云构建在传统的中心化云计算架构之上，部署在传统数据中心之中，提供全方面的云计算服务。

（2）区域云　区域云位于中心云和边缘云之间，一般按照需求部署在省会级数据之中，主要作用是在中心云和边缘云之间进行有效配置。

（3）边缘云　边缘云与中心云相对应，是构筑在靠近事物和数据源头的网络边缘处，提供可弹性扩展的云服务能力的云计算模式，并能够支持与中心云协同。

3.2.3　云原生技术

2015 年，由谷歌牵头成立云原生计算基金会，基金会成员目前已有一百多家企业与机构，包括亚马逊、微软、思科等巨头企业。

云原生计算基金会给出了云原生应用的三大特征。

1）容器化封装。以容器为基础，提高整体开发水平，形成代码和组件重用，简化云原生应用程序的维护。在容器中运行应用程序和进程，并作为应用程序部署的独立单元，实现高水平资源隔离。

2）动态管理。通过集中式的编排调度系统来动态管理和调度。

3）面向微服务。明确服务间的依赖，互相解耦。

云原生的四大核心要素是微服务、DevOps、持续交付和容器化，如图 3-25 所示。

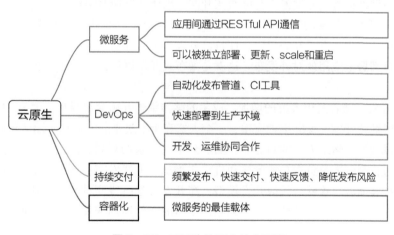

图 3-25　云原生的四大核心要素

1. 微服务

微服务是独立部署的、原子的、自治的业务组件，业务组件彼此之间通过消息中间件进行交互，业务组件可以按需独立伸缩、容错、故障恢复。

微服务架构的演变是从早期的单体式架构到中期的面向服务架构，再到后期的微服务架构。

单体式架构是客户提出一个需求时，直接往现有的代码包里加东西，客户来一个需求，程序员们就写一串代码在里面，来十个写十串，就是不断地加，最后，应用就变成了一个巨无霸应用，要往里面再加东西很难，要保证全面测试无误很难，要保证按期上线很难，要保证线上出现了问题快速解决也很难，因为牵一发而动全身，即使是技术精湛的程序员也不敢轻易下手做。

面向服务的架构（Service Oriented Architecture，SOA）是将业务服务化、抽象化，将整个业务拆分成不同的服务，服务与服务之间通过相互依赖提供一系列的功能，通过网络调用。常用的实现方式是使用企业服务总线（Enterprise Service Bus，ESB）来把各个服务节点集成不同系统、不同协议的服务，通过 ESB 将消息进行转化，实现不同的服务互相交互。这个方案在很大程度上解决了巨无霸应用的问题，但是对于 ESB 的维护成本却比较高。

云计算时代的到来推动应用"高内聚、低耦合"，高内聚就是熟悉同一块业务的人、提供同一个服务的模块聚合在一起；低耦合就是应用与应用之间没有紧密强依赖关系，而高内聚、低耦合的最佳实践便是微服务架构。通过将服务拆分成单独的服务，小型团队可专注于自己的功能开发上线，运维团队也可根据服务的调用情况弹性扩容缩容，符合云计算时代的特色。

微服务架构的演变如图 3-26 所示。

单块结构 ⟶ 垂直结构 ⟶ SOA结构 ⟶ 微服务架构

图 3-26　微服务架构的演变

2. DevOps

DevOps 是指研发运维一体化，通过自动化流程使得软件过程更加快捷和可靠。它不是一个产品，而是一种新的团队工作方式以及新的技术理念。

一个软件从 0 到 1 的最终交付包含市场规划、产品规划、编码设计、编译构建、部署测试、发布上线以及后期维护等。开发方式有瀑布式开发、敏捷开发和 DevOps。

（1）瀑布式开发　早期的时候全由一个人完成，这个人一般都是首席执行官（CEO）。他根据对市场的洞察、感知，有了好的想法，便自己开发编码、编译打包，进行测试之后，在云厂商买一两台服务器部署上应用就对外发布。这就是瀑布式开发模型，确认好需求后就进入开发阶段，直到完成上线。

（2）敏捷开发　随着使用人群的增加，应用的整体维护开始变得艰难，因为 CEO 对外要去扩展业务，对内要继续开发，继续维护应用，一个人实在干不过来。慢慢地，团队里有了产品经理、研发人员、测试人员和运维人员的划分。产品经理负责需求的规划、产品交互设计；研发人员负责编码、构建包；测试人员负责功能测试和自动化测试、上线发布；运维人员负责维护线上服务的正常运行、扩容缩容。这就是敏捷开发模型，在开发过程阶段测试介入，快速验证修改问题直到基本无误后上线部署。这一切所带来的问题是整体的交付周期变长，团队之间沟通合作成本变高，因此 DevOps 应运而生。

（3）DevOps　DevOps 是将整个软件开发测试运维过程变为一体化，每完成一个小的需求点便测试上线部署，快速验证需求，捕获用户，占领市场。

DevOps 架构的演变如图 3-27 所示。

因此，DevOps 的出现是一种组织架构的变革、一种开发模式的变化，团队人员全程参与需求规划、代码设计、编译构建、测试

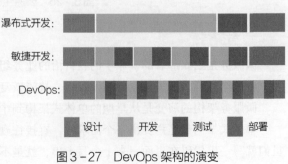

图 3-27　DevOps 架构的演变

部署、上线发布以及后期维护的过程，每个人都对整体的方案了解清晰，可制定合适的系统架构、技术架构和运维部署方案。

云计算时代的到来带来了虚拟化、容器和微服务等新的技术理念，强调的是服务的拆分以及精细化的分工，奠定了 DevOps 落地的基础条件。只有当服务拆分得原子化了，整个团队密切合作的成本才会降低，才能实现云上应用的快速迭代，符合云计算时代的特色。

3. 持续交付

持续交付是指一直在交付，由于敏捷开发和 DevOps 要求随时都有一个合适的版本部署在生产环节上，频繁发布、快速部署、快速验证，所以必须要持续交付。

持续交付出现的情况是需求迟迟不能确定从而缩短了开发时间，需求不能确定所带来的问题是在确定的过程中整个市场或用户已经发生了变化，开发出来的内容早已不符合当下用户的需求。为了快速验证需求，往往在生产环境上会部署多个版本，从而也产生了不同的发布部署方式，比如灰度发布和蓝绿发布。

（1）灰度发布　灰度发布是指当新的需求开发完成后，将线上的版本只升级部分服务，让一部分用户继续使用老版本，一部分用户使用新版本。如果用户对新版本没有意见，再迁移到新版本来，整个过程是运维人员从负载均衡（LB）上去掉灰度服务器，待服务升级成功后再加入负载均衡服务器列表，这时候有少量用户访问业务时会分流到新版本，如果这小部分用户使用没有反对，就逐渐扩大灰度范围，最后升级剩余服务器。

灰度发布如图 3-28 所示。

（2）蓝绿发布　蓝绿发布则是将应用从逻辑上分为 A、B 两组，升级时将 A 从负载均衡组里删除，进行新版本的部署，同时 B 组仍然继续提供服务。当 A 组升级完成后，负载均衡重新接入 A 组，再把 B 组从负载列表摘除，进行新版本的部署，A 组重新提供服务。最后，B 组升级完成，负载均衡重新接入 B 组。此时，A、B 组版本都升级完成，并且都对外提供服务。该方式能够保障整个过程对用户无影响，出现问题时可以及时退回上一个版本。

蓝绿发布如图 3-29 所示。

通过灰度发布和蓝绿发布，可以快速验证用户需求、频繁发布，根据用户情况规划产品演变方向，实现了云计算时代的快速迭代，符合云计算时代的特色。

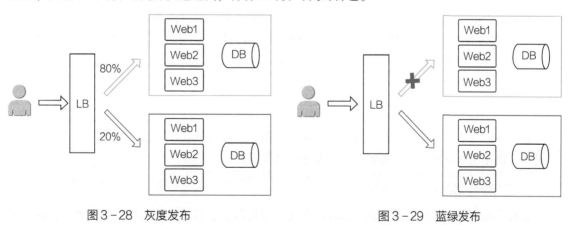

图 3-28　灰度发布　　　　　　　　　　　图 3-29　蓝绿发布

4. 容器化

容器是指一个单独的应用程序进程、运行资源的高度隔离。早期的时候，应用全运行在物理机上，导致资源分配不均匀，即使是一个小的应用也要耗费同样的计算存储资源。中期的时候，有了虚拟化技术将物理机划分为多个虚拟机，这样在一台物理服务器上可以运行多个虚拟机，实现了资源利用率的较大提升。云计算时代的到来，带来了微服务、DevOps、持续集成及持续交付等内容，要求应用要原子化、快速开发迭代以及快速上线部署，划分为虚拟机的方式不能保障应用在每个环境都一致，容易引起应用因环境的问题而产生漏洞，容器的出现极好地解决了这个问题。

在容器出现之后，整个流程变成了研发人员在将代码开发完成后，会将代码、相关运行环境构建镜像，测试人员在宿主机上下载服务的镜像，使用容器启动镜像后即可运行服务进行测试。测试无误后运维人员申请机器，拉取服务器的镜像，在一台或多台宿主机上可以同时运行多个容器，对用户提供服务。在这个过程中，每个服务都在独立的容器里运行，每台机器上都运行着相互不关联的容器，所有容器共享宿主机的 CPU、磁盘、网络、内存等，即实现了进程隔离（每个服务独立运行）、文件系统隔离（容器目录修改不影响主机目录）和资源隔离（CPU 内存磁盘网络资源独立）。

使用容器，研发团队可以将微服务及其所需的所有配置、依赖关系和环境变量移动到全新的服务器节点上，而无须重新配置环境，这样就实现了强大的可移植性，实现了云计算时代的资源最大化利用，符合云计算时代的特色。

云原生的微服务、DevOps、持续交付和容器化都是云原生不可缺少的一部分，而云原生也是云计算发展的必然趋势。

3.2.4　云计算的安全技术

云计算安全能力备受关注。中国信息通信研究院的云计算发展调查报告显示，42.4% 的企业在选择公共云服务商时会考虑服务安全性，这是影响企业选择的重要因素；43% 的企业在私有云安全上的投入占 IT 总投入的 10% 以上。

与传统 IT 系统相比，云计算面临的风险点发生变化，主要体现在以下方面。

1. 传统安全边界消失

传统自由 IT 系统是封闭的，对外暴露的只是网页服务器、邮件服务器等少数接口，因此，传统 IT 系统以边界为核心，利用防火墙、入侵防御等手段可以有效阻止攻击。而在云计算环境下，云暴露在公开的网络中，虚拟化技术使得安全边界概念消失，基于物理安全边界的防护机制难以在云计算环境中得到有效的应用。

2. 用户具有动态性

在云计算环境下，用户的数量和分化变化频率高，具有动态性和移动性强的特点，静态的安全防护手段作用被削弱，安全防护措施需要进行动态调整。

3. 更高的数据安全保护要求

云计算将资源和数据的所有权、管理权和使用权进行了分离，资源和数据不在本地存储，用户失去了对资源和数据的直接控制，再也不能像传统信息系统那样通过物理控制、逻辑控制以及人员控制等手段对数据的访问进行控制。面向用户数据安全保护的迫切诉求和庞大的数据规模，云计算企业需要具有更高的数据安全防护水平和更先进的数据保护手段，以避免数据不可用、数据泄露等风险。

4. 合规检测更难

云计算企业必须符合广泛的、不断变化的法律法规要求。随着信息领域的迅速发展，各国、各行业都在加强相关的法律法规建设，云计算企业合规清单不断壮大，涉及网络、数据、信息等各方面。由于云计算可能存在数据存储位置未知、数据来源难追溯、安全控制和责任缺乏透明性等问题，使得云计算企业和云客户在面临合规性检查时存在困难。

5. 多种外部风险

云计算企业搭建云平台时，可能会涉及购买第三方厂商的基础设施、运营商的网络服务等情况。基础设施、网络等都是决定云平台稳定运行的关键因素。因此，第三方厂商和运营商的风险管理能力将影响云计算企业风险事故的发生情况。同时，云计算企业在运营时，可能将数据处理与分析等工作分包给第三方合作企业，分包环节可能存在数据跨境处理、多方责任难界定等风险。

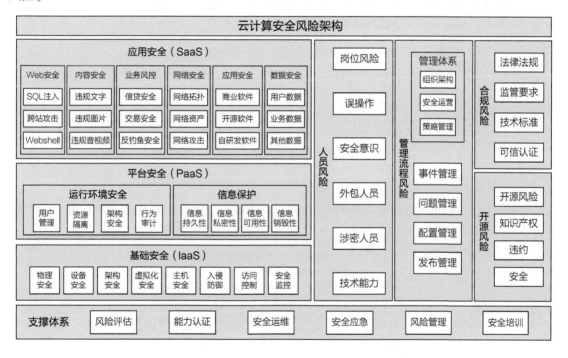

图 3-30　云计算安全风险架构

图 3-30 所示为云计算安全风险架构。对于云计算平台，IaaS 层主要考虑基础设施相关的安全风险；PaaS 层需要保证运行环境和信息的安全；SaaS 层从 Web、内容、业务、网络、应用和数据等方面保证应用安全；在云平台的运营中，涉及复杂的人员风险、管理流程风险、合规风险和开源风险。

随着云计算应用的普及与成熟，安全问题日益受到关注，原生云安全理念应运而生。原生云安全理念并不是只解决云原生技术带来的安全问题，而是一个全新的安全理念，旨在将安全与云计算深度融合，推动云服务商提供更安全的云服务，帮助云计算客户更安全地上云。

原生云安全架构如图 3-31 所示。

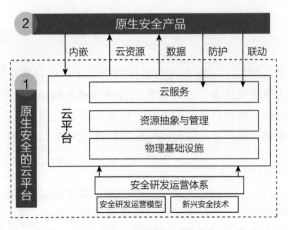

图 3－31　原生云安全架构

原生云安全是指安全原生化的云平台和原生化的云安全产品。安全原生化的云平台能够将安全融入从设计到运营的整个过程中，向用户交付更安全的云服务；原生化的云安全产品能够内嵌融合于云平台，解决用户云计算环境和安全架构割裂的痛点。

3.3　云计算技术的应用

3.3.1　云计算的应用领域

云计算在政务、金融、交通、能源和电信等领域有广阔的应用前景。

1. 政务云

政务云为数字城市转型提供关键基础设施保障，政务云已实现全国 31 个省级行政区全覆盖。政务云示意图如图 3－32 所示。

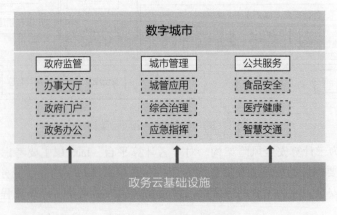

图 3－32　政务云示意图

2. 金融云

金融云四个细分行业在监管要求和业务需求上有显著区别，导致金融云在行业应用时产生不同的侧重，如图 3－33 所示。

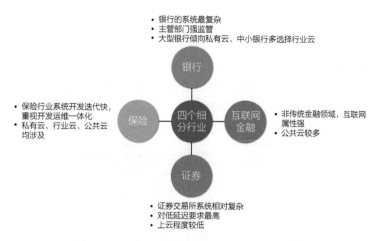

图 3-33 金融细分行业监管要求和业务需求

3. 交通云

交通行业具有服务对象数量多、安全可靠性要求极高、信息化系统生命周期长等特点。目前，我国交通行业整体向高速化、密集化发展，而基础设施利用率和共享度较低，系统分散独立、可靠性低、扩容难、新系统上线周期长以及数据缺乏统一管理等成为限制交通行业信息化发展的痛点。云计算技术特有的超强计算能力、动态资源调度和按需提供服务等特点将使交通行业在海量数据信息存储、应用负载波动需求、数据共享、高可用性及高稳定性、综合交通业务融合、安全性上有突出的表现。

以轨道交通为例，利用云计算 IaaS、PaaS、SaaS 技术，以及可靠的数据交换和安全保障，可以为用户提供全方位的网络和数据安全，提高资源利用率，实现应用系统的快速扩容，保证数据的高速传递。轨道交通云计算应用整体架构如图 3-34 所示。

图 3-34 轨道交通云计算应用整体架构

4. 能源云

云计算在电力行业和油气行业有广阔的应用前景，如图 3-35 所示。

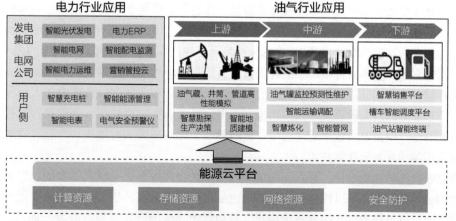

图 3-35 云计算在能源行业的应用

5. 电信云

电信云助力通信运营商网络升级转型，电信云分为面向通信行业（CT）的云和面向信息技术（IT）的云，如图 3-36 所示。CT 云侧重于网络的云化，意在建设云化的新型电信网络服务环境；IT 云是针对运营商内部应用系统的云化，如账单、计费、客服、客户关系等系统的云化。

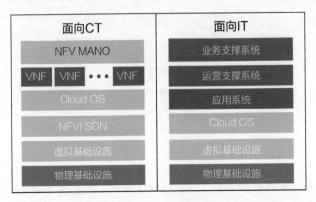

图 3-36　电信云架构图

随着人工智能、大数据等技术的发展，未来电信云中的 IT 云和 CT 云在数据层面进行打通成为趋势，IT 云针对 CT 云存储的海量数据资源进行分析，得出用户的日常行为习惯反作用于建设 CT 云。未来融合的电信云通过新建和改造数据中心，打造 ICT 一朵云，能够让电信云 CT 业务和 IT 业务共享云资源，满足多业务类型的特点，实现管理协同，以及多数据中心软件定义网络的需求。

3.3.2　云计算与自动驾驶汽车

1. 云计算在自动驾驶中的作用

自动驾驶汽车上的传感器将会产生大量的数据，故而自动驾驶汽车离不开云服务。未来"云+汽车"将变成一个信息、数据的采集工具。车辆将收集的数据信息回传到云端进行深度学习，再通过远程升级为汽车带来新的能力，而汽车也能产生新的数据，通过这样的循环可以打造更安全的自动驾驶。

自动驾驶主要依靠传感器感知周围环境信息，并自行做出驾驶行为决策，控制车辆到达既定目的地。其核心在于深度的 AI 算法，但这又依靠海量大数据和高性能计算。使用云计算，每辆汽车都能够与路上的其他汽车"交谈"。在未来的自动驾驶汽车中，数据是驱动汽车的燃料。

自动驾驶汽车在实际运行中产生的各类数据对远程故障诊断和定期检测是必不可少的。但海量的数据存储、备份和分析则带来成本上的压力。云端存储和大数据分析能力极大减少了这方面的成本，并且能降低因数据丢失导致的风险。其中云端可以实时地处理自动驾驶汽车传来的道路数据，识别哪些可以被以后数据处理应用、更新数据，哪些需要实时处理，并把对应的数据传给自动驾驶汽车等均涉及云计算技术。

自动驾驶汽车的功能设计、开发和测试环境的维护，其成本都是极其昂贵的，但使用效率并不高。使用云计算技术，可以快速地在云端搭建起虚拟开发测试环境，一旦新的功能和服务开发测试完成，也可以直接通过云端推送给用户。自动驾驶算法的研发流程（开发、训练、验证、调试）在云端实现，从而大幅提升算法迭代效率，云计算技术对于自动驾驶是非常重要的。

因此，大数据让自动驾驶汽车具备老驾驶人的经验；云计算不但让自动驾驶汽车学习这些老驾驶人的经验成为可能，更让自动驾驶汽车在行驶中具有整个交通全局的信息视野和决策能力。

2. 云计算的应用实例

希迪智驾（长沙智能驾驶研究院）发布的 "V2X + 智慧高速" 系统，也称为车路协同智慧高速系统，便应用了云计算。它不仅提供高速智慧监管技术支撑，还多方面满足行驶车辆的智能出行需求。针对自动驾驶车辆，提供超视距路况感知功能，有效弥补单车智能的感知盲点；针对网联车辆，提供基于 V2X 的先进驾驶辅助功能，能够有效保障主动安全，提升交通效率；针对普通社会车辆，用户只需安装方案提供的 App 就可以体验部分先进驾驶辅助功能，有效减少交通事故发生。

"V2X + 智慧高速" 架构如图 3 - 37 所示，主要由智能网联道路管理系统（CRSS）、智慧高速云控平台和车载终端（车端）组成。根据不同应用场景，提供了四层计算架构：车端计算、路侧边缘计算、中心云计算和移动端计算。

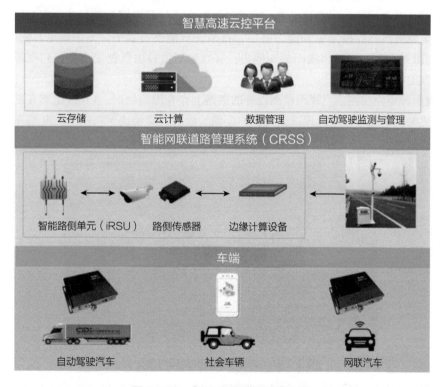

图 3 - 37　"V2X + 智慧高速" 架构

智能网联道路管理系统主要由智能路侧单元、边缘计算设备和路侧传感器组成，系统集成了感知、高精度定位、V2X 通信等功能；智慧高速云控平台主要包含智能网联道路数据管理、V2X场景云计算与决策、自动驾驶监测与管理等功能；车载终端主要由车载单元（OBU）与智能手机移动终端组成，车载终端主要集成了 V2X 通信、V2X 算法决策、App 终端显示和自动驾驶控制等功能。

图 3 - 38 所示为测试中的智能网联道路管理系统。

图3-38 测试中的智能网联道路管理系统

"V2X+智慧高速"系统具有以下特点。

(1)超视距感知能力,提高自动驾驶安全性 在高速场景中因车速较快,车辆所需的安全距离较远,而车载端传感器极限感知能力有限,在某些车辆或场景中,无法满足其安全性。此时,沿线部署的CRSS便可通过其超视距感知能力,有效地增强自动驾驶安全性。超视距感知能力包括以下三个方面。

1)超视距障碍物检测。当视距范围以外的道路上存在障碍物时,CRSS能够在驾驶人视距范围之外提前感知到结果并广播给接近该位置的车辆,提醒其提前决策。图3-39所示为测试中的超视距障碍物检测。

图3-39 测试中的超视距障碍物检测

2)超视距可行驶区域检测。为应对道路施工、路面坑洼、交通事故等特殊事件的发生,道路的可行驶区域也将实时发生变化。此时,若依照车内保存的历史地图进行自驾行驶,容易发生交通事故。CRSS提前感知这个区域并广播给接近的自动驾驶车辆,提醒其提前变道。图3-40所示为测试中的超视距可行驶区域检测。

3)超视距视频感知。CRSS将采集的路侧视频数据通过V2I传给自动驾驶车辆的感知层进行决策分析,从而将自动驾驶车辆感知能力拓展到1km左右,极大地提升了高速自动驾驶的安全性。图3-41所示为测试中的超视距视频感知。

图 3 - 40　测试中的超视距可行驶区域检测

图 3 - 41　测试中的超视距视频感知

（2）给传统车辆赋能网联化，实现先进驾驶辅助　"V2X + 智慧高速"系统支持前装或后装的网联化车辆。一种网联化车辆是通过加装 OBU 使车辆具备 V2X 通信能力，通过获取 CRSS 所发出的感知结果信息，可以获得更完善的道路交通信息，完成高级驾驶辅助系统（ADAS）功能。另一种网联化车辆为使用车路协同 App 具备 V2N 通信能力的车辆，结合本方案的云计算与移动计算，可实现部分 ADAS 功能。

智能网联道路管理系统能够实时感知车辆、道路、行人和交通事故等信息，并广播给周边车辆，已经实现的先进驾驶辅助不仅包括前向碰撞预警、路口碰撞预警和紧急制动预警等主动安全类场景，还实现了车道汇合提醒、前方车道变窄提醒、弯道限速提醒、前方交通拥堵提醒以及高速出口信息提醒等交通效率类场景。图 3 - 42 所示为部分先进驾驶辅助场景。

图 3 - 42　部分先进驾驶辅助场景

（3）降低自动驾驶车辆成本，加快自动驾驶场景落地　自动驾驶车辆通常采用摄像头、毫米波雷达和激光雷达等传感器感知周边环境信息，鉴于传感器、车载计算平台的价格以及可靠性等因素，使得现阶段自动驾驶车辆的成本较高。

车路协同智慧高速方案中，路侧 CRSS 向车辆实时提供道路态势，可降低对于车载传感器以及车载计算平台的需求，降低自动驾驶的实现成本，将车的部分智能转移到路侧来完成。该解决方案将路侧传感器、交通控制中心、静态地图等数据经过复杂的检测算法与预处理流程，再经过提炼与融合后生成局部动态地图，局部动态地图为自动驾驶的融合决策提供了数据支撑。此外，系统提供了一种多级决策树的架构，从最基础的车端决策到路侧单元的决策（边缘决策），最后实现基于低延时网络（如5G）云端决策。图3-43所示为多级决策树示意图。

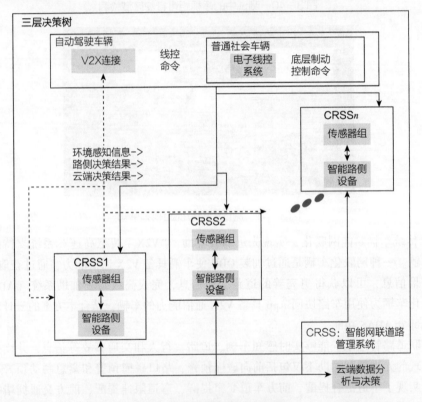

图3-43　多级决策树示意图

（4）路侧高精度定位体系　全路段动态高精度定位体系是面向智能出行需求最基础的支撑体系。为了给车辆提供精准定位（GPS 差分）及车道级定位，提供了路侧高精度定位辅助基站和摄像头辅助定位两种方式。CRSS 中的路侧单元内置实时动态（RTK）定位系统，可以作为高精度定位基站，通过 V2I 通信方式为车辆提供差分定位服务。此外，利用深度学习技术，通过路侧摄像头与毫米波雷达实现多车道线与道路边界的检测，从而进行车道级定位。图3-44所示为内置 RTK 定位系统的路侧单元。

（5）智慧高速云控平台　智慧高速云控平台的服务对象是智能汽车及其用户、管理及服务机构。它为这些

图3-44　内置 RTK 定位系统的路侧单元

服务对象提供车辆运行、基础设施、交通环境和交通管理等动态基础数据。它具有数据存储、数据运维、大数据分析、云计算和信息安全等基础服务机制，是支持智能网联汽车实际应用需求的基础支撑平台。

智慧高速云控平台是路网上智能车辆和智能终端接入交通基础设施网络的安全门户。通过对交通数据进行整合处理，形成分析预测模型，从而运用于交通调度引导、线路规划、车辆管控等方面，推动道路基础设施要素资源全面数字化、"人车客货"互联互通。用数据管理和决策为车辆的运行提供全方位的支持。图 3-45 所示为智慧高速云控平台，它包括智能网联数据管理平台、自动驾驶监测与管理平台以及智能网联云计算平台。

图 3-45 智慧高速云控平台

1）智能网联数据管理平台。智能网联数据管理平台是智慧高速云控平台的核心系统，是智慧高速上数据采集、处理、融合的枢纽，包括自动驾驶汽车、智能网联汽车、智能网联设施、智能路侧感知等最新交通感知系统在内的数据汇聚于智能网联场景决策计算与控制平台中。其主要包括智能网联设施管理、自动驾驶汽车测试数据、智能网联安全事件、智能网联汽车测试数据和智能全息感知数据等子系统。

2）自动驾驶监测与管理平台。针对特殊事件，如自动驾驶车辆受资源限制、安全员因突发状况无法接管车辆等情况，需要一种有效的安全冗余机制。在这种情况下，为了对车辆状况进行实时监控，开发了针对驾驶舱和车体前方情况的多路监控视频传输系统。该系统通过 5G 网络，能够低延时地将 1080P 视频数据显示于监控中心，且该系统具备实时查看、远程监控、视频存储回看和动态网络带宽自适应等功能。此外，有效地利用 5G 大带宽低延迟网络，在云端形成远程驾驶能力，设立远程驾驶云中心，收集来自车辆及路侧传感装置的数据，并通过远程控制可以实现车辆自动驾驶。利用自动驾驶区域化、道路局部化、个性化的特点，将车辆采集数据通过高带宽传输到云端，并利用云平台的计算能力实现决策，不但解决了车辆本身功耗、体积限制带来的计算需求问题，而且将结果通过高可靠低延时网络传回车载端，可以实现车辆的实时干预控制，确保行驶安全。

3）智能网联云计算平台。智能网联云计算平台提供丰富的应用服务，可以根据应用程序的服务质量需求动态调整云端资源。为了应对智慧高速大数据的特点，系统采用了存储即服务

（STaaS）、协作即服务（CaaS）和基础设施即服务（IaaS），如图 3 - 46 所示。存储即服务（STaaS）的目的在于实现数据存储云化，提供智慧高速数据利用率和安全性；协作即服务（CaaS）为车辆网络提供各种各样的新服务，如驾驶人安全、交通信息、交通警报、天气或交通事件上报、停车和广告等；基础设施即服务（IaaS）可以获取与交通状况相关的车辆信息，还可以获取道路上发生的事件，比如交通事故。

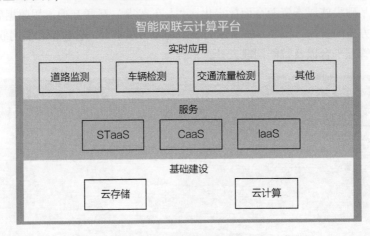

图 3 - 46　智能网联云计算平台

　　智能网联云计算平台借助智能网联道路数据管理平台实时强大的数据采集及数据融合能力，将自动驾驶汽车、智能网联汽车和社会车辆连接起来，再通过人工智能算法研发车路协同模型，成功将车辆运动的决策与控制和交通的调控系统协同起来，从而使得车辆与交通管控能够基于共同的优化目标，真正解决交通出行中存在的各类问题。

第4章
边缘计算技术及应用

随着5G时代的到来，边缘计算成为新的业务增长点，受到了学术界、产业界以及政府部门的极大关注，在电力、交通、制造、智慧城市等多个价值行业有了规模应用。产业界在实践中逐步认识到边缘计算的本质与核心能力。边缘计算被认为是5G与工业互联网、物联网等系统的重要结合点，有望带来更多的颠覆性业务模式。随着边缘计算的兴起，未来超过70%的数据和应用将在边缘产生和处理。

4.1 概述

4.1.1 边缘计算的定义与特点

1. 边缘计算的定义

边缘计算是指一种在网络边缘进行计算的新型计算模式，其对数据的处理主要包括两部分：其一是下行的云服务，其二是上行的万物互联服务。其中，边缘计算当中的"边缘"是一个相对的概念，主要是指从数据源到云计算中心路径之间的任意计算、存储以及网络相关资源。从数据源的一端到云服务中心的一端，在此路径上根据应用的具体需求和实际应用场景，边缘可以是此条路径之上的一个或多个资源节点。

边缘计算的业务本质是云计算在数据中心之外汇聚节点的延伸和演进，主要由云边缘、边缘云和边缘网关三类落地形态组成，如图4-1所示。

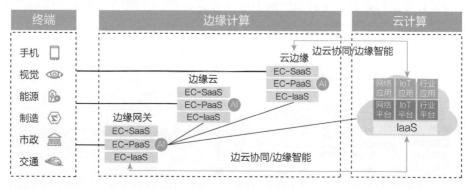

图4-1 边缘计算

（1）云边缘　云边缘形态的边缘计算是云服务在边缘侧的延伸，逻辑上仍是云服务，主要能力提供依赖于云服务或需要与云服务紧密协同。

（2）边缘云　边缘云形态的边缘计算是在边缘侧构建的中小规模云服务能力，边缘服务能力主要由边缘云提供；集中式数据中心侧主要提供边缘云的管理调度能力。

（3）边缘网关　边缘网关形态的边缘计算是以云化技术与能力重构原有嵌入式网关，云化网关在边缘侧提供协议/接口转换、边缘计算等能力，部署在云侧的控制器提供边缘节点的资源调度、应用管理与业务编排等能力。

边缘云形态的边缘计算逐渐成为云服务厂商的主要产品研发方向和业务布局方向，公有云技术、产品和服务向边缘节点的下沉势在必行。靠近用户边缘的节点资源、覆盖全国主流地区和运营商、保障终端用户低延时等需求都将是现在和未来企业发展的有效助力。

2. 边缘计算的特点

边缘计算具有邻近性、低时延、本地性和位置感知性四大特点。

（1）邻近性　边缘计算靠近信息源，适用于通过数据优化捕获和分析大数据中的关键信息，并且可以直接访问设备，更加高效地服务于边缘智能，易于衍生出特定的商业应用场景。

（2）低时延　边缘计算服务靠近产生数据的终端设备，相对于云计算，极大地降低了时延，尤其是在智能制造和智能驾驶等应用场景中，使得反馈过程更加快速。

（3）本地性　边缘计算可以与网络的其余部分隔离运行，可实现本地化、相对独立的计算。一方面保证了本地数据的安全性，另一方面降低了计算对网络质量的依赖性。

（4）位置感知性　当边缘网络是无线网络的一部分时，边缘计算式的本地服务可以利用相对较少的信息来确定所有连接设备的位置，这些服务可以应用于基于位置的服务（LBS）等业务场景。

4.1.2　边缘计算与云计算的关系

边缘计算与云计算既有联系，又有区别。

1. 边缘计算与云计算的联系

边缘计算与云计算将同时共存、相互补充、相互促进，共同解决大数据时代的计算问题。边缘计算与云计算是行业数字化转型的两大重要计算方式，在网络、业务、应用、智能等方面的协同发展将有助于更大限度的行业数字化转型。云边协同是发展趋势，如图4-2所示。

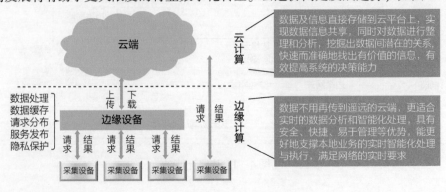

图4-2　云计算与边缘计算

2. 边缘计算与云计算的区别

边缘计算与云计算的区别见表 4 – 1。

表 4 – 1　边缘计算与云计算的区别

类型	关注业务	实时性要求	网络压力	计算模式
云计算	整体业务	低	较小	中心化
边缘计算	局部业务	高	较大	本地化

边缘计算与云计算除表 4 – 1 中的区别外，还有以下区别。

（1）数据计算的任务不同　云计算把握整体，适用于大规模、非实时业务的计算；边缘计算关注局部，适用于小规模、实时性计算任务，能够更好地完成本地业务的实时处理。

（2）网络资源的负担不同　与云计算相比，由于边缘计算靠近信息源，数据可在本地进行存储与处理，不必将全部数据都上传至云端，减少了对网络的负担，避免了网络阻塞，提高了网络带宽的利用效率。

（3）智能应用的分工不同　在人工智能应用中，云计算更适用于进行人工智能算法模型训练与大规模数据的集中化分析；边缘计算更适用于基于集成的算法模型，进行本地小规模智能分析与预处理工作。

4.1.3　边缘计算的发展趋势

边缘计算的发展趋势主要体现在异构计算、边缘智能、边云协同以及 5G + 边缘计算等方面。

1. 异构计算

异构计算主要是指使用不同类型指令集和体系架构的计算单元组成系统的计算方式。异构计算已经无处不在，从超算系统到桌面到云到终端，都包含不同类型指令集和体系架构的计算单元。

随着云游戏、VR/AR 与自动驾驶等应用的兴起，以及物联网、移动应用、短视频、个人娱乐和人工智能的爆炸式增长，应用越来越场景化和多样化，带来了数据的多样性，如语音、文本、图片和视频等，以及用户对应用体验要求的不断提高。计算密集型应用需要计算平台执行逻辑复杂的调度任务，而数据密集型应用则需要高效率地完成海量数据并发处理，使得单一计算平台难以适应业务场景化与多样化要求。多样性计算成为迫切需求。

异构计算可以满足边缘业务对多样性计算的需求。通过异构计算不仅可以满足新一代"连接 + 计算"的基础设施的构建，还可以满足碎片化产业和差异化应用的需求，提升计算资源利用率，支持算力的灵活部署和调度。

图 4 – 3 所示为典型数据类型。

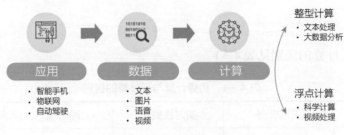

图 4-3 典型数据类型

2. 边缘智能

边缘智能是将人工智能技术和边缘计算技术相结合，使人工智能算法运行在能够进行边缘计算的设备上。这样做的好处是可以实时处理数据，而不必连接到云平台。

大多数先进的人工智能流程都是在云中进行的，因为它们需要大量的计算能力。其结果是这些人工智能流程很容易受到网络延迟或停机的影响。因为边缘智能是在边缘计算设备上运行，所以其必要的数据操作可以在本地进行，并通过公共互联网发送，节省了大量时间。而深度学习算法可以在设备本身（数据的起点）上运行。

边缘智能变得越来越重要，这是因为越来越多的设备需要在无法访问云平台的情况下使用人工智能技术。在自动化机器人或配备计算机视觉算法的智能汽车的应用中，数据传输的滞后可能是灾难性的。自动驾驶汽车在检测道路人员或障碍时不能受到延迟的影响，由于快速响应时间非常重要，必须采用边缘智能系统，允许实时分析和分类图像，而不依赖云计算连接。

当边缘计算设备被赋予通常在云端进行的信息处理任务时，其结果是低延迟或实时进行处理。此外，通过传输最重要的信息，可以减少传输的数据量，最大限度地减少通信中断。

自动驾驶汽车是边缘智能的典型用例之一。自动驾驶汽车必须不断地扫描周围的环境并评估行驶情况，根据突发事件对其行进轨迹进行校正。在这些情况下，实时数据处理至关重要，其车载的边缘智能系统将负责数据的存储、处理和分析。因此，边缘智能技术对于将 L3 ~ L5 级车辆推向市场是必不可少的技术。

3. 边云协同

（1）边云协同概述   边缘计算与云计算需要通过紧密协同才能更好地满足各种需求场景的匹配，从而放大边缘计算和云计算的应用价值。从应用层面来说，边云协同可以有不同的表现形式。例如，应用开发在云端完成，可以充分发挥云的多语言、多工具、算力充足的优势，应用部署则可以按照需要分布到不同的边缘节点；云游戏的渲染部分放在云端处理，呈现部分放在边缘侧，保证了用户的极致体验；对于人工智能相关的应用，可以把机器学习、深度学习相关的重载训练任务放在云端，而把需要快速响应的推理任务放在边缘处理，达到计算成本、网络带宽成本的最佳平衡。

边云协同的能力与内涵涉及 IaaS、PaaS 与 SaaS 各层面的全面协同。EC—IaaS 与云端 IaaS 应可实现对网络、虚拟化资源及安全等的资源协同；EC—PaaS 与云端 PaaS 应可实现数据协同、智能协同、应用管理协同及业务管理协同；EC—SaaS 与云端 SaaS 应可实现服务协同。

边云协同分级参考架构如图 4 - 4 所示。

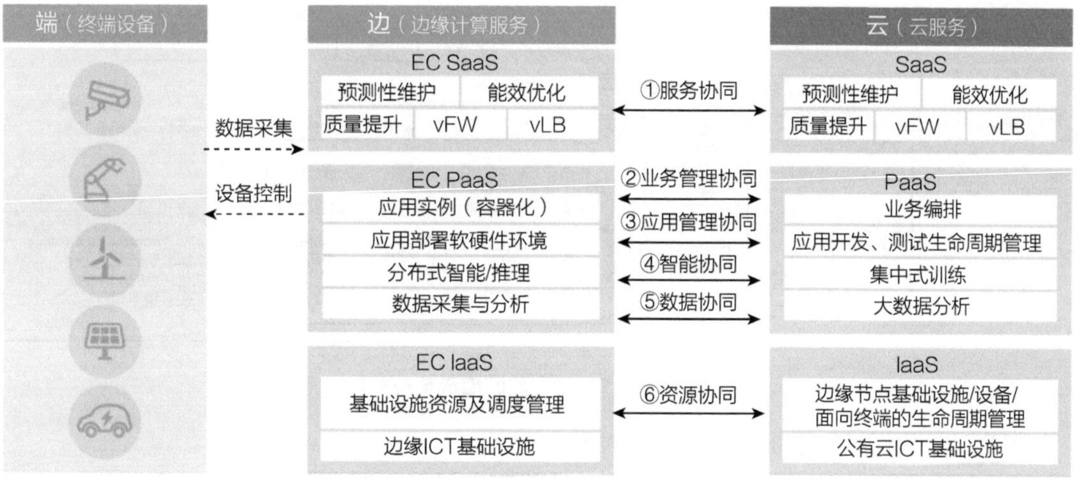

图 4 - 4　边云协同分级参考架构

边云协同已成为加速工业、农业、交通等行业数字化进程的主流模式。

1）在工业领域的应用。在工业领域，边云协同实现传统工业与信息化的融合。以工业制造为例，工业现场的边缘计算节点具备一定的计算能力，能够自主判断并解决问题，及时检测异常情况，更好地实现预测性监控，提升工厂运行效率的同时也能预防设备故障问题，将处理后的数据上传到云端进行存储、管理和态势感知。同时，云端也负责对数据传输监控和边缘设备使用进行管理。中心云与边缘云在资源管理、远程控制、安全管理、运维监控等方面协同运作，保证现场接入设备能够快速、准确、方便地进行相关生产操作，同时预防设备及产品故障，同时加强数字化建模与实体映射，真正实现数字化生产。

2）在农业领域的应用。在农业领域，边云协同帮助传统农业向数字化、智能化、网络化转型。以畜牧养殖为例，边缘网关、边缘控制器等边缘计算设备接收来自猪、牛、羊、兔等牲畜佩戴设备上传的数据，并在边缘侧对养殖数据进行处理，实时掌握牲畜分布、饲料使用量及疫情数据等信息。云计算平台与边缘网关、边缘控制器等边缘计算设备协同工作，解决带宽和网络覆盖不全面、生产风险不可控等问题，保证牲畜采集信息和数据的准确性，对检疫和疫情进行有效管控，全程监管畜牧生产过程，最终达到数字化、智能化、网络化养殖。

3）在交通领域的应用。在交通领域，边云协同助力智能驾驶升级。以自动驾驶为例，汽车将集成激光雷达、摄像头等传感器，并将采集到的数据与道路边缘节点和周边车辆进行交互，从而扩展感知能力，实现车与车、车与路的协同。云计算中心则负责收集来自分布广泛的边缘节点的数据，感知交通系统的运行状况，并通过大数据和人工智能算法，为边缘节点、交通信号系统和车辆下发合理的调度指令，从而提高交通系统的运行效率。

（2）华为云大数据稽查系统　华为云推出的高速公路大数据稽查系统是基于华为云数字平台，利用大数据、人工智能、云边协同等先进技术，实现海量通行记录数据的偷逃费自动分析，并结合门架摄像头抓拍的图像记录，实现偷逃费车辆的精准识别，保障高速业主收益。华为云大数据稽查系统框架如图 4 - 5 所示。

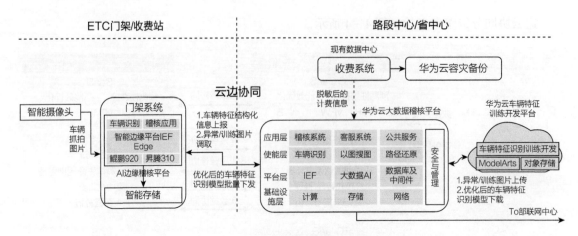

图4-5 华为云大数据稽查系统框架

华为云大数据稽核系统包括以下三大平台：

1）AI边缘稽核平台。基于华为自研鲲鹏920和昇腾310芯片+智能边缘平台架构，实现车辆特征和车型的识别、稽核场景的实时处理以及车辆通行照片的存储。

2）大数据稽核平台。该平台主要包括基础设施层、平台层、使能层和应用层。基础设施层提供计算、存储及网络等基础资源；平台层提供智能边缘平台（IEF）、AI开发平台、边缘管理平台、数据库及中间件等通用平台及组件；使能层提供车辆识别算法、以图搜图、路径还原等基础能力；应用层包括稽核系统、客服系统等其他公共服务类系统。其中，稽核系统主要实现偷逃费模型、通行记录分析、证据链管理、信用管理以及黑白名单管理等稽核相关功能。

3）车辆特征训练开发平台。该平台实现新的车型识别和车辆特征识别能力的持续提升，以及车辆异常通行照片的持久存储。

4. 5G +边缘计算

5G为边缘计算产业的落地和发展提供了良好的网络基础，从用户面功能的灵活部署、三大场景的支持以及网络能力开放等方面相互结合，相互促进。

5G三大典型场景也都与边缘计算密切相关。超高可靠低时延（uRLLC）、增强移动带宽（eMBB）以及海量机器类通信（mMTC）可以分别支持不同需求的边缘计算场景。例如，对于时延要求极高的工业控制，对于带宽要求较高的AR/VR、直播，对于海量连接需求高的物联网设备接入等新兴业务。此外，对于移动业务的连续性要求，5G网络引入了三种业务与会话连续性模式来保证用户的体验，例如车联网等。

5G支持将网络能力开放给边缘应用。无线网络信息服务、位置服务及质量服务等网络能力，可以封装成边缘计算PaaS平台的应用程序编辑接口开放给用户应用。

4.2 边缘计算技术

4.2.1 边缘计算参考架构

边缘计算联盟于2018年提出了边缘计算参考架构3.0。参考架构3.0在每层都提供了模型化的开放接口，实现了架构的全层次开放；通过纵向管理服务、数据全生命周期服务以及安全服务，实现业务全流程、全生命周期的智能服务。

边缘计算参考架构 3.0 如图 4-6 所示。

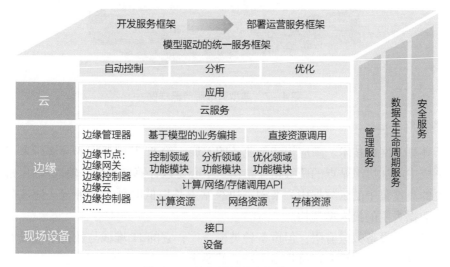

图 4-6　边缘计算参考架构 3.0

边缘计算参考架构 3.0 主要包括以下内容：

1）整个系统分为云、边缘和现场设备三层，边缘计算位于云和现场设备层之间，边缘层向下支持各种现场设备的接入，向上可以与云端对接。

2）边缘层包括边缘节点和边缘管理器两个主要部分。边缘节点是硬件实体，是承载边缘计算业务的核心；边缘管理器的核心是软件，主要功能是对边缘节点进行统一管理。

3）边缘计算节点一般具有计算资源、网络资源和存储资源，边缘计算系统对资源的使用有两种方式：第一，直接将计算资源、网络资源和存储资源进行封装，提供调用接口，边缘管理器以代码下载、网络策略配置和数据库操作等方式使用边缘节点资源；第二，进一步将边缘节点的资源按功能领域封装成功能模块，边缘管理器通过模型驱动的业务编排的方式组合和调用功能模块，实现边缘计算业务的一体化开发和敏捷部署。

4.2.2　边缘计算硬件基础设施

根据不同的部署位置和应用场景，边缘计算的硬件形态有所不同，常见的形态有边缘服务器、智能边缘一体机和边缘网关等。

1. 边缘服务器

边缘服务器是边缘计算和边缘数据中心的主要计算载体，可以部署在运营商某机房内。

由于边缘机房环境差异较大，且边缘业务在时延、带宽、GPU 和 AI 等方面存在个性化诉求，如果使用通用硬件，则要求部分边缘机房进行改造以适应边缘服务器对环境的要求，给最终客户带来了额外的成本。有时限于机房条件无法实施改造，应采用增强型硬件，以适配机房条件，同时提性能、降成本、最优化资源利用率。边缘节点数量众多、位置分散、安装和维护难度大，应尽量减少工程师在现场的操作，还需要有强大的管理运维能力保障。边缘服务器需要提供状态采集、运行控制和管理的接口，以支持实现远程、自动化的管理。

图4-7所示为典型边缘服务器样例。

图4-7 典型边缘服务器样例

2. 智能边缘一体机

随着云计算、网络技术、新应用和新业务的发展，给IT基础架构的部署带来了深刻的变化，逐渐形成中心加边缘站点的两级拓扑结构。中心是以计算密集型、输入/输出密集型和弹性伸缩为主的高度集中的云数据中心架构；边缘站点是以低时延、高带宽、地域分布广泛的小规模边缘数据为主的接入型架构。

虽然边缘站点设备数量有限，但设备种类覆盖广，它的IT堆栈与数据中心没有太大的差异，因此对边缘站点的建设和运维提出了较高的要求。

传统站点建设周期长，而且无多站点集中监控和统一运维方案，增加了边缘站点管理和运维的难度。

智能边缘一体机将计算、存储、网络、虚拟化和环境动力等产品有机集成到一个机柜中，在出厂时完成预安装和连线。在交付时，无须深入了解内部原理，无须深入掌握IT技术，只需接上电源，连上网络，快速部署完成初始配置。

典型智能边缘一体化机样例如图4-8所示。

智能边缘一体机主要包括以下特征。

图4-8 典型智能边缘一体化机样例

（1）一柜承载所有业务 一柜实现虚拟化、视频监控、文件共享等分支机构所有IT述求。

（2）免机房 散热、供电等根据办公室环境进行整体设计，无须部署在专业或独立的机房，节约投资。

（3）易安装 整柜交付计算、存储、网络和UPS资源，工具化初始部署，无须IT专业人员参与，节约初始上线时间，缩短项目决策周期。

（4）管理简单 全图形化界面，所见即所得，以地理信息系统地图作为背景，全图形化体现站点分布和站点运行状态，在一个界面上展现全部站点运行情况；以机柜设备图作为站点内操作导航，站点的操作入口均通过管理中心主页进入。

（5）业务远程部署 中心提供应用仓库管理，将新业务上传到应用仓库，业务上线可从中心批量集中部署。

（6）集中运维 站点统一接入运维管理中心，设备的运行状态全方位掌握，可对设备进行远程管理与维护，软故障可远程处理与排除，节省差旅费。

（7）集中灾备　采用本地备份与远程备份相结合的两极备份机制，既可满足本地备份的要求，也可实现单站点灾难后，在中心拉起业务要求。

3. 边缘网关

边缘网关是部署在垂直行业现场的接入设备，主要实现网络接入、协议转换、数据采集与分析处理，并且可通过轻量级容器/虚拟化技术支持业务应用在用户现场的灵活部署和运行。边缘网关可以配合边缘服务器、边缘一体机等方案，融合信息领域敏捷灵活以及操作领域可靠稳定的双重特点，将网络连接、质量保证、管理运维及调度编排的能力应用于行业场景，提供实时、可靠、智能和泛在的端到端服务。

在接入方式上，边缘网关可通过蜂窝网接入，也可通过固网接入。在管理方面，边缘网关和边缘数据中心同样受边缘 PaaS 管理平台管理，边缘网关和边缘数据中心之间也可能存在管理和业务协同。以下是两种典型业务场景下，边缘网关的不同形态要求。

（1）园区物联网接入　网关要具备接入温度、湿度、烟雾探测等多种类型端传感器的能力，并把信号转换成云端可识别的内容进行上报。同时可以对接门禁、闸口等设备，完成基本的控制策略执行功能。

（2）工业物联网网关　网关承担设备信息、告警信息收集和上报的功能。可能需要支持适配多样化的工业物联网接口，例如 RS232、RS485、数字化 I/O 接口等。

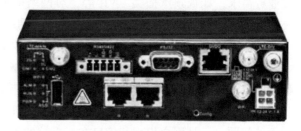

典型边缘网关样例如图 4-9 所示。

图4-9　典型边缘网关样例

4.2.3　边缘计算网络基础设施

边缘计算网络基础设施如图 4-10 所示，它包括边缘计算接入网络（Edge Computing Access，ECA）、边缘计算内部网络（Edge Computing Network，ECN）和边缘计算互联网络（Edge Computing Interconnect，ECI）。

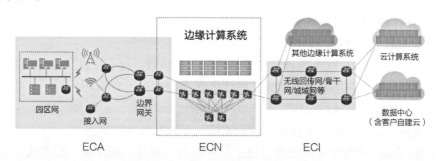

图4-10　边缘计算网络基础设施

1. 边缘计算接入网络

边缘计算接入网络是指从用户系统到边缘计算系统所经过的一系列网络基础设施，包括但不限于园区网、接入网络和边缘网关等。

边缘计算接入网络具有以下特征。

（1）融合性　在物联网、工业互联网等场景下，用户侧终端接口及协议种类非常多，边缘计算网络用户侧接口需要支持异构性，以接入各种类型的用户/网络终端。同时，国内主流三大运营商侧的网络基础设施也分为固定承载网与移动承载网两大体系。为了满足边缘计算更高的业务要求，ECA需要将不同类型的网络进行整合，从传统的简单的互联互通逐步升级到基于深度融合的互操作。另外，随着运营商边缘计算下沉到企业园区网以及5G网络延伸到企业办公/生产网络，运营商网络与企业园区网络逐步从互联走向以互联、互通、互操作为标志的融合。

（2）低时延　边缘计算业务需要低时延特性，不只是将边缘计算系统部署在网络边缘，缩短与用户系统之间的空间距离，更需要减小两者之间的逻辑距离，即减小流量在网络中的实际传送距离。同时，部分场景还需要考虑专有的低时延网络技术，从技术本身提供更低的传送时延。因此ECA需采用多种策略，以实现从用户系统到边缘计算系统之间的端到端低时延。

（3）大带宽　边缘计算业务对网络基础资源的带宽需求可分为两方面，一是高下行带宽类业务需求，如视频点播类、VR等，对网络的需求主要是下行带宽需求；二是高上行带宽类业务需求，如AI应用类、智能监控等，对网络的需求主要是上行带宽需求。现有网络大多重点解决下行带宽问题，而上行带宽增加则需要ECA引入更多的新技术和新协议。

（4）大连接　对于边缘计算在物联网相关场景中的应用，其承载的连接数量是现有连接数量的数千倍，因此ECA必须具备支持海量连接的能力。

（5）高安全　ECA融合用户侧网络与运营商侧网络，导致网络边界发生变化，会引发两方面的问题。一是用户担心其信息在不受控的外部网络被截取复制，二是运营商担心不受限的用户设备冲击整个网络，带来网络安全隐患，因此ECA必须考虑到可信区域重叠的问题，即用户如何与运营商建立安全的可信机制。

2. 边缘计算内部网络

边缘计算内部网络是指边缘计算系统内部网络基础设施，如连接服务器所用的网络设备、与外网互联的网络设备以及由其构建的网络等。

边缘计算内部网络具有以下特征。

（1）架构简化　由于ECN所涉及的设备数量、连接数量远小于数据通信网络，可根据规模大小选择不同类型的网络架构，比如扩展性要求高的时候可以采用叶脊网络架构等；当服务器规模在20~100台时可以采用简单三层网络架构，即接入、汇聚和出口；小于20台时可以采用扁平架构，即用一套网络设备同时完成接入、汇聚和出口功能。

（2）功能完备　边缘计算系统作为独立存在的用户业务承载系统，需要满足相应的运营和监管要求，比如仍需要提供深度检测、流量探针、综合管理等功能，因此ECN有必要根据系统规模，尽量采用简化架构，增加设备能力，从而减少网络设备所占用的空间和电力等资源。

（3）无损性能　高性能计算业务，如AI类业务，需要网络提供超低时延、零丢包等能力，避免网络成为瓶颈，因此当此类业务部署在边缘计算系统中时，需要ECN具备无损网络能力。

（4）边云协同，集中管控　由于边缘计算系统天然的分布式属性，单个规模不大但数量众多，若采用单点管理模式难以满足运营的需求，还会占用宝贵的机房资源，降低收益；另一方面，边缘计算业务更强调端到端时延、带宽以及安全性，因此边云、边边之间的协同也是非常重要的。一种理想的方案是在云计算系统中引入智能化的跨域管理编排系统，统一管控一定范围内所有的边缘计算系统中的网络基础设施，因此 ECN 必须支持基于边云协同的集中管控模式，以保证网络与计算资源的自动化高效配置。

3. 边缘计算互联网络

边缘计算互联网络是指从边缘计算系统到云计算系统（如公有云、私有云、通信云、用户自建云等）、其他边缘计算系统、各类数据中心所经过的网络基础设施。

边缘计算互联网络具有以下特征。

（1）连接多样化　边缘计算系统涉及与多种类型的系统连接，包括云计算系统、其他边缘计算系统、用户自建的系统等，因此 ECI 连接的对象变多，且属于不同运营方，如用户本身、云服务运营商、其他边缘计算运营商等，难用单一技术或者网络完成互联工作。

（2）跨域低时延　用户对低时延的要求，也会从 ECA 中延伸到 ECI 来，例如车联网业务场景中，还需要在边边协同的基础上继续保持用户业务的低时延特性。

4.2.4　边缘计算安全技术

1. 边缘计算安全的重要性

边缘安全是边缘计算的重要保障。边缘安全涉及跨越云计算和边缘计算纵深的安全防护体系，增强边缘基础设施、网络、应用、数据识别和抵抗各种安全威胁的能力，为边缘计算的发展构建安全可信环境，加速并保障边缘计算产业发展。

边缘计算安全的重要性主要体现在以下方面。

（1）提供可信的基础设施　基础设施主要包括计算、网络、存储类的物理资源和虚拟资源。基础设施是包含路径、数据交互和处理模型的平台面，可应对镜像篡改、分布式拒绝服务（DdoS）攻击、非授权通信访问、端口入侵等安全威胁。

（2）为边缘应用提供可信赖的安全服务　从运行维护角度，提供应用监控、应用审计、访问控制等安全服务；从数据安全角度，提供轻量级数据加密、数据安全存储、敏感数据处理与监测的安全服务，进一步保证应用业务的数据安全。

（3）保障安全的设备接入和协议转换　边缘计算节点数量庞大，面向工业行业存在中心云、边缘云、边缘网关、边缘控制器等多种终端和边缘计算形态，复杂性异构性突出。保证安全的接入和协议转换，有助于为数据提供存储安全、共享安全、计算安全、传播和管控安全以及隐私保护。

（4）提供安全可信的网络及覆盖　安全可信的网络除了传统的运营商网络安全保障（如鉴权、秘钥、合法监听、防火墙技术）以外，目前面向特定行业的时间敏感型网络和工业专网等，也需要定制化的网络安全防护。

提供端到端全覆盖的包括威胁监测、态势感知、安全管理编排、安全事件应急响应以及柔性防护在内的全网安全运营防护体系。

2. 边缘计算的安全危险

边缘计算环境中潜在的攻击窗口包括边缘接入、边缘服务器和边缘管理等层面的攻击，如图 4-11 所示。边缘接入包括云-边接入和边-端接入；边缘服务器包括硬件、软件和数据；边缘管理包括账号、管理/服务接口和管理人员。

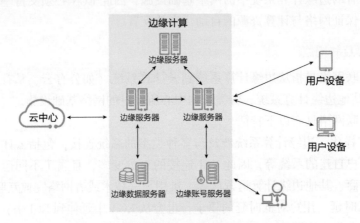

图 4-11   边缘计算环境中潜在的攻击窗口

3. 边缘计算安全参考框架

边缘计算安全参考框架如图 4-12 所示。

图 4-12   边缘计算安全参考框架

边缘计算安全参考框架覆盖了边缘安全类别、典型价值场景、边缘安全防护对象。针对不同层级的安全防护对象，提供相应的安全防护功能，进而保障边缘安全。另外，对于有高安全要求的边缘计算应用，还应考虑如何通过能力开放，将网络的安全能力以安全服务的方式提供给边缘计算 App。

边缘计算安全防护对象覆盖边缘基础设施、边缘网络、边缘数据、边缘应用、边缘安全全生命周期管理以及边云协同安全 "5 + 1" 个层次；统筹考虑信息安全、功能安全、隐私、可信四大安全类别以及需求特征；围绕工业边缘计算、企业与物联网边缘计算和电信运营商边缘计算三大典型的价值场景的特殊性，分析其安全需求，支撑典型价值场景下的安全防护能力建设。

对于具体的边缘计算应用场景的安全，还需根据应用的需求进行深入分析，并非所有的场景下都涉及上述安全功能模块，结合具体的使用场景，边缘安全的防护功能需求会有所不同，即使是同一种安全防护能力，在与不同场景结合时其能力与内涵也会不尽相同。

4. 边缘计算安全关键技术

边缘计算安全具有以下关键技术。

（1）边缘计算节点接入与跨域认证　针对边缘计算节点海量、跨域接入、计算资源有限等特点，面向设备伪造、设备劫持等安全问题，突破边缘节点接入身份信任机制、多信任域间交叉认证、设备多物性特征提取等技术难点，实现海量边缘计算节点的基于边云、边边交互的接入与跨域认证。

（2）边缘计算节点可信安全防护　面向边缘设备与数据可信性不确定、数据容易失效、出错等安全问题，突破基于软/硬结合的高实时可信计算、设备安全启动与运行、可信度量等技术难点，实现对设备固件、操作系统、虚拟机操作系统等启动过程、运行过程的完整性证实、数据传输、存储与处理的可信验证等。

（3）边缘计算拓扑发现　针对边缘计算节点网络异构、设备海量、分布式部署等特点，面向边缘计算节点大规模分布式拒绝服务攻击、跳板攻击、利用节点形成僵尸网络等安全问题，突破边缘计算在网络节点拓扑实时感知、全网跨域发现、多方资源关联映射等技术难点，形成边缘计算的网络拓扑绘制、威胁关联分析、在网节点资产与漏洞发现、风险预警等能力，实现边缘计算节点拓扑的全息绘制。

（4）边缘计算设备指纹识别　针对边缘计算设备种类多样化、设备更新迭代速度快、相同品牌或型号设备可能存在相同漏洞等特点，突破边缘计算设备主动探测、被动探测、资产智能关联等技术难点，形成对边缘设备 IP 地址、局域网地址、设备类型、设备型号、设备厂商、系统类型等信息的组合设备指纹识别等能力，实现边缘计算设备安全分布态势图的构建，帮助管理员加固设备防护，加强资产管理，并帮助后续制定防护策略，为安全防护方案提供参考。

（5）边缘计算虚拟化与操作系统安全防护　针对边缘计算边云协同、虚拟化与操作系统代码量大、攻击面广等特点，面向虚拟机逃逸、跨虚拟机逃逸、镜像篡改等安全风险，突破虚拟化加固、操作系统隔离、操作系统安全增强、虚拟机监控等技术难点，形成边缘计算虚拟化与操作系统强隔离、完整性检测等能力，实现边缘计算虚拟化与操作系统的全方位安全防护能力。

（6）边缘计算恶意代码检测与防范　针对边缘计算节点安全防护机制弱、计算资源有限等特点，面向边缘节点上可能运行不安全的定制操作系统、调用不安全第三方软件或组件等安全风险，突破云边协同的自动化操作系统安全策略配置、自动化的远程代码升级和更新、自动化的入侵检测等技术难点，形成云边协同的操作系统代码完整性验证以及操作系统代码卸载、启动和运行时恶意代码检测与防范等能力，实现边缘计算全生命周期的恶意代码检测与防范。

（7）边缘计算漏洞挖掘　针对边缘计算设备漏洞挖掘难度大、系统漏洞影响广泛等特点，面向安全问题，突破边缘设备仿真模拟执行、设备固件代码逆向、协议逆向、二进制分析等技术难点，形成基于模糊测试、符号执行、污点传播等技术的边缘计算设备与系统漏洞挖掘能力，实现边缘计算设备与系统漏洞的自动化发现。

（8）边缘计算敏感数据监测　针对边缘计算数据的敏感性强、重要程度高等特点，面向数据产生、流转、存储、使用、处理、销毁等各个环节的数据安全风险，突破敏感数据溯源、数据标签、数据水印等技术难点，形成对敏感数据的追踪溯源、敏感数据的流动审计、敏感数据的访问告警等能力，实现边缘计算敏感数据的实时监测。

（9）边缘计算数据隐私保护　针对边缘计算数据脱敏防护薄弱、获取数据敏感程度高、应用场景具有强隐私性等特点，面向边缘计算隐私数据泄露、篡改等安全风险，突破边缘计算轻量级加密、隐私保护数据聚合、基于差分隐私的数据保护等技术难点，实现边缘计算设备共享数据、采集数据、位置隐私数据等数据的隐私保护。

（10）边缘计算安全通信协议　针对边缘计算协议种类多样、协议脆弱性广泛等特点，面向协议漏洞易被利用、通信链路伪造等安全风险，突破边缘计算协议安全测试、协议安全开发、协议形式化建模与证明等技术难点，实现边缘计算协议的安全通信。

4.3　边缘计算技术的应用

4.3.1　边缘计算的应用场景

我国排名前十的边缘计算应用场景如图 4-13 所示。

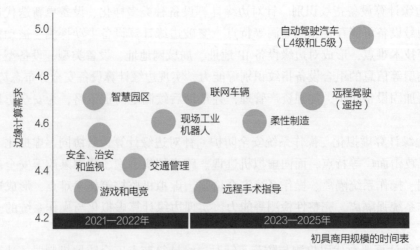

图 4-13　我国排名前十的边缘计算应用场景

自动驾驶汽车是边缘计算的主要场景，但初具商用规模预计将在 2025 年左右实现。L4 级和 L5 级自动驾驶汽车（自动驾驶出租车、自动公共汽车和自动货车）要实现大规模商业化部署，将面对许多挑战，包括立法和公众认知。除了自动驾驶之外，边缘计算正在车联网背景下进行探索，如车载娱乐设施内容缓存（包括车载 AR/VR 服务）和智能城市中的实时交通监控和分析。

我国排名前十的边缘计算应用场景中，两项来自制造领域，即现场工业机器人和柔性制造。这些都是中国工厂数字化转型大趋势的一部分，旨在提高生产效率和质量检测的准确性，并降低工厂运营和管理成本。

高科技制造（工业 4.0）向自动化流程的转变，关键依赖于低时延连接，以实现精确阈值和实时分析。5G 的理论往返时延标准为低于 1ms，且网络切片可以有效保障服务质量，这对工厂而言具有吸引力。为了实现该时延标准，边缘计算基础架构的服务器应部署在工厂附近（工厂内最佳）。此外，工厂中应用了各种设备（摄像头、机器人、机器和传感器等），大多数设备需要相互协同。在边缘场景中，工厂设备收集的数据通过无线网络传输到边缘平台，边缘平台与工厂管理系统对接。

4.3.2　边缘计算的应用案例

下面介绍智慧园区、城市监控、园区智能门禁、设备实时智能检测以及工业物联网应用边缘计算的案例。

1. 智慧园区

智慧园区建设是利用新一代信息与通信技术来感知、监测、分析、控制、整合园区各个关键环节的资源，在此基础上实现对各种需求做出智慧的响应，使园区整体的运行具备自我组织、自我运行、自我优化的能力，为园区企业创造一个绿色、和谐的发展环境，提供高效、便捷、个性化的发展空间。

智慧园区场景中，边缘计算主要包括以下功能：

1）海量网络连接与管理，包含各类传感器、仪器仪表、控制器等海量设备的网络接入与管理；确保连接稳定可靠，数据传输正确；可基于软件定义网络实现网络管理与自动化运维。

2）实时数据采集与处理，如车牌识别、人脸识别、安防告警等智慧园区应用，要求实时数据采集与本地处理，快速响应。

3）本地业务自治，如楼宇智能自控、智能协同等应用要求在北向网络连接中断的情况下，能够实现本地业务自治，继续正常执行本地业务逻辑，并在网络连接恢复后，完成数据与状态同步。

智慧园区边缘计算分层架构如图 4-14 所示。

2. 城市监控

城市监控是智慧城市的主要应用之一。传统的监控绝大多数是固定监控方式，即通过在交通指示灯、路灯等设施安装摄像头实现对固定目标或一个有限监控区域的视频监控。因其部署位置固定，目前多采用固网接入的方式，可以有效保障其带宽以及视频流传输的稳定性。不过，固定点监控不可避免地存在盲点。这就需要配合执法人员进行动态的全方位监控。一般通过为执法人员配备便携式摄像头等方式，实现执法的全过程监控以及追踪等功能。

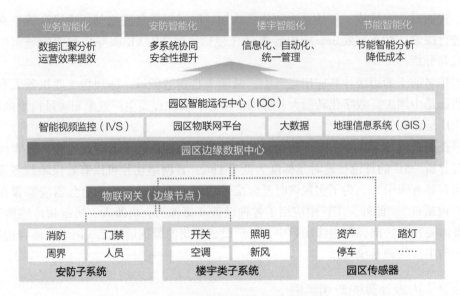

图 4-14 智慧园区边缘计算分层架构

依托 5G 网络的高带宽、低时延和多接入能力，摄像头可通过 5G 网络接入到边缘计算节点中，减少目标从出现在摄像头到执法者终端收到信息的时延，达到实时执法的目的。

城市监控固移融合场景如图 4-15 所示。

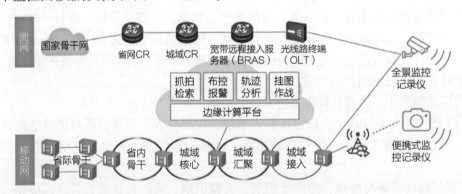

图 4-15 城市监控固移融合场景

视频监控场景中，边缘计算主要包括以下功能：

1）边缘节点图像识别与视频分析，支撑边缘视频监控智能化。

2）边缘节点智能存储机制，可根据视频分析结果，联动视频数据存储策略，既能高效保留价值视频数据，同时也能提高边缘节点存储空间利用率。

3）边云协同，云端 AI 模型训练，边缘快速部署与推理，支持视频监控多点布控与多机联动。

3. 园区智能门禁

门禁是进入园区的第一道入口。目前很多企业仍然使用传统的人工登记方式，严重影响了园区通行的效率。同时，园区门禁、大楼门禁和会议室门禁等多道验证也影响了园区内用户以及到访园区的访客体验。

为解决上述问题，可以在运营商接入机房部署边缘计算节点以及相应的业务，通过园区网络与运营商网络的融合来联动多道门禁，节省用户及访客到达某个具体会议室或办公室的时间，提高用户体验。

该方案下边缘计算节点部署在运营商机房，通过 5G 定制化的网络或者固网方式与园区连接。运营商通过边缘计算节点实现人脸识别及车牌识别，并且结果联动来匹配客户，自动开关门以及接引至停车位。园区内部多道门禁在园区通过网络互联，并且可以互相通信，例如前台与电梯间同步识别结果，为 VIP 客户自动安排电梯等待。

方案本身涉及多个网络领域的融合，如何保证业务准确分流、保障网络低时延和大带宽，如何满足不同网段的安全互信需求，以及如何实现跨域的网络管理和编排，都是需要考虑的关键问题。

园区智能门禁架构如图 4-16 所示。

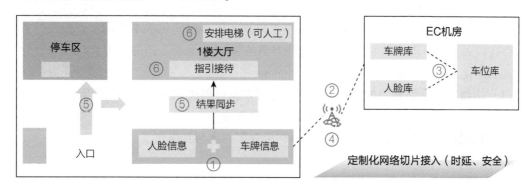

图 4-16　园区智能门禁架构

4. 设备实时智能检测

工业检测涉及了工业的生产、制造和维护等多个环节，是现场边缘计算的重要应用之一。边缘计算平台通过对现场设备的数据进行采集，实时反馈分析处理结果，一方面可以实现产品质量的实时高精度、高效率检测与持续优化，提高检测的准确率和实时性，进而促进生产效率的提升；另一方面可以对现场设备在运转状态下进行异常检测及损伤评估，从而确保生产过程的安全性和稳定性。

工业现场的高清相机、线阵相机实现产品的质量图像实时检测，并通过现场级网络将实时图像数据传输至边缘层进行智能检测分析，同时根据反馈结果实时操作。

边缘计算层接收来自现场级网络的产品图像数据，基于人工智能算法模型进行实时分析决策。边缘计算层将数据经过聚合后通过管理/企业级网络上传到云平台，同时接收经过训练的数据处理模型进行更新，以优化检测精度并满足多样性产品的检测。

云平台接收来自边缘云聚合的数据信息进行模型训练，将更新模型推送到边缘端，完成数据的分析和处理。

在智能检测场景中，检测的对象通常是现场作业的设备，会通过多种多样的现场协议接入，一方面，为了保障机器及人员安全，需要系统能够及时有效地反馈处理结果；另一方面，采集的数据已经由传统的结构化数据慢慢转变为非结构化数据，数据量增大，对网络的带宽也提出了更高的要求。另外，应用涉及了现场设备、边缘计算节点以及边缘云之间的多段网络，对跨域的网络管理以及自动化部署也提出了新的需求。

设备实时智能检测架构如图4-17所示。

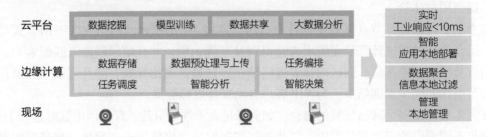

图4-17　设备实时智能检测架构

5. 工业物联网

工业物联网应用场景相对复杂，不同行业的数字化和智能化水平不同，对边缘计算的需求也存在较大差别。以离散制造为例，边缘计算在预测性维护、产品质量保证、个性化生产以及流程优化方面有较大需求。

（1）边缘计算能够解决的问题　边缘计算可以支持解决如下普遍存在的问题：

1）现场网络协议众多，互联互通困难，且开放性差。

2）数据多源异构，缺少统一格式，不利于数据交换与互操作。

3）产品缺陷难以提前发现。

4）预测性维护缺少有效数据支撑。

5）工艺与生产关键数据安全保护措施不够。

（2）边缘计算在工业物联网中的功能　工业物联网场景中，边缘计算主要包括以下功能：

1）构建实时、高确定性并真正独立于设备厂商的统一工业现场网络，实现数据的互联互通与互操作。

2）基于边缘计算虚拟化平台构建的国际专线（VPLC），支持生产工艺与流程的柔性。

3）图像识别与视频分析，实现产品质量缺陷检测。

4）适配制造场景的边缘计算安全机制与方案。

工业物联网边缘计算架构如图4-18所示。

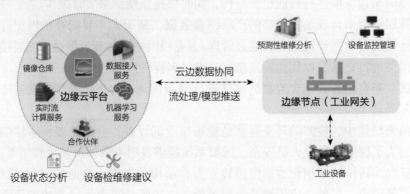

图4-18　工业物联网边缘计算架构

4.3.3　边缘计算与自动驾驶汽车

汽车自动驾驶具有"智慧"和"能力"两层含义。"智慧"是指汽车能够像人一样智能地感知、综合、判断、推理、决断和记忆;"能力"是指自动驾驶汽车能够确保"智慧"有效执行,可以实施主动控制,并能够进行人机交互与协同。自动驾驶是"智慧"与"能力"的有机结合,二者相辅相成,缺一不可。

为实现"智慧"和"能力",自动驾驶技术一般包括环境感知、决策规划和车辆控制三部分。环境感知和决策规划对应自动驾驶系统的"智慧",而车辆控制则体现了其"能力"。

为了实现 L4 级或 L5 级的自动驾驶,仅仅实现单车的"智慧"是不够的。如图 4 - 19 所示,需要通过车联网 V2X 实现车辆与道路以及交通数据的全面感知,获取比单车的内外部传感器更多的信息,增强对超视距范围内环境的感知,并通过高清 3D 动态地图实时共享自动驾驶的位置。例如在雨雪、大雾等恶劣天气下,或在交叉路口、拐弯等场景下,雷达和摄像头无法清晰辨别前方障碍,通过 V2X 来获取道路、行车等实时数据,可以实现智能预测路况,避免意外事故的发生。

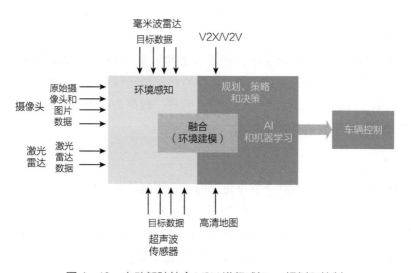

图 4 - 19　自动驾驶结合 V2X 进行感知、规划和控制

随着自动驾驶等级的提升,配备智能传感器数量的增加,自动驾驶汽车每天可以产生庞大的原始数据。这些原始数据需要在本地进行实时处理、融合以及特征提取,包括基于深度学习的目标检测和跟踪等;同时需要利用 V2X 提升对环境、道路和其他车辆的感知能力,通过 3D 高清地图进行实时建模和定位、路径规划和选择、驾驶策略调整,进而安全地控制车辆。由于这些计算任务都需要在车内终结来保证处理和响应的实时性,因此需要性能强大可靠的边缘计算平台来执行。考虑到计算任务的差异性,为了提高执行效率并降低功耗和成本,一般需要支持异构的计算平台。

图 4 - 20 所示为谷歌无人驾驶汽车的边缘计算平台。

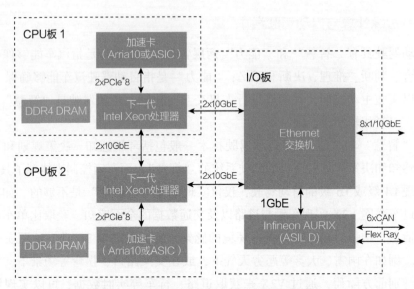

图 4-20   谷歌无人驾驶汽车的边缘计算平台

自动驾驶的边缘计算架构依赖于边云协同和 LTE/5G 提供的通信基础设施和服务。边缘侧主要指车载单元、路侧单元（RSU）或移动边缘计算（MEC）服务器等。其中车载单元是环境感知、决策规划和车辆控制的主体，但依赖于 RSU 或 MEC 服务器的协作，如 RSU 给车载单元提供了更多关于道路和行人的信息。但是有些功能运行在云端更加合适甚至无法替代，例如车辆远程控制、车辆模拟仿真和验证、节点管理、数据的持久化保存和管理等。

自动驾驶边缘计算平台具有以下特点。

1. 负载整合

目前，每辆汽车搭载 60～100 个甚至更多的电子控制单元（ECU），用来支持娱乐、仪表盘、通信、发动机和座位控制等功能。例如，一款豪华汽车拥有 144 个 ECU，其中约 73 个使用 CAN 总线连接，61 个使用 LIN 网络，剩余 10 个使用 FlexRay，这些不同 ECU 之间互连的线缆长度加起来长达 4293m。这些线缆不仅增加了成本和重量，对其进行安装和维护的工作量和成本也非常高。

随着电动汽车和自动驾驶汽车的发展，包括 AI、云计算、车联网 V2X 等新技术不断应用于汽车行业中，使得汽车控制系统的复杂度愈来愈高。同时，人们对于数字化生活的需求也逐渐扩展到汽车上，例如 4K 娱乐、虚拟办公、语音与手势识别、手机连接信息娱乐系统（IVI）等。所有这些都促使着汽车品牌厂商不断采用负载整合的方式来简化汽车控制系统，集成不同系统的人机接口，缩短上市时间。具体而言，就是将 ADAS、IVI、数字仪表、抬头显示系统和后座娱乐系统等不同属性的负载，通过虚拟化技术运行在同一个硬件平台上，如图 4-21 所示。同时，基于虚拟化和硬件抽象层的负载整合，更易于实现云端对整车驾驶系统进行灵活的业务编排、深度学习模型更新、软件和固件升级等。

图 4-21 自动驾驶负载整合

2. 异构计算

由于自动驾驶边缘平台集成了多种不同属性的计算任务，例如精确地理定位和路径规划、基于深度学习的目标识别和检测、图像预处理和特征提取、传感器融合和目标跟踪等。这些不同的计算任务在不同的硬件平台上运行的性能和能耗比是不一样的。一般，对于目标识别和跟踪的卷积运算，GPU 相对于数字信号处理器（DSP）和 CPU 的性能更好、能耗更低。而对于产生定位信息的特征提取算法，使用 DSP 则是更好的选择。

因此，为了提高自动驾驶边缘计算平台的性能和能耗比，降低计算时延，采用异构计算是非常重要的。异构计算针对不同计算任务选择合适的硬件实现，充分发挥不同硬件平台的优势，并通过统一上层软件接口来屏蔽硬件多样性。图 4-22 所示为不同硬件平台适合负载类型的比较。

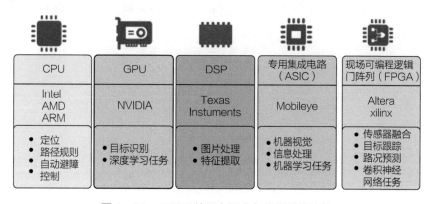

图 4-22 不同硬件平台适合负载类型的比较

3. 实时性

自动驾驶汽车对系统响应的实时性要求非常高，例如在危险情况下，车辆制动响应时间直接关系到车辆、乘客和道路安全。制动反应时间不仅包括车辆控制时间，而是整个自动驾驶系统的响应时间，其中包括给网络云端计算处理、车间协商处理的时间，也包括车辆本身系统计算和制动处理的时间。如果要使汽车在 100km/h 条件下的制动距离不超过 30m，那么系统整体响应时间不能超过 100ms，这与最好的 F1 车手的反应时间接近。

将自动驾驶的响应实时地划分到对其边缘计算平台各个功能模块的要求，包括：

1）对周围目标检测和精确定位的时间：15～20ms。

2）各种传感器数据融合和分析的时间：10～15ms。

3）行为和路径规划时间：25～40ms。

在整个计算过程中，都需要考虑网络通信带来的时延，因此由5G所带来的低时延高可靠应用场景是非常关键的。它能够使自动驾驶汽车实现端到端低于1ms的时延，并且可靠性接近100%。同时5G网络可以根据数据优先级来灵活分配网络处理能力，从而保证车辆控制信号传输保持较快的响应速度。

4. 连接性

车联网的核心是连接性，希望实现车辆与一切可能影响车辆的实体实现信息交互，包括车辆与行人（V2P）、车辆与网网（V2N）、车辆与车辆（V2V）和车辆与基础设施（V2I）等。

V2X通信技术目前有DSRC与C-V2X两大路线。专用短程通信技术（Dedicated Short Range Communication，DSRC）发展较早，目前已经非常成熟。但随着LTE技术的应用推广和5G的兴起，未来C-V2X在汽车联网领域也将有广阔的市场空间。除了DSRC和C-V2X，自动驾驶汽车中还包含Wi-Fi热点、蓝牙通信和GPS等。

5. 安全性

汽车互联可以给用户带来巨大便利，但同时也将汽车系统暴露在互联网带来的负面风险中。自动驾驶边缘平台的安全性问题也愈加突出，主要体现在越来越多网络化、智能化的车载传感器和控制器，越来越多输入口、接口层和代码，越来越多云端控制权、无人驾驶操控权，越来越小集成化、成熟度高的车载通信等。

第5章
区块链技术及应用

区块链技术在国际上被认为是最有潜力、最具想象力的技术革新之一。区块链开创了一种在不可信的竞争环境中低成本建立信任的新型计算范式和协作模式，凭借其独有的信任建立机制，实现穿透式监管和信任逐级传递。区块链源于加密数字货币，目前正在向垂直领域延伸，蕴含着巨大的变革潜力，有望成为数字经济信息基础设施的重要组件，正在改变诸多行业的发展图景。

5.1 概述

5.1.1 区块链的定义与分类

1. 区块链的定义

区块链是一个信息技术领域的术语，其是一种由多方共同维护，使用密码学保证传输和访问安全，能够实现数据一致存储、难以篡改、防止抵赖的记账技术，也称为分布式账本技术。典型的区块链以块－链结构验证与存储数据，利用分布式节点共识算法生成和更新数据，利用密码学的方式保证数据传输和访问的安全，利用由自动化脚本代码组成的智能合约编程和操作数据。

2. 区块链的分类

区块链是一个分布式去中心化的账本，有些信息需要完全公开，且无法篡改，比如一批疫苗的研发、生产和销售全流程；但是有些信息并不需要向全网播报，也不希望所有人知道，比如今天某人拿到了驾驶证，只需要其教练和交通局来验证这条信息，达到信用共识即可，并不需要无关紧要的人来确认这条信息的真假，因为这样既效率低又耗能大。于是，区块链就形成了公有链、私有链和联盟链三种类型，如图5-1所示。

（1）公有链　公有链人人可参与，典型代表是比特币（BTC）和以太坊（ETH）。

1）公有链特征。公有链系统最开放，数据公开、透明，只要达成共识，将无法篡改。任何人都可以参与区块链数据的维护和读取，容易部署应用程序，完全去中心化不受任何机构控制。

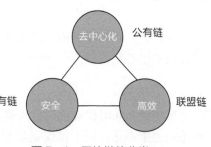

图5-1　区块链的分类

2）公有链优点。公有链最大的优点就是去中心化和安全性。目前，比较出名的数字货币，比如比特币、以太币、瑞波币等都是使用公有链来运行的。由此可见，这些数字货币安全性很高，同时也不受到谁的控制。

3）公有链缺点。尽管公有链很安全，但是设想一下，这么多随意出入的节点很难达成共识，因为有些节点可能随时宕机，黑客也可能伪造很多虚假的节点。为避免此种情况出现，公有链有一套很严格的共识机制，直接导致其处理数据的速度缓慢。

（2）私有链　私有链仅限个人或公司内部参与，典型代表是多链币。

1）私有链特征。私有链系统最封闭，仅限于企业、国家机构或者单独个体内部使用，不完全能够解决信任问题，但是可以改善可审计性。进入有门槛，信任度高，交易速度更快；保护个人隐私，不是所有拥有网络的人都能获得你的数据。

2）私有链优点。私有链可以完全自己定制策略，因此速度极快。

3）私有链缺点。相比较而言，私有链不具备去中心化的特征。

（3）联盟链　联盟链仅限联盟成员参与，典型代表是 R3 联盟、原本链。

1）联盟链特征。联盟链系统半开放，需要注册许可才能访问。联盟链只是部分去中心化，因为每个联盟成员都存在自己的中心。从使用对象来看，联盟链仅限于联盟成员参与，联盟规模可以大到国与国之间，也可以是不同的机构、企业之间。

2）联盟链优点。联盟链优点就是比公有链处理速度要快，节点的数量和身份都已经规定好，可以使用相对松散的共识机制，因此数据的处理速度就会大大提高。

3）联盟链缺点。尽管联盟链速度加快，但是相比公有链，其并不是完全去中心化的。因为理论上联盟成员可以联合起来修改区块链数据。

5.1.2　区块链的发展历程

2009 年，以区块链技术为基础的比特币发行交易系统正式开始运行，随着比特币区块链中第一个区块生成，比特币诞生。

2010 年起，世界上多个国家陆续出现比特币交易平台，大量投资者将比特币作为一种投资品竞相买卖，比特币价格开始在剧烈波动中上涨，并逐步在全世界范围内被认知。

虽然区块链在未来可预期的行业发展中展现出巨大的成长空间和更为美妙的发展前景，但不可否认的是，这一技术无论是从技术成熟度还是商业落地模式都尚处于初期阶段，概念验证、市场教育是当前该行业投入更多精力在做的事情。

到目前为止，区块链技术已经从 1.0 发展到 3.0。

1. 区块链 1.0 时代

区块链 1.0 时代被称为区块链货币时代。以比特币为代表，主要是为了解决货币和支付手段的去中心化管理。

2. 区块链 2.0 时代

区块链 2.0 时代被称为区块链合约时代。以智能合约为代表，更宏观地为整个互联网应用市场去中心化，而不仅仅是货币的流通。可以利用区块链技术实现更多数字资产的转换，从而创造数字资产的价值。所有的金融交易、数字资产都可以被改造后在区块链上使用，包括股票、私募股权、众筹、债券、对冲基金、期货、期权等金融产品，或者数字版权、证明、身份记录、专利等数字记录。

3. 区块链 3.0 时代

区块链 3.0 时代被称为区块链治理时代，是区块链技术和实体经济、实体产业相结合的时代，将链式记账、智能合约和实体领域结合起来，实现去中心化的自治，发挥区块链价值。

5.1.3 区块链的特点

区块链是分布式数据存储、点对点传输、共识机制、加密算法等计算机技术在互联网时代的创新应用模式，其具有以下特点。

1. 去中心化

去中心化是指由于区块链使用分布式核算和存储，不存在中心化的硬件或管理机构，任意节点的权利和义务都是均等的，系统中的数据块由整个系统中具有维护功能的节点来共同维护。

2. 开放性

开放性是指区块链系统是开放的，除了对交易各方的私有信息进行加密，区块链数据对所有人公开，任何人都能通过公开的接口，对区块链数据进行查询，并能开发相关应用，整个系统的信息高度透明。

3. 自治性

区块链的自治性特征建立在规范和协议的基础上。区块链采用基于协商一致的规范和协议（如公开透明的算法），使系统中的所有节点都能在去信任的环境中自由安全地交换数据，让对"人"的信任改成对机器的信任，任何人为的干预都无法发挥作用。

4. 信息不可篡改

信息不可篡改是指一旦信息经过验证并添加到区块链，就会被永久地存储起来，除非同时控制系统中超过 51% 的攻击节点，这个难度非常大，否则单个节点上对数据库的修改是无效的。正因为此，区块链数据的稳定性和可靠性都非常高。区块链技术能够从根本上改变中心化的信用创建方式，通过数学原理而非中心化信用机构来低成本地建立信用，出生证、房产证、婚姻证等都可以在区块链上进行公证，其拥有全球性的中心节点，逐渐成为全球都信任的东西。

5. 匿名性

匿名性是指节点之间的交换遵循固定算法，其数据交互是无须信任的，交易对手不用通过公开身份的方式让对方对自己产生信任，有利于信用的累积。

6. 隐私性

区块链数据结构广泛使用数据加密技术，几乎涵盖所有种类的加密算法，包括最新的加密理论（如盲签名、门限签名、同态加密、零知识证明等）。综合采用这些加密算法，充分保障区块链的安全性，同时也可以提供极强的隐私保护功能，不用担心存储在区块链上的隐私和关键数据泄露的可能，同时也不妨碍为监管部门提供监管视图。

7. 自动执行

区块链采用事先商定的智能合约代码，使整个系统中的所有节点能够在无须信任的环境下自动安全地交换数据并自动执行预定义的业务逻辑，无须任何人为干预，资金结算以区块为单位自动进行，无须外部对账，可用来构造 7×24 运行的金融交易系统。

8. 简化运维

在中心化的交易系统中，建设和维护一个高可用性的中心系统的成本很高。而区块链技术采用去中心化的模式，设备由各网络节点自行维护，对单个节点的可用性要求大大降低，可以显著降低系统建设和运维成本，并具有较长的生命周期。

5.1.4 区块链技术的发展趋势

区块链技术的发展呈现以下趋势。

1. 架构方面，公有链和联盟链融合持续演进

联盟链是区块链现阶段的重要落地方式，但联盟链不具备公有链的可扩展性、匿名性和社区激励。随着应用场景日趋复杂，公有链和联盟链的架构模式开始融合，开始出现公有链在底层面向大众、联盟链在上层面向企业的混合架构模式，结合钱包、交易所等入口，形成一种新的技术生态。

2. 部署方面，区块链即服务加速应用落地

区块链与云计算结合，将有效降低区块链部署成本。一方面，预配置的网络、通用的分布式账本架构、相似的身份管理、分布式商业监控系统底层逻辑、相似的节点连接逻辑等被模块化、抽象成区块链服务，向外支撑起不同客户的上层应用。用云计算快速搭建的区块链服务，可快速验证概念和模型可行性。另一方面，云计算按使用量收费，利用已有基础服务设施或根据实际需求做适应性调整，可实现应用开发流程加速，部署成本降低，满足未来区块链生态系统中初创企业、开源组织、联盟和金融机构等对区块链应用的服务需求。

3. 性能方面，跨链及高性能的需求日益凸显

让价值跨过链和链之间的障碍进行直接流通是区块链越来越凸显的需求之一。跨链技术使区块链适合应用于场景复杂的行业，以实现多个区块链之间的数字资产转移，如金融质押和资产证券化等。

4. 共识方面，共识机制从单一向混合方式演变

共识机制在区块链中扮演着核心的地位，决定了谁有记账的权利，以及记账权利的选择过程和理由，因此一直是区块链技术研究的重点。单一共识机制各自有其缺陷，为提升效率，需在安全性、可靠性、开放性等方面进行取舍。区块链正呈现出根据场景切换共识机制的趋

势，并且将从单一的共识机制向多类混合的共识机制演进，运行过程中支持共识机制动态可配置，或系统根据当前需要自动选择相符的共识机制。

5. 合约方面，可插拔、易用性、安全性成为发展重点

智能合约应用是否丰富，取决于智能合约自身及其所在区块链对于智能合约应用的支撑能力。智能合约的发展方向包括以下几点：

1）可插拔的执行环境架构。默认的执行环境应该不提供持久化存储，让合约默认是一种类似于微服务的无状态函数，从而直接进行并发处理。

2）明示化的调用关系。即只提供静态调用的功能，从而使得程序的调用关系可以在运行之前就整理清楚。

3）可链外存储的合约代码。通过链上存储散列值、链外存储合约代码实现存储空间的扩展性。

4）低耦合度的设计。降低合约语言、执行环境、区块链之间的耦合度，提高智能合约系统的通用性。

5）完整安全的防护体系。代码定型与发布时的验证与检查，节点在执行合约中的动态验证，合约执行完毕的合理性判断，相关利益方的申诉机制与自动判决技术。

5.2　区块链技术

5.2.1　区块链技术架构

区块链技术架构将区块链划分为基础设施、基础组件、账本、共识、智能合约、接口、应用、操作运维和系统管理，如图5-2所示。

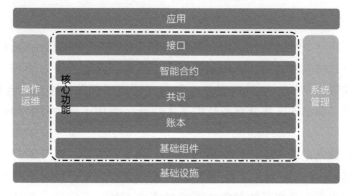

图5-2　区块链技术架构

1. 基础设施

基础设施层提供区块链系统正常运行所需的操作环境和硬件设施，具体包括网卡、交换机、路由器等网络资源、硬盘、云盘等存储资源，以及 CPU、GPU、ASIC 等计算资源。基础设施层为上层提供物理资源和计算驱动，是区块链系统的基础支持。

2. 基础组件

基础组件层可以实现区块链系统网络中信息的记录、验证和传播。在基础组件层中，区块链是建立在传播机制、验证机制和存储机制基础上的一个分布式系统，整个网络没有中心化的硬件或管理机构，任何节点都有机会参与总账的记录和验证，将计算结果广播发送给其他节点，且任一节点的损坏或者退出都不会影响整个系统的运作。它主要包括网络发现、数据收发、密码库、数据存储和消息通知。

1）网络发现。区块链系统由众多节点通过网络连接构成，特别是在公有链系统中，节点数量往往很大。每个节点需要通过网络发现协议发现邻居节点，并与邻居节点建立链路。对于联盟链，网络发现协议还需要验证节点身份，以防止各种网络攻击。

2）数据收发。节点通过网络通信协议连接到邻居节点后，数据收发模块完成与其他节点的数据交换。事务广播、消息共识以及数据同步等都由该模块执行。根据不同区块链的架构，数据收发器的设计需考虑节点数量、密码学算法等因素。

3）密码库。区块链中多个环节使用密码学算法。密码库为上层组件提供基本的密码学算法支持，包括各种常用的编码算法、哈希算法、签名算法和隐私保护算法等。与此同时，密码库还涉及诸如密钥的维护和存储之类的功能。

4）数据存储。根据数据类型和系统结构设计，区块链系统中的数据使用不同的数据存储模式。存储模式包括关系型数据库和非关系型数据库。通常，需要保存的数据包括公共数据（如交易数据、事务数据、状态数据等）和本地的私有数据等。

5）消息通知。消息通知模块为区块链中不同组件之间以及不同节点之间提供消息通知服务。交易成功之后，客户通常需要跟踪交易执行期间的记录和获取交易执行的结果。消息通知模块可以完成消息的生成、分发、存储和其他功能，以满足区块链系统的需要基础组件层为区块链系统网络提供通信机制、数据库和密码库。

3. 账本

账本层负责区块链系统的信息存储，包括收集交易数据、生成数据区块、对本地数据进行合法性校验，以及将校验通过的区块加到链上。账本层将上一个区块的签名嵌入到下一个区块中组成块链式数据结构，使数据完整性和真实性得到保障，这正是区块链系统防篡改、可追溯特性的来源。典型的区块链系统数据账本设计，采用了一种按时间顺序存储的块链式数据结构。

账本层有两种数据记录方式，分别是基于资产和基于账户。基于资产的模型中，首先以资产为核心进行建模，然后记录资产的所有权，即所有权是资产的一个字段。基于账户的模型中，建立账户作为资产和交易的对象，资产是账户下的一个字段。相比而言，基于账户的数据模型可以更方便地记录、查询账户相关信息，基于资产的数据模型可以更好地适应并发环境。为了获取高并发的处理性能，且及时查询到账户的状态信息，多个区块链平台正向两种数据模型的混合模式发展。

4. 共识

共识层负责协调保证全网各节点数据记录一致性。区块链系统中的数据由所有节点独立存储，在共识机制的协调下，共识层同步各节点的账本，从而实现节点选举、数据一致性验证和数据同步控制等功能。数据同步和一致性协调使区块链系统具有信息透明、数据共享的特性。

5. 智能合约

智能合约层负责将区块链系统的业务逻辑以代码的形式实现、编译并部署，完成既定规则的条件触发和自动执行，最大限度地减少人工干预。智能合约的操作对象大多为数字资产，数据上链后难以修改、触发条件强等特性决定了智能合约的使用具有高价值和高风险，如何规避风险并发挥价值是当前智能合约大范围应用的难点。

6. 接口

接口层主要用于完成功能模块的封装，为应用层提供简洁的调用方式。应用层通过远程过程调用（RPC）接口与其他节点进行通信，通过调用软件开发工具包（SDK）对本地账本数据进行访问、写入等操作。同时，RPC 和 SDK 应遵守以下规则：

1）功能齐全，能够完成交易和维护分布式账本，有完善的干预策略和权限管理机制。

2）可移植性好，可以用于多种环境中的多种应用，而不仅限于某些绝对的软件或硬件平台。

3）可扩展和兼容，应尽可能向前和向后兼容，并在设计中考虑可扩展性。

4）易于使用，应使用结构化设计和良好的命名方法方便开发人员使用。常见的实现技术包括调用控制和序列化对象等。

7. 应用

应用层作为最终呈现给用户的部分，主要作用是调用智能合约层的接口，适配区块链的各类应用场景，为用户提供各种服务和应用。

根据实现方式和作用目的的不同，当前基于区块链技术的应用可以划分为以下三类场景：

1）价值转移类，数字资产在不同账户之间转移，如跨境支付。

2）存证类，将信息记录到区块链上，但无资产转移，如电子合同。

3）授权管理类，利用智能合约控制数据访问，如数据共享。

此外，随着应用需求的不断升级，还存在多类型融合的场景。

8. 系统管理

系统管理层负责对区块链体系结构中其他部分进行管理，主要包含权限管理和节点管理两类功能。

（1）权限管理　权限管理是区块链技术的关键部分，尤其对于对数据访问有更多要求的许可链而言。权限管理可以通过以下几种方式实现：

1）将权限列表提交给账本层，并实现分散权限控制。

2）使用访问控制列表实现访问控制。

3）使用权限控制，例如评分/子区域。通过权限管理，可以确保数据和函数调用只能由相应的操作员操作。

（2）节点管理 节点管理的核心是节点标识的识别，通常使用以下技术实现：

1）CA认证。证书颁发机构（CA）集中颁发证书给系统中的各种应用程序，身份和权限管理由这些证书进行认证和确认。

2）PKI认证。身份由基于PKI的地址确认。

3）第三方身份验证。身份由第三方提供的认证信息确认。由于各种区块链具有不同的应用场景，因此节点管理具有更多差异。现有的业务扩展可以与现有的身份验证和权限管理进行交互。

9. 操作运维

操作运维层负责区块链系统的日常运维工作，包含日志库、监视库、管理库和扩展库等。在统一的架构之下，各主流平台根据自身需求及定位不同，其区块链体系中存储模块、数据模型、数据结构、编辑语言、沙盒环境的选择亦存在差异，给区块链平台的操作运维带来较大的挑战。

区块链实现技术持续演进。在功能架构保持稳定的同时，不同系统的实现技术出现很多新的变化。

5.2.2 区块链即服务

1. 区块链即服务的定义

区块链即服务（Blockchain as a Service，BaaS）是一种帮助用户创建、管理和维护企业级区块链网络及应用的服务平台。它具有降低开发及使用成本、兼顾快速部署、方便易用、高安全可靠等特性，是为区块链应用开发者提供区块链服务能力的平台。BaaS通过把计算资源、通信资源、存储资源以及上层的区块链记账能力、区块链应用开发能力、区块链配套设施能力转化为可编译接口，让应用开发过程和应用部署过程简单而高效，同时通过标准化能力的建设，保障区块链应用的安全可靠，对区块链业务的运营提供支撑，解决弹性、安全性、性能等运营难题。

BaaS是加速区块链在各行各业落地，特别是与实体经济深度融合的重要服务形态。目前，BaaS最流行的模式是区块链云服务，如图5-3所示。

IaaS是把计算资源作为服务，PaaS是把软件研发的平台作为服务，SaaS是把软件作为一种服务。BaaS作为一种云服务，是区块链设施的云端租用平台，其多租户特性使得计算资源、平台资源和软件资源得到充分共享。

BaaS提供节点租用、链租用以及工具租用的能力，其中工具包括开发工具、部署工具、监控工具等，并通过大容量的资源池，保障租户的业务规模可灵活弹性伸缩，租用设施可共享和独享，安全可靠运行，此外还提供必要的技术支持服务。BaaS的具体能力包括区块链节

图5-3 区块链即服务平台在云体系中的位置

点及整链搭建的能力、区块链应用开发的能力、区块链应用部署的能力以及区块链运行监控的能力。

2. 区块链即服务的特点

区块链即服务应具有以下特点。

（1）简单易用 在开源组件基础上部署企业级分布式区块链系统并非易事，不仅需要专业的区块链知识，同时需要各种复杂的设计和配置，且极易出错。区块链服务可以帮助企业实现自动化配置、部署区块链应用，并提供区块链全生命周期管理，让用户能够容易地使用区块链系统，专注于上层应用的创新和开发。

（2）灵活扩展 区块链服务设计应采用抽象架构和可插拔模块，面向接口设计软件，将网络构建、加密、共识、资源管理、用户管理、运维管理等功能模块分开设计实现，并可将网络构建、共识等区块链底层技术打包，作为一个插件来进行实现。系统应提供计算资源、存储资源、网络资源的无缝扩展。区块链服务也可遵循秉承源于开源、优于开源、回馈开源的原则，积极投入和引领开源社区，为用户提供成熟先进的区块链系统。

（3）安全可靠 区块链服务应具有有效的防篡改机制、清晰的崩溃容错安全边界、安全的数据管理和隔离机制，支持核心技术如共识算法、同态加密、零知识证明、电信级云安全，高速网络连接、海量存储等，提供完善的用户、秘钥、权限管理、隔离处理、可靠的网络安全基础能力、分类分级故障恢复能力和运营安全。

（4）可视运维 区块链服务应提供故障分类分级报警体系和运维方法，提供必要的运维接口和运维授权的能力，为链代码和链上应用提供全天候的可视化资源监控能力，为基于权限的分权分域提供完善的用户管理体系。

（5）云链结合 区块链具备多方参与、多中心、可追溯、防篡改的特点，只有与具体的企业应用、行业场景相结合才能真正产生价值。结合云平台提供各种区块链需要的无限可扩展的资源和丰富多样的云计算产品、定制化的各行业解决方案，云链结合可以给企业带来更大的便利、价值和想象空间。

（6）合作开放 区块链服务专注于底层技术和平台服务能力搭建，与各行业合作伙伴携手合作，共同打造可信的行业区块链解决方案和区块链生态，共同推进区块链场景落地。

3. 区块链即服务的总体架构

区块链即服务的总体架构如图5-4所示，包括管理平台和运行态两个部分。

（1）管理平台 区块链服务 管理平台分为资源管理、区块链管理和平台管理。

1）资源管理。底层资源管理，如物理资源管理、云资源管理和云资源适配器管理等。

2）区块链管理。针对区块链组件的管理配置，如区块链部署配置、区块链监控、区块链浏览器、智能合约管理、动态联盟管理和区块链模板管理等。

3）平台管理。平台管理主要是对使用区块链系统的用户提供更为广义和通用的管理服务，如账户管理、用户统计报表、系统日志、用户日志、安全管理、系统监控、计费管理和告警管理等。

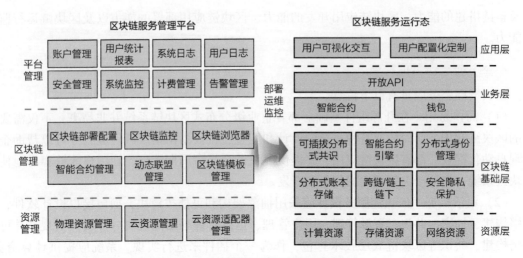

图 5-4　区块链即服务的总体架构

（2）运行态　区块链服务运行态包括资源层、区块链基础层、业务层和应用层。

1）资源层。底层资源层包括计算资源、存储资源、网络资源等 IaaS 服务，为区块链系统提供无限扩展的存储、高速的网络、按需购买弹性伸缩和故障自动恢复的节点等区块链资源。

2）区块链基础层。区块链基础层可在开源的或闭源的区块链框架上构建，为上层应用低成本、快速地提供高安全、高可靠、高性能的企业级区块链系统。该层需要解决提供的核心技术包括可插拔的分布式共识机制、多类型的分布式账本存储机制、安全多语音支持的智能合约引擎、跨链和链上链下的数据交互、安全隐私保护以及分布式身份管理等。

3）业务层。业务层提供标准智能合约接口和用于个人资产管理如通证的轻钱包，用户可以根据不同应用场景构建不同的智能合约，为用户打造特定场景通用的智能合约库，如供应链管理和追溯、供应链金融、数字资产、公益慈善和互联网保险等，企业可以在此基础上快速构建区块链应用。

4）应用层。应用层为最终用户提供可信、安全、快捷的区块链应用，用户可以使用其提供的各种解决方案，如供应链金融解决方案、电商行业解决方案、游戏行业解决方案、零售行业解决方案、新能源行业解决方案等，结合合约层快速搭建区块链应用。

5.2.3　区块链加密技术

在密码学中，加密是将明文信息隐匿起来，使之在缺少特殊信息时不可读。加密技术主要分为对称加密技术和非对称加密技术。

1. 对称加密技术

对称加密采用对称密码编码技术，它的特点是加密和解密使用相同的密钥，用这个密钥都能去加密或解密。

该技术的基本过程是甲方（主导方或者服务器方）生成加密密钥，将密钥私下共享给乙方（客户方或者受众方），当甲方或者乙方用密文信息交换时，均用此密钥将明文加密生成密文或者将密文解密生成明文。其优点是生成密钥的算法公开、计算量小、加密速度快、加密效率高且密钥较短。但也存在一些缺点，一方面，双方拥有共同的密钥，有一方密钥被窃取，双方都会受到影响；另一方面，如果为每个客户都生成不同密钥，则密钥数量巨大，密钥管理有压力。

对称加密技术如图 5-5 所示。

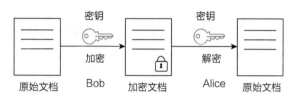

图 5-5　对称加密技术

2. 非对称加密技术

非对称加密算法需要一对密钥（两个密钥）：公开密钥和私有密钥，简称公钥和私钥。公开密钥与私有密钥生成时是一对，用公钥加密只能用对应的私钥解密，同理用私钥加密只能用对应的公钥解密。

该技术的基本过程是甲方（主导方或者服务器方）生成一对密钥（也就是公钥和私钥），并将其中的一把公用密钥向其他方公开或者私下共享；得到该公用密钥的乙方使用该公钥对机密信息进行加密后再发送给甲方；甲方再用自己保存的另一把对应的私钥对加密后的信息进行解密。相当于甲方和乙方各持一把钥匙。此时乙方可以是一"人"或者多"人"。其优点是安全性高，几乎很难破解。但缺点是加解密相对速度慢、密钥长、计算量大且效率低。

非对称加密技术如图 5-6 所示。

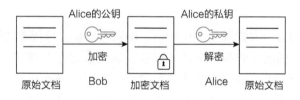

图 5-6　非对称加密技术

3. 对称加密技术与非对称加密技术的对比

（1）在管理方面　非对称加密比对称加密更有优势，对称加密的密钥管理和分发上比较困难，不是非常安全，密钥管理负担很重。

（2）在安全方面　非对称加密算法基于未解决的数学难题，在破解上几乎不可能实现。到了对称加密的高级加密标准（AES），虽说从理论来说是不可能破解的，但从计算机的发展角度来看，非对称加密安全性更具有优越性。

（3）在速度方面　比如对称加密方式 AES 的软件实现速度已经达到了每秒数兆或数十兆比特，是非对称加密公钥的 100 倍，如果用硬件来实现的话这个比值将扩大到 1000 倍。

综上，对称加密相比非对称加密算法来说，加解密的效率要高得多且速度更快。而非对称加密的安全性更高，公钥是公开的，密钥是自己保存的，不需要将私钥给别人；但缺点是加密和解密花费时间长、速度慢，只适合对少量数据进行加密。

5.3 区块链技术的应用

5.3.1 区块链技术的应用领域

区块链技术未来在金融行业、大数据、医疗行业、物联网、物流供应链、房地产和身份验证等领域将有广泛的应用。

1. 金融行业

区块链技术对于金融行业将会起到巨大的推动作用，首先是区块链技术可以缓解信息不对称的问题，并从源头追溯数据的真实性，做到全链的技术支持。同时，还能服务于金融行业的征信数据，保证交易安全和信息安全。金融的数据安全、信息的隐私以及网络的安全正适合分布式区块链技术，区块链在金融方面可以形成点对点的数字价值转移，从而提升传输和交易的安全性。

2. 大数据

区块链以其可信任性、安全性和不可篡改性，让更多数据被解放出来。用一个典型案例来说明，即区块链是如何推进基因测序大数据产生的。区块链测序可以利用私钥限制访问权限，从而规避法律对个人获取基因数据的限制问题，并且利用分布式计算资源，低成本完成测序服务。区块链的安全性让测序成为工业化的解决方案，实现了全球规模的测序，从而推进数据的海量增长。

3. 医疗行业

区块链技术应用的另一大领域是医疗行业。场景之一是医疗行业的数据安全问题。

现在医疗机构获得的医疗数据呈爆炸式增长，这些数据存在哪里？存在医院里、研究机构里、大型医疗设备商手上，很容易造成数据泄露，有可能导致致命的后果。基于区块链系统保存的数据，可以做到"谁的数据谁做主"。数据安全性得到保障后，会延伸出很多新的商业模式。每个人可以掌握自己的数据主权，有权决定自己的数据用到哪里，同时如果对方要用自己的数据，需要支付一定的报酬。这就是一种新的分布式商业生态，每个人对等的合作，掌控该有的权利，贡献能贡献的东西，得到能得到的东西。

4. 物联网

区块链技术为物联网提供了公开、透明、可追溯、不可篡改的数据保护措施，并通过特有的加密和分享机制保证了物联网数据使用的安全、便捷。区块链技术可以确保物联网系统内部授权的真实可靠，从而为智能化的物联网设备赋予商业交易参与者的身份。这样，区块链全网获得交易身份的物联网设备和人类一道，共同参与了区块链网络的交易。

5. 物流供应链

供应链行业往往涉及诸多实体，包括物流、资金流、信息流等，这些实体之间存在大量复杂的协作与沟通。传统模式下，不同实体各自保存各自的供应链信息，严重缺乏透明度，造成较高的时间成本和金钱成本，而且一旦出现问题（冒领、货物假冒等）难以追查和处理。通过区块链各方可以获得一个透明可靠的统一信息平台，可以实时查看状态，降低物流成本，追溯物品的整个生产和运送过程，从而提高供应链管理的效率。当发生纠纷时，举证和追查也变得更加清晰和容易。

6. 房地产行业

房地产的产业链很长，从地产开发到装饰、物业管理、房屋租赁等，都需要政府执行。而区块链技术，主要的侧重点在数据和资产、所有权确认等方面，这些过程极为重要。若是区块链能应用在这些方面，则会给整个产业带来巨大的便利，也能更为便捷地解决每个房地产参与者面临的各种问题。

7. 身份验证领域

身份验证领域也能用到区块链技术。传统互联网缺乏一个身份层，每个人的身份是依托中心化机构认定的。中心化的认证机构会导致整个互联网的效率都很低，反复认证的成本也很高。区块链技术能为所有网络参与者构造出一个分布式的身份体系，这会极大地提高互联网的运行效率。有很多项目都在做身份验证，但还只是开始，需要找到一系列具体的方法来构建基于区块链的分布式身份认证体系。

5.3.2 区块链技术的应用案例

下面介绍区块链在产品溯源、积分兑换、电子发票和版权确权方面的应用案例。

1. 产品溯源

产品溯源通常是指产品在生成、流通及传输的过程中，利用各种采集和留存方式，获得产品的关键数据（如流通和传输的起点、节点、终点，数据类别，数据详情，数据采集人，数据采集时间），并通过一定的方式把数据按照一定的格式和方式进行存储。通过正向、逆向、定向方式查询存储的相关数据，就可以对产品进行追溯根源。

基于区块链的农场溯源系统如图 5-7 所示。

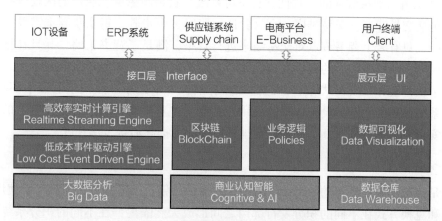

图 5-7 基于区块链的农场溯源系统

区块链技术在整个农场溯源系统架构中处于底层，整体业务架构中还可嵌入实时计算、大数据处理、人工智能等模块。此外，由于农场会产生巨大的数据量以及并发数据，必须有高效的实时计算和大数据平台来承载对接物联网设备，而为了让用户更好地认知整个追溯历史，同时在大数据的基础上做了数据可视化等。

为了满足各种来源的数据进行上链，溯源系统设计可以支持多种数据源的上链，可以是离线数据、物联网设备的数据或者来自其他业务系统的数据等。通过定义数据规范和适配业务字段的变化，对上链的数据进行建模，制定数据上链标准，实现上链数据项的灵活配置。该溯源系统可以横向扩展支持多种行业的产品溯源，如农业产品、工业产品等。

基于区块链的农场溯源系统具有以下价值。

（1）全流程的关键业务数据上链，做到信息公开透明　把区块链技术应用到从种植品种开始到最后送到消费者手中的所有环节中，大的环节包括粮食种植、粮食收割、粮食加工、粮食仓储和粮食运输等。每个环节都有很多细分的过程，每一个过程产生的数据都会记录在区块链的账本数据中，智能合约内部逻辑会实现每个过程数据之间的关联性，最终生成一个唯一的粮食身份证。物联网数据直接上链，提供真实的第一手数据。

（2）链上链下结合，确保信息真实的情况下还能保证品质　农场溯源系统涉及物联网设备采集标准、作业电子表单、种植标准、风险点阈值，包括细节字段和关键节点，这些流程和标准规范链下的粮食生成过程，可以提升每个步骤产出的质量，包括链下粮食生产的质量，也保证上链粮食数据的品质。

（3）海量数据存储优化确保系统稳定运行　农场溯源系统可以管理上万亩土地，部署在土地里的物联网设备实时收集不同类型的数据，不同农时作业时产生的数据也会实时上链，产生海量的数据，存储到大农场平台的数据仓库。

（4）智能合约使种植生产流程良性循环　区块链整合不可篡改的种植和销售的各种数据，在这些数据基础上实现的智能合约能够反馈销售结果到种植环节。优良的粮食品质能够给种植这些粮食的农户带来更好的收益，对改进粮食种植有积极的作用，也能在农资贷款等提供数据的支撑，促进粮食种植的良性循环。

（5）共识机制确保数据的一致性并且不可篡改　农场溯源系统底层的区块链技术实现的共识机制包括交易背书、交易排序、交易验证记账等多个步骤，每个步骤都需要对请求进行签名和验证。只有多个背书节点对交易结果进行背书，满足了背书策略，并且在排序服务节点之间达成共识，排序产生的区块经过记账节点验证通过后，才能记录到账本中。任何一个步骤出现错误都会导致交易失败，经过这些步骤后，每个记账节点记录的账本都是一致的。农场溯源系统基于公钥基础设施体系验证用户的身份，对提交请求进行数字签名的验证，保证数据的安全性和不可篡改性，让数据更加透明，大大提高消费者信任度。

2. 积分兑换

积分是会员忠诚度计划的一部分，在航空、旅游、银行及零售等行业被广泛使用。然而，积分系统和兑换方式在不同的积分发行部门之间形成天然隔离，在不同的积分系统之间实现积分兑现变得异常烦琐。

基于区块链技术的积分联盟方案为发行单位带来统一的积分兑换系统。积分联盟方案接入不同的本地合作伙伴，消费者有更多的积分兑换选择，获取更多的个性化产品以及积分相关的一站式服务。另一方面，积分联盟方案提供通用的积分清结算服务，支持多家公司共同记账、实时清算、定期结算。积分联盟方案提供两种不同的积分兑换方案，不同厂商的积分可以通过统一积分实现积分的通用兑换，也可以通过设置不同汇率实现积分之间的两两兑换。

基于区块链的积分联盟兑换系统如图 5-8 所示。

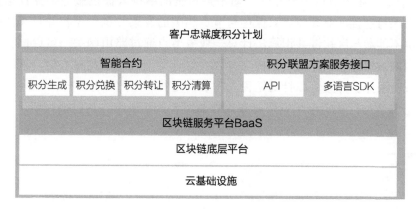

图 5-8　基于区块链的积分联盟兑换系统

3. 电子发票

区块链电子发票是区块链技术的重要应用领域之一，借助分布式记账、多方共识和非对称加密等技术，助力国家解决现行财税环境下的一些实际问题。2018 年，国家税务总局深圳市税务局和腾讯公司合作，创新性推出全国首个基于区块链的电子发票系统。该系统提供了一套全新的电子发票标准，将"资金流、发票流"二流合一，将发票开具与线上支付相结合，打通了发票申领、开票、报销、报税全流程。

（1）平台功能　区块链电子发票系统业务应用平台如图 5-9 所示，它包括税务链管理端和业务终端。

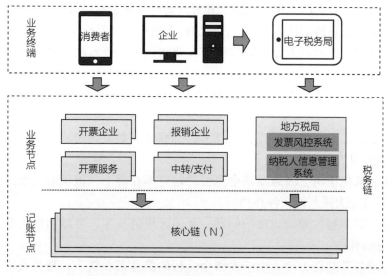

图 5-9　区块链电子发票系统业务应用平台

税务链管理端主要提供以下两方面的功能：

1）记账节点。以税务局为核心建设核心链，核心链承载着业务节点提交上来的所有发票数据。考虑运营质量和数据安全原因，核心链的节点由税局机关拥有，并且工作在国家税务总局统一规划建设的专用网络中。

2）业务节点。业务节点为分布式，对节点负责的纳税人提供服务，并且与核心链之间通过路由网关保持连接。业务节点只保存与节点相关的发票数据，无权并且无法持有全网的发票数据，也不能参与区块链共识算法计算。业务节点通过路由网关，可以向核心链获取自己权限范围内的发票数据，并且可以提交开票、红冲等上链请求到核心链。同时，业务节点也承担发票查验服务，并且可以针对纳税人需求，提供个性化解决方案。

（2）业务流程　区块链电子发票业务流程如图5-10所示，它包括写票、开票、领票和验票。

图5-10　区块链电子发票业务流程

1）写票。税务机关在税务链上写入开票规则，将开票限制性条件上链，实时核准和管控开票。

2）开票。开票企业在链上申领发票，并写入交易订单信息和身份标识。

3）领票。纳税人在链上认领发票，并更新链上纳税人身份标识。

4）验票。收票企业验收发票，锁定链上发票状态，审核入账，更新链上发票状态，最后支付报销款。

（3）痛点解决　在传统电子发票的基础上，区块链电子发票重点优化并解决了以下问题：

1）解决了信息孤岛。将发票流转信息上链，解决发票流转过程中的信息孤岛问题，实现发票状态全流程可查可追溯。

2）实现了无纸化报销。因为发票全流程的信息都在链上，报销时只要链上更新发票状态即可，无须再打印为纸制的文件存档。

3）解决了一票多报、虚抵虚报的问题。利用区块链技术，可以确保发票的唯一性和信息记录的不可篡改性。

4）帮助政府提升监管力度。由于发票全流程的信息都在链上，帮助政府部门实现更为实时的全流程监管。

（4）创新点　基于腾讯自主研发的区块链技术，借助区块链技术的分布式记账多方共识和非对称加密机制，区别于传统电子发票。区块链电子发票具备以下优势：

1）不可篡改，提高伪造和篡改原有发票的难度。

2）信任传递，降低报销公司财务审核、税局稽查的成本。

3）不可双花，有效防止一票多报。

4）创新的隐私保护策略，加密和数据隔离。

对于用户，解决用户报销难、繁杂的问题；对于企业，帮助企业降低开票、存档以及审核入账成本；对于政府部门，帮助政府部门降低监管成本、服务成本。

区块链电子发票上线以来，试点企业和消费者反应良好，成功带动了社会公众对新型开票方式的认知和接受。区块链电子发票试点稳定向前，逐步扩大试点行业和企业范围，在金融保险、零售商超、酒店餐饮、停车服务、互联网服务、物业服务和交通出行等多行业得到广泛应用。

随着新兴互联网技术飞速发展，区块链电子发票的优势不断显现，势必将逐步取代传统开票方式，这是一个长期性的创新过程，需要税务机关和科技企业合作创新业务模式，彻底解决纳税人痛点问题。

4. 版权确权

传统的版权登记方式耗时往往很长。网络时代的数字作品具有产量高、传播快的特点，经过登记再发布早已经丧失了内容的时效性。

基于区块链存证的版权解决方案具有可定权、可溯源、不可篡改等特点。通过区块链版权保护平台，只需完成上传文件、确定作者、填写相关登记信息等简单的几步操作，即可进行版权登记。一旦通过区块链技术完成了版权存证，即可联网查询版权登记信息，永久有效，无法篡改。版权存证上链流程如图 5 - 11 所示。

图 5 - 11　版权存证上链流程

区块链版权服务通常包含版权存证、版权检测追踪和侵权存证。

（1）版权存证　版权存证包括以下内容：

1）选择文件，获取数据指纹。选择需要存证的文件，通过哈希算法计算出该文件和关联信息的数据指纹。

2）数据写入区块链。在用户确认后，系统将得到的数据指纹写入区块链中，一经写入便无法篡改。

3）获取存证结果。根据用户需求生成存在证书供用户保留，也可根据用户需求，提供纸质书面报告。

4）数字指纹验证。根据客户需求，在用户需要对存证的指纹进行验证时，提供数字指纹比对查询。

（2）版权检测追踪　版权检测追踪包括以下内容：

1）作品哈希生成。针对参与登记的版权作品，生成唯一的哈希值，并将其在联盟链上进行登记。

2）全网检测。提供重点网站自动化爬虫，将监测到的内容与作品进行匹配，相似度达到阈值自动进行侵权预取证操作。

3）侵权匹配。对已进行侵权预取证的内容进行持续追踪及进一步分析匹配，待确认侵权则直接进行侵权取证。

（3）侵权存证　侵权存证包括以下内容：

1）侵权取证。当发现侵权行为时，快速调用版权服务中的侵权取证接口，对侵权网站进行页面抓取取证，并将取证结果保存在联盟链中；系统对侵权网络地址进行域名解析，通过预言机服务将网络对应的侵权内容进行存储，并生成可供第三方检测的存证过程合理性证据，将侵权行为固化为证据进行保存；固化后的证据保存在区块链中，数据永久存储且不可篡改，符合法律对电子证据的要求。

2）侵权追踪。对于已进行侵权存证操作的侵权内容，版权服务提供持续性的侵权监控、侵权追踪等服务，确保侵权方对于侵权内容采取相应处理。

在区块链存证系统中，在上传信息到拿到版权证书的同时，区块链版权存证服务将用户提交的申请人、作者、作品内容、存证时间等相关登记信息进行密码学处理，将其数据指纹上传至区块链网络中，完成区块链存证。通过引入公证处、版权局、知名高校作为版权存证联盟链的存证和监管节点，所有上链的版权存证信息都会经过多个节点的验证和监管，保证任何时刻均可出具具备国家承认的公证证明，具有最高司法效力。同时，通过在公证处部署联盟链存证节点服务器，存证主体即可视为公证处。在遭遇侵权行为时，区块链版权登记证书可作为证据证明版权归属，得到法院的采信。

基于区块链系统的侵权检测流程如图 5 - 12 所示。

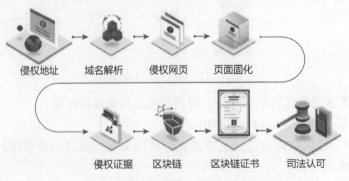

图 5 - 12　基于区块链系统的侵权检测流程

5.3.3 区块链技术与自动驾驶汽车

区块链在自动驾驶汽车上的应用还处于探索阶段，未来有可能在以下几个方面得到应用。

1. 解决自动驾驶的安全信任

当前全球汽车数量超过 20 亿辆，并将持续增长，自动驾驶的安全事故、自动行驶决策的信任问题正日益凸显。为解决这些问题，可以通过区块链的加密及去中心化特征，不断增强用户对自动驾驶的数据信任。

安全始终是自动驾驶技术放在第一位考量的因素。经过区块链记录的汽车传感数据、行驶记录以及人为干预的数据都将被认证而不可篡改，保证了在汽车事故后的清晰追责。

尽管目前还未发现自动驾驶汽车被黑客攻击或者被人为干扰的情况，但并不代表自动驾驶的数据不能被攻破。而区块链的数据被分布式记录，只有在 80% 的区块同时遭受攻击，才可能篡改数据，因此，运行在区块链之上的自动驾驶通信信息将保证更高的可靠性和安全度。

区块链可以为自动驾驶提供更高效的数据传播效果。自动驾驶的本质就是汽车不断地获得来自路况、车辆本身以及周围车辆、行人等反馈的数据信息的系统，传统的物联网通信协议将使这种数据通信变得极为复杂。而区块链的分布式分类记账的方法可以让网络中的任何节点同时准确访问其他任何数据，通过创建这一个个分布式汽车网络并无缝进行数据的点对点传输，将更好地构建自动驾驶的安全网络环境。

2. 加速自动驾驶测试数据的验证进程

先期布局自动驾驶的巨头企业几乎掌握了最大规模的自动驾驶测试数据，成为数据的垄断者，也成为企业最重要的竞争优势。

区块链的分布式账本技术则可以从不同品牌的汽车制造商、大型车队、私家车主那里获取自动驾驶的记录，通过这种"众包"的方式加速自动驾驶测试数据的验证进程。同时，由于是这些设备的所有者主动上传数据，区块链会确认这些数据可以由其生产者拥有和控制。这些生产者可以是个人、车队、制造商或者是城市路政交通部门。

3. 自动驾驶实现更好的车路协同

目前来看，单车的自动驾驶智能系统已经进入一个瓶颈期。尽管其智能系统已经达到非常高的水平，比如 95% 的道路路牌和红绿灯识别率，但是越向上其投入的成本越高而成效越小。存在的任何一点安全风险都会让 L4 级别的全自动驾驶大打折扣。而车路协同便成为以更小代价解决更为复杂场景问题的解决方案。通过在车载系统、云端平台和路网系统中加入区块链技术，可以提高车辆感知数据、云端预测分析以及路网信息传输的整体效率。比如，一辆自动驾驶汽车对于所处地区的高精准地图的读取，将不再完全从云端数据库读取，而可以通过与当前分布式记录的边缘侧数据中心通信，即可高效获取当前的地图信息，完成道路信息的识别和判断。

4. 加快实现汽车共享

近年来，随着汽车共享概念逐渐落实与普及化，电子移动技术也正在推动交通领域的发展，将区块链技术引入汽车移动空间，从充电站到支付解决方案，都接入区块链，可以更好地减少拥堵和污染、缩短通勤时间和降低运营成本。区块链技术在汽车共享上的应用，旨在利用区块链技术降低汽车共享平台的使用成本，可用来记录车辆的所有权，并且处理某些特定类型的金融交易。

第6章
5G 技术及应用

5G 技术以全新的网络架构，提供至少十倍于 4G 的峰值速率、毫秒级的传输时延和千亿级的连接能力，开启万物广泛互联、人机深度交互的新时代；5G 将全面构筑经济社会数字化转型的关键基础设施，从线上到线下、从消费到生产，从平台到生态，推动我国数字经济发展迈上新台阶。据预测，2020—2035 年期间全球 5G 产业链投资额预计将达到约 3.5 万亿美元，由 5G 技术驱动的全球行业应用将创造超过 12 万亿美元的销售额。

6.1 概述

6.1.1 5G 的定义

5G 是第 5 代移动通信系统，是 4G 的延伸，是对现有无线接入技术（包括 3G、4G 和 Wi-Fi）的技术演进，以及一些新增的补充性无线接入技术集成后解决方案的总称。5G 与支撑技术相结合，可以实现万物互联，实现各种控制功能，如图 6-1 所示。

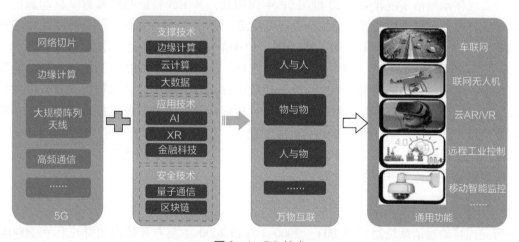

图 6-1 5G 技术

6.1.2 5G 技术的发展历程

5G 属于最新的移动通信技术，移动通信技术的发展历程如图 6-2 所示。

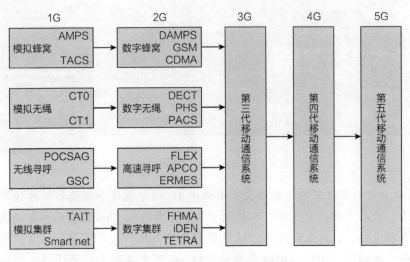

图6-2 移动通信技术的发展历程

1.第一代移动通信系统（1G）

第一代移动通信系统是在20世纪80年代初提出的，它完成于20世纪90年代初。第一代移动通信技术主要指蜂窝式模拟移动通信，技术特征是蜂窝网络结构，克服了大区制容量低、活动范围受限的问题。其特点是业务量小、质量差、交互性差、没有加密且速度低。1G主要基于蜂窝结构组网，直接使用模拟语音调制技术，传输速率约2.4Kbit/s。不同国家采用不同的工作系统。1G的应用系统包括蜂窝、无绳、寻呼和集群等。

2.第二代移动通信系统（2G）

第二代移动通信系统起源于20世纪90年代初期，其主要特征是蜂窝数字移动通信，使蜂窝系统具有数字传输所能提供的综合业务等优点。2G仍是多种系统，但每种系统中的技术体制有所减少：数字蜂窝有GSM、DAMPS、CDMA三种；数字无绳电话有DECT、PHS、PACS等；高速寻呼有FLEX、APCO、ERMES三种；数字集群有iDEN、TETRA、FHMA等。

与第一代模拟移动通信系统相比，第二代数字移动通信系统的频谱利用率高，可以提供更大容量；抗干扰和抗衰落能力增强，能够保证较好的语言质量；可以提供更多业务；系统保密性较好。尽管2G技术在发展中不断得到完善，但随着用户规模和网络规模不断扩大，频率资源已接近枯竭，语音质量不能达到用户满意标准，数据通信速率太低，无法在真正意义上满足移动多媒体业务需求。

3.第三代移动通信系统（3G）

第三代移动通信系统是指以IMT-2000（意指2000年左右开始商用并工作在2000MHz频段）为基础的移动通信系统。除了能提供2G所拥有的各种优点、克服其缺点外，还能够提供宽带多媒体业务，提供高质量视频宽带多媒体综合业务，并能实现全球漫游。它支持速率高达2Mbit/s的业务，业务种类涉及语音、数据、图像等多媒体业务。第三代移动通信系统的通信标准有欧洲的WCDMA、美国的CDMA2000和中国的TD-SCDMA三大分支，共同组成一个IMT-2000家庭，成员间存在兼容性问题，因此已有的移动通信系统不是真正意义上的个人通信和全球通信；3G的频谱利用率还比较低，不能充分地利用宝贵的频谱资源；3G支持的速率还不够高。这些不足点远远不能适应移动通信发展的需要。

4. 第四代移动通信系统（4G）

4G是集3G与WLAN于一体并能够传输高质量视频图像以及图像传输质量与高清晰度电视不相上下的技术产品。4G系统能够以100Mbit/s的速率下载，上传的速率也能达到20Mbit/s，并能够满足几乎所有用户对于无线服务的要求。此外，4G可以在DSL和有线电视调制解调器没有覆盖的地方部署，然后再扩展到整个地区。很明显，4G有着不可比拟的优越性。

5. 第五代移动通信系统（5G）

5G是4G的延伸，是对现有无线接入技术（包括3G、4G和Wi-Fi）的技术演进，以及一些新增的补充性无线接入技术集成后解决方案的总称。从某种程度上讲，5G是一个真正意义上的融合网络。以融合和统一的标准，提供人与人、人与物以及物与物之间高速、安全和自由的连通。除了要满足超高速的传输需求外，5G还需满足超大带宽、超高容量、超密站点、超可靠性、随时随地可接入性等要求。因此，通信界普遍认为，5G是一个广带化、泛在化、智能化、融合化、绿色节能的网络。5G移动通信技术能够满足未来移动互联网业务的发展需求，并带给移动互联网用户一种前所未有的全新体验。

综上所述，1G主要解决语音通信问题。2G可支持窄带的分组数据通信，最高理论速率为236Kbit/s。3G在2G的基础上，发展了如图像、音乐、视频流的高宽带多媒体通信，并提高语音通话安全性，解决部分移动互联网相关网络及高速数据传输问题，最高理论速率为14.4Mbit/s。4G是专为移动互联网而设计的通信技术，从网速、容量、稳定性上相比之前的技术都有了跳跃式的提升，传输速率可达100Mbit/s甚至更高。5G与4G相比，在容量方面，5G通信技术比4G实现单位面积移动数据流量增长1000倍；传输速率方面，典型用户数据传输速率提高10~100倍，峰值传输速率可达10Gbit/s，端到端时延缩短5倍；5G将多种新型无线接入技术和现有无线接入技术融合，成为一个真正意义的融合网络。

2019年是5G商用元年，5G的快速普及将进一步拓宽人与人、人与物、物与物的应用场景。

6.1.3　5G技术的特点

5G移动通信技术具有以下特点。

1. 高速度

对于5G的基站峰值要求不低于20Gbit/s，用户可以每秒钟下载一部高清电影，也可以支持VR视频。高速度给未来对速度有很高要求的业务提供了机会和可能。

2. 泛在网

随着业务的发展，网络业务需要无所不包，广泛存在。只有这样才能支持更加丰富的业务，才能在复杂的场景上使用。泛在网有两个层面的含义，一是广泛覆盖，一是纵深覆盖。广泛是指社会生活的各个地方都需要广覆盖，以前高山峡谷就不一定需要网络覆盖，因为生活的人很少，但是如果能覆盖5G，可以大量部署传感器，进行环境、空气质量甚至地貌变化、地震的监测，这就非常有价值。5G 可以为更多这类应用提供网络。

3. 低功耗

5G 要支持大规模物联网应用，就必须要有功耗的要求。如果能把功耗降下来，让大部分物联网产品一周充一次电，甚至一个月充一次电，就能大大改善用户体验，促进物联网产品的快速普及。

4. 低时延

5G 时延降低到 1ms，5G 的一个新场景是无人驾驶汽车，需要中央控制中心和汽车进行互联，车与车之间也应进行互联。在高速行驶中，需要在最短的时延中，把信息送到车上，进行制动与车控反应。

5. 万物互联

5G 时代，终端不是按人来定义的，因为每个人、每个家庭都可能拥有数个终端。通信业对 5G 的愿景是每平方千米可以支撑 100 万个移动终端。

6. 重构安全

在 5G 基础上建立的是智能互联网，智能互联网不仅要实现信息传输，还要建立起一个社会和生活的新机制与新体系。智能互联网的基本精神是安全、管理、高效、方便，这就需要重新构建安全体系。

5G 网络具备三大特性，增强移动宽带（eMBB）、海量机器通信（mMTC）和超高可靠低时延通信（URLLC），支撑三大典型应用场景，如图 6-3 所示。

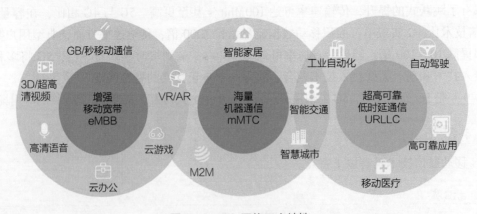

图 6-3 5G 网络三大特性

6.2 5G 技术

6.2.1 5G 网络架构

5G 网络逻辑架构由 3 个功能平面构成：接入平面、控制平面和转发平面，如图 6-4 所示。接入平面引入多站点协作、多连接机制和多制式融合技术，构建更灵活的接入网拓扑；

控制平面基于可重构的集中的网络控制功能，提供按需的接入、移动性和会话管理，支持精细化资源管控和全面能力开放；转发平面具备分布式的数据转发和处理功能，提供更动态的锚点设置，以及更丰富的业务链处理能力。

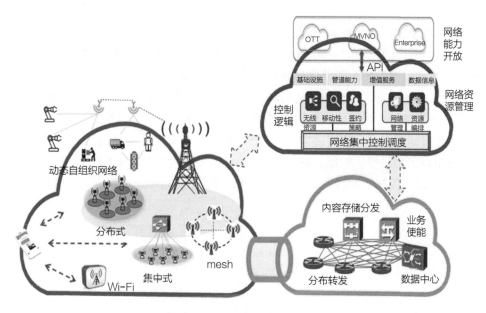

图 6-4　5G 网络逻辑架构

（1）5G 网络功能架构　在整体逻辑架构基础上，5G 网络采用模块化功能设计模式，并通过"功能组件"的组合，构建满足不同应用场景需求的专用逻辑网络。5G 网络以控制功能为核心，以网络接入和转发功能为基础资源，向上提供管理编排和网络开放的服务，形成三层网络功能架构，如图 6-5 所示。

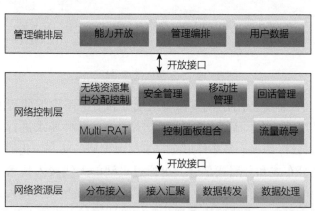

图 6-5　5G 网络功能架构

1）管理编排层。管理编排层由用户数据、管理编排和能力开放三部分功能组成。用户数据功能存储用户签约、业务策略和网络状态等信息；管理编排功能基于网络功能虚拟化技术，实现网络功能的按需编排和网络切片的按需创建；能力开放功能提供对网络信息的统一收集和封装，并通过应用程序接口开放给第三方。

2）网络控制层。网络控制层实现网络控制功能重构及模块化，主要的功能模块包括无线资源集中分配、多无线电接入技术（Multi – RAT）、移动性管理、会话管理、安全管理和流量疏导等。上述功能组件按管理编排层的指示，在网络控制层中进行组合，实现对资源层的灵活调度。

3）网络资源层。网络资源层包括接入侧功能和网络侧功能。接入侧包括中心单元（CU）和分布单元（DU）两级功能单元，CU 主要提供接入侧的业务汇聚功能；DU 主要为终端提供数据接入点，包含射频和部分信号处理功能。网络侧重点实现数据转发、流量优化和内容服务等功能。基于分布式锚点和灵活的转发路径设置，数据包被引导至相应的处理节点，实现高效转发和丰富的数据处理，如深度包检测、内容计费和流量压缩等。

（2）5G 目标网络逻辑架构　为了应对 5G 的需求场景，并满足网络及业务发展需求，未来的 5G 网络将更加灵活、智能、融合与开放。5G 目标网络逻辑架构简称"三朵云"网络架构，包括接入云、控制云和转发云三个逻辑域，如图 6 – 6 所示。

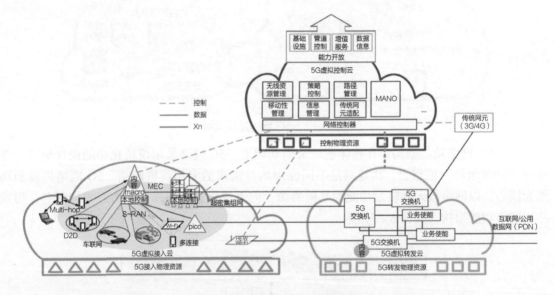

图 6 – 6　5G 目标网络逻辑架构

1）接入云。接入云将支持用户在多种应用场景和业务需求下的智能无线接入，并实现多种无线接入技术的高效融合，无线组网可基于不同部署条件要求进行灵活组网，并提供边缘计算能力。5G 接入云将是一个多拓扑形态、多层次类型、动态变化的网络，可针对各种业务场景选择集中式、分布式和分层式部署，可通过灵活的无线接入技术，实现高速率接入和无缝切换，提供极致的用户体验。5G 接入云功能需求包括新型无线接入技术、灵活资源协同管理、跨制式系统深度融合、无线网络虚拟化、边缘计算与无线能力开放等。

2）控制云。控制云在逻辑上作为 5G 网络的集中控制核心，控制接入云与转发云。控制云由多个虚拟化网络控制功能模块组成。具体包括：接入控制管理模块、移动性管理模块、策略管理模块、用户信息管理模块、路径管理/软件定义网络（SDN）控制器模块、安全模块、切片选择模块、传统网元适配模块、能力开放模块，以及对应的网络资源编排等。控制云完成全局的策略控制、会话管理、移动性管理、策略管理、信息管理等，并支持面向业务的网络能力开放功能，实现定制网络与服务，满足不同新业务的差异化需求，并扩展新的网络服务能力。

3）转发云。转发云配合接入云和控制云，实现业务汇聚转发功能，基于不同新业务的带宽和时延等需求，转发云在控制云的路径管理与资源调度下，实现增强移动宽带、海量连接、高可靠和低时延等不同业务数据流的高效转发与传输，保证业务端到端质量要求。

6.2.2　5G 网络服务能力

5G 网络代表性服务能力有网络切片、移动边缘计算、按需重构的移动网络、以用户为中心的无线接入网和网络能力开放。

1. 网络切片

网络切片是网络功能虚拟化应用于 5G 的关键特征。一个网络切片将构成一个端到端的逻辑网络，按切片需求方的需求灵活地提供一种或多种网络服务。网络切片架构主要包括切片管理器和切片选择功能，如图 6-7 所示。切片管理器为垂直行业用户、虚拟运营商和企业用户等不同切片的需求方提供安全隔离、高度自控的专用逻辑网络；切片选择功能为用户终端提供合适的切片接入选择，用户终端可以分别接入不同切片，也可以同时接入多个切片。

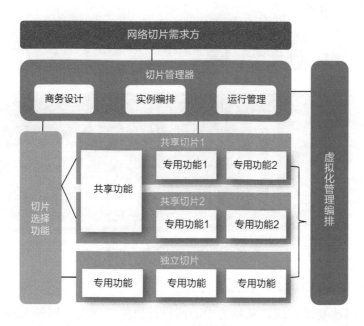

图 6-7　网络切片架构

2. 移动边缘计算

移动边缘计算（MEC）是 5G 的代表性能力，如图 6-8 所示。MEC 核心功能主要包括网络辅助功能、业务链控制、服务和内容。

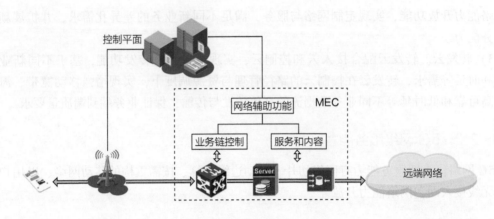

图6-8   5G 网络 MEC 架构

移动边缘计算功能部署方式非常灵活，既可以选择集中部署，与用户面设备耦合，提供增强型网关功能，也可以分布式地部署在不同位置，通过集中调度实现服务能力。

3. 按需重构的移动网络

网络控制功能按需重构是 5G 网络标志性服务能力之一。按需重构的移动网络可以实现网络功能模块化，降低网络功能之间的交互复杂性，实现自动化的发现和连接，满足业务的多样化需求，如图 6-9 所示。

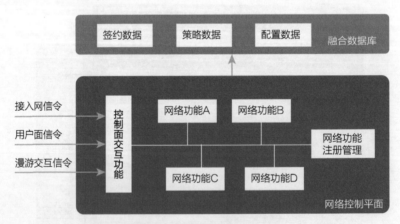

图6-9   按需重构的移动网络

4. 以用户为中心的无线接入网

5G 无线接入网改变了传统以基站为中心的设计思路，突出"网随人动"的新要求，具体能力包括灵活的无线控制、无线智能感知和业务优化、接入网协议定制化部署，如图 6-10 所示。

5. 网络能力开放

用户体验优化和新型商业模式探索是移动网络发展永恒的课题。5G 网络能力开放框架旨在实现面向第三方的网络友好化和网络管道智能化，将使应用能充分利用网络能力，实现更好的用户体验和应用创新；同时实现应用与网络的良好互动，优化网络资源配置和流量管理。
5G 网络能力开放平台如图 6-11 所示。

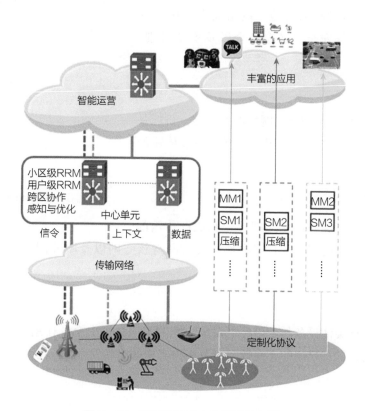

图 6-10 以用户为中心的无线接入网

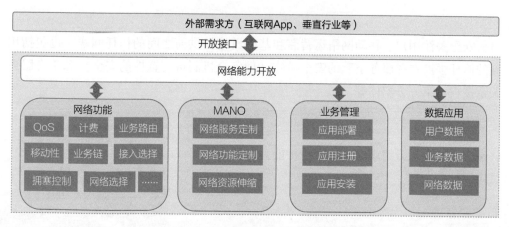

图 6-11 5G 网络能力开放平台

5G 网络实时产生海量的用户、业务，以及与网络相关的统计信息和数据，是大数据分析
的重要数据来源，能力开放平台与大数据分析中心进行对接与联动，对 5G 网络数据进行更
详细的分析，充分发掘其蕴藏的价值。

6.2.3 5G 网络安全技术

5G 网络安全包含接入安全、网络安全、用户安全、应用安全、可信安全、终端安全以及安全管理，如图 6-12 所示。

1. 接入安全

接入安全主要关注接入 5G 网络的安全性，目标是保证设备安全地接入网络以及用户数据在该段传输的安全性。

2. 网络安全

网络安全主要是保障网元之间信令和数据传输的安全性，包括接入网内部、核心网内部、接入网与核心网以及服务网络和归属网络之间的交互。

3. 用户安全

用户安全主要关注设备与身份标识模块之间的双向认证安全，在用户接入网络之前确保设备以及用户身份标识模块的合法性，以及用户身份的隐私安全等。

4. 应用安全

应用安全主要保障用户设备上的应用与服务提供方之间通信的安全性。

5. 可信安全

可信安全关注用户、移动网络运营商和基础设施提供商之间的信任问题，也包括用户根据不同的信任强度选择服务条款的安全措施（即安全机制可配置性的安全）和垂直服务来将信任关系授权给第三方实体等。

6. 终端安全

终端安全主要提升终端自身安全防护能力以及适配专用领域应用的安全。

7. 安全管理

安全管理主要是在监测和分析的基础上为系统维护者提供全局的系统安全视角，包括安全上下文管理、密钥管理、内容安全和安全编排。

5G 网络安全保障体系框架如图 6-13 所示。

图 6-12　5G 网络安全架构

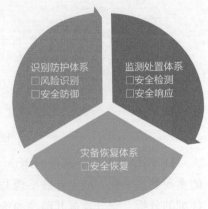

图 6-13　5G 网络安全保障体系框架

6.3　5G 技术的应用

6.3.1　5G 应用评估指标体系

5G 创新应用层出不穷，各行各业都在寻找与 5G 的结合点。5G 应用评估指标体系助力 5G 应用相关企业了解自身应用水平，发现存在的问题，更好地推进 5G 应用发展。

5G 应用评估指标体系通过 5G 能力要求、成熟度、市场前景三个方面对具体应用进行评估，一方面分析不同应用的 5G 相关性，另一方面评价发展进度和判断未来发展空间。

5G 应用评估指标体系见表 6－1。

表 6－1　5G 应用评估指标体系

一级指标	二级指标	三级指标
5G 能力要求	网络性能	对带宽、时延、连接数、移动性的要求
	网络切片	无线网/核心网/传输网切片
	边缘计算	对 MEC 能力的要求
成熟度	产业链	硬件：终端、平台等的支持
		软件：内容丰富度
	可规模化商用	建设/运营模式
		合作/商业模式
市场前景	市场规模	业务应用空间
	市场价值	良好的收入/成本

根据 5G 应用评估指标体系，筛选出 5G 十大先锋应用领域：VR/AR、超高清视频、无人机、车联网、工业互联网、智能电网、智慧医疗、智慧教育、智慧金融、智慧城市，如图 6－14 所示。

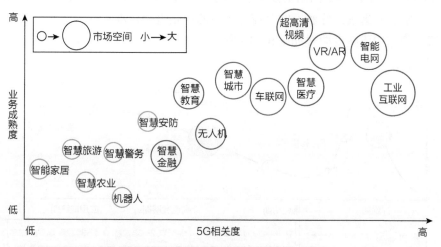

图 6－14　5G 十大先锋应用领域评估情况

为了直观表示当前阶段 5G 各类应用的发展现状及前景，将通过 5G 应用成熟度曲线对各行业的 5G 应用情况进行展示。5G 应用成熟度曲线基于发展现状对子业务成熟度进行判断，分为探索期、市场启动期、高速发展期和应用成熟期共四个阶段，并预测其市场前景，通过圆的大小来表示市场空间的大小。

5G 应用成熟度曲线示意图如图 6-15 所示。

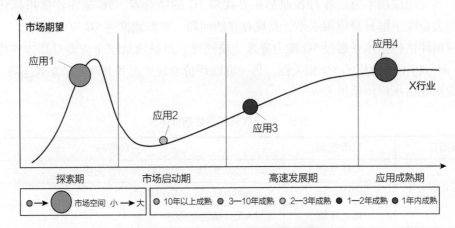

图 6-15　5G 应用成熟度曲线示意图

6.3.2　5G 的应用领域

下面介绍 5G 在超高清视频、VR/AR、无人机、工业物联网、智能电网、智慧医疗、车联网、智慧教育、智慧金融以及智慧城市中的应用。

1. 超高清视频

5G 将全方位赋能超高清产业。5G 将在视频采集回传、视频素材云端制作以及超高清视频节目播出三个环节助力超高清产业。目前，5G 超高清已有部分成功行业应用，正加速逼近规模化应用临界点。随着 5G 网络的发展，5G 技术下的 4K/8K 视频正成为未来的广播电视、大型赛事、演唱会、远程医疗和安防监控等领域的视频直播标准。

超高清视频应用成熟度曲线如图 6-16 所示。

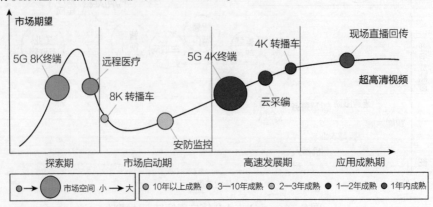

图 6-16　超高清视频应用成熟度曲线

2. VR/AR

5G 可以降低虚拟现实的使用门槛，优化虚拟现实的内容生产。5G 云 VR 通过将 VR 应用所需的内容处理与计算能力置于云端，可有效大幅降低终端购置成本与配置使用的繁复程度，保障 VR 业务的流畅性、沉浸感和无绳化，有望加速推动 VR 规模化应用。

VR/AR 应用成熟度曲线如图 6-17 所示。

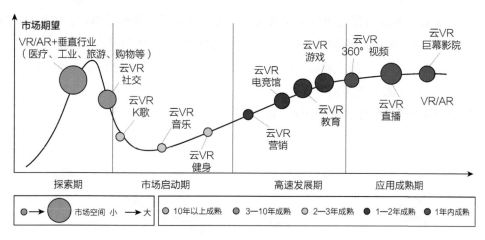

图 6-17　VR/AR 应用成熟度曲线

3. 无人机

5G 将为无人机应用打开新的空间。基于 5G 技术为网联无人机赋予的实时超高清图传、远程低时延控制等重要能力，以及处理海量数据的能力，使得无人机载荷的形式不断演进，无人机的应用形式将变得更加丰富。目前，实时高清图传技术有着最为广泛的应用，在农林植保、电力及石油管线巡查、应急通信、气象监视、农林作业、环境监测、地理测绘、娱乐直播等领域应用的技术效果和经济效益非常显著。

无人机应用成熟度曲线如图 6-18 所示。

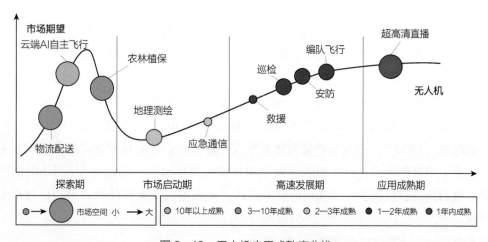

图 6-18　无人机应用成熟度曲线

4. 工业物联网

5G 与工业物联网融合推进行业应用落地。5G+工业物联网的行业应用主要包括 5G 在电力、制造（电子制造、汽车制造、家电制造等）、港口、油田等垂直行业的应用，例如，工业控制类业务（如系统自动控制和远程控制等）、质量监测类业务和环境监测类业务（如物联网、大数据业务等）。

5G 与工业物联网融合促进通用型应用发展。通用型应用主要包括 5G 与工业 AR/VR、超高清视频、无人机、机器人等领域的结合。例如，信息监测、视频回传类业务（如工业 AR/VR 巡检、无人机巡检、机器人巡检、超高清视频监控等）和物流类业务（如采用 AGV 完成的物料配送、仓储物流业务等）。

工业物联网应用成熟度曲线如图 6-19 所示。

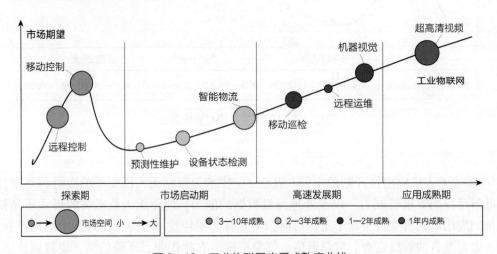

图 6-19　工业物联网应用成熟度曲线

5. 智能电网

5G 助力电网业务智能化升级。随着智能电网建设的不断深入，用电信息采集、配电自动化、分布式能源接入、电动汽车服务、用户双向互动等业务快速发展，电力行业逐步呈现出"高安全、低时延、高可靠、广覆盖、大联接"通信需求特征，迫切需要适用于电力行业应用特点的实时、稳定、可靠、高效、安全的新兴通信技术及系统支撑，激发电力运行的新型作业方式和用电服务模式。5G 系统的增强移动宽带（eMBB）、海量机器通信（mMTC）和超高可靠低时延（URLLC）三大基础能力将对垂直行业核心业务的运营方式和作业模式起到重要影响，全面提升传统垂直行业的运营效率和决策智能化水平。电网与 5G 网络的深度结合必将激发电力运行新型作业方式和用电服务模式，实现电网业务智能化升级，促进电力新兴业务发展。

智能电网应用成熟度曲线如图 6-20 所示。

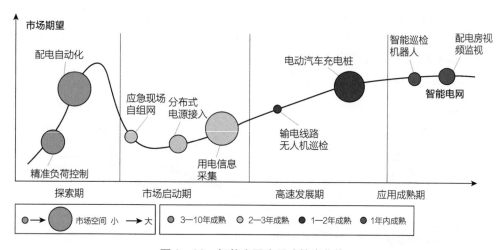

图 6-20　智能电网应用成熟度曲线

6. 智慧医疗

5G 技术能够提供超大带宽高速传输网络，为智慧医疗高清视频及影像传输提供高可靠、低时延的业务保障。5G 技术能够实现数据准确实时传输，保证远程控制操作得到及时精准的响应。5G 技术可以提供超大连接，实现大量终端连接及数据采集。5G 技术在智慧医疗领域的深入应用将极大地提升医疗诊治的质量水平，推动医疗健康向"精准、优质、远程、高效"的专业极限前进。

智慧医疗应用成熟度曲线如图 6-21 所示。

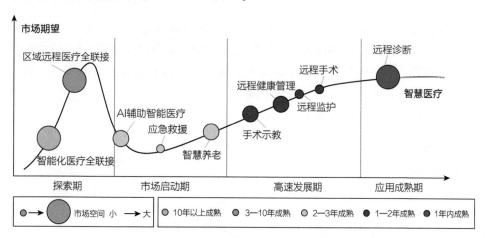

图 6-21　智慧医疗应用成熟度曲线

7. 车联网

车联应用范围不断扩大。车联网应用包括信息服务类、安全与效率服务类、协同服务类业务。5G 将为车联网应用打开新的空间。5G 极高的数据吞吐量、低时延和更高的可靠性将使车联网能提供的信息服务类型更加丰富，比如车载 VR 游戏、车载 AR 实景导航、车载高精地图实时下载等业务；随着 5G 技术在低时延、高可靠方面能力的增强，可以支持提供基于意图共享、协同决策的高级别主动安全预警、交通出行效率提升类服务，还将支持构建"人车路云"高度协同的互连环境，实现车路协同控制、远程遥控操作、高级别自动驾驶等业务，最终支撑实现完全无人驾驶。

车联网应用成熟度曲线如图 6-22 所示。

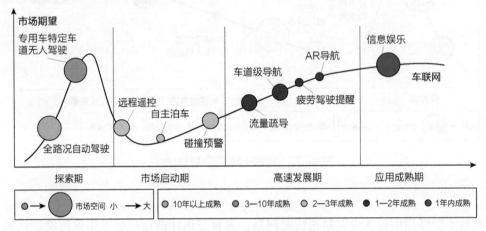

图 6-22　车联网应用成熟度曲线

8. 智慧教育

5G 可以提升在线教育质量，在线教育在 5G + VR/AR/混合现实（MR）等技术的辅助下，可以实现跨时跨地共享教学资源，学生在远程课堂中感受真实的师生互动，教师可以及时得到学生对于教授内容的反馈，高质量的教学课堂得以保证。5G 可以助力实现智慧课堂/教室，利用 5G + 超高清视频、AR/VR、语音系统和智能终端高效地进行互动教学，调节师生关系，强化学生在课堂的主体位置，强化人与环境的交互影响，提高教学质量。5G 助力提升校园安全，以安防场景为代表的智慧校园，可以实现全场景高清视频监控、智能视频分析、入侵探测报警、电子巡查等，有效提升学校的管理效率。

智慧教育应用成熟度曲线如图 6-23 所示。

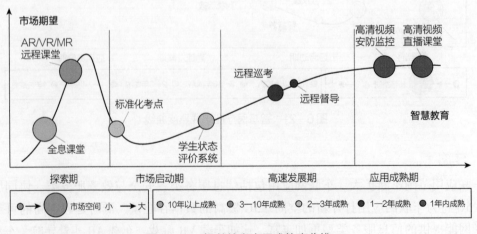

图 6-23　智慧教育应用成熟度曲线

9. 智慧金融

5G 技术将满足金融应用发展新需求。金融行业数字化、自动化、智能化将成为可能，智慧金融也将由初步的概念与形态逐渐水到渠成。由于 5G 时代网络时延将缩小至毫秒级，加之边缘计算的应用，现有金融服务流程间的网络卡顿将不再被用户感知，移动端的金融服务，速度和质量都将超乎用户想象；5G 技术还能够解决 VR/AR 场景的眩晕感问题，让 VR/AR 技术更好地服务金融业；同时，海量、多态、相互关联的数据将打造更为全面、安全的金融信用评估体系。

智慧金融应用成熟度曲线如图 6–24 所示。

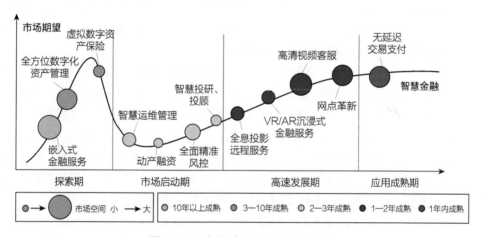

图 6–24　智慧金融应用成熟度曲线

10. 智慧城市

5G 可以助力超清视频监控和智能终端巡检，打造智慧安防；可以推动城市智能感知和高效应急救援应用，建设智慧城管，提升城市管理能力，为市政基础设施、应急指挥、环境监控等提供实时反应、高效联动的 5G 应用解决方案。

智慧城市应用成熟度曲线如图 6–25 所示。

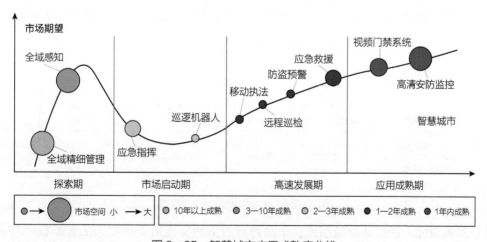

图 6–25　智慧城市应用成熟度曲线

6.3.3 5G 技术与自动驾驶汽车

（1）5G 技术对自动驾驶汽车的支撑 5G 技术对自动驾驶汽车的支撑体现在以下几个方面。

1）5G 可以实现高精度地图的实时传导、高速状态下反馈信息的及时送达等，为自动驾驶汽车提供低时延、高可靠、高流量的网络支持。5G 可以真正实现高精度地图的实时传输，实现厘米级导航，从而实现低延时的全局路径规划导航，为自动驾驶提供坚实的基础。

2）5G 网络可以大大缩短响应时间。响应时间对于自动驾驶汽车非常重要，0.1s 的时间差就有可能造成不可逆转的损失。5G 的高带宽、低延迟、大容量数据传输特性，能够迅速将数据传输至云端，真正实现实时计算和处理，保障了车辆及其他驾驶人的安全，并且可以帮助实现汽车内部的数字服务，提高乘客的体验感。

3）自动驾驶汽车可与智慧交通的智能基础设施通过 5G 进行连接。自动驾驶汽车的行车路线规划、时速、起停均可受到智慧交通的统一管理。车辆传感器会将行车过程中的路况信息及时与智慧交通进行同步，并且可以增强自动驾驶汽车之间和车路之间的相互通信效率，提升车辆避险和编队的能力。当有紧急或意外情况发生时，自动驾驶汽车能主动控制，同时向智慧交通进行实时汇报，以便等候进一步的处理指令。而智慧交通则会向其他相关自动驾驶汽车进行信息同步，并产生进一步的自动控制。5G 高可靠、高带宽、低延时等诸多优势推动着自动驾驶汽车的车车协同、车路协同、车人协同等一系列应用共同发展。

（2）车路协同 车路协同是 5G 用于自动驾驶汽车的典型应用场景之一。车路协同主要涉及车载系统、路侧系统以及数据交互系统等三个主要部分。车载系统主要负责对车辆自身状态信息的控制和对周围行车环境的感知，协助驾驶人完成车辆的安全驾驶，比如车车避撞、人车避撞、交叉口安全通行、换道辅助驾驶等；路侧系统与各个传感器之间进行通信，可以获得当前的道路情况，包括交叉口行人信息采集、突发事件快速识别与定位、密集人群信息采集、多通道交通流量监测、通道异物侵入信息的获取、处理、分析和发送；数据交互系统实现路侧设备与车载单元之间的交互，以及各种行车安全、交通控制和信息服务应用的打通，最终确保整个车路协同系统快速稳定运行。

车路协同创新生态架构如图 6-26 所示，主要包括基础设施、平台服务和业务应用。

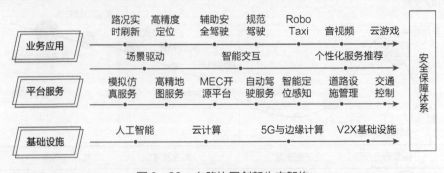

图 6-26 车路协同创新生态架构

1）基础设施。在基础设施层面，车路协同的落地实施需要依托人工智能技术和云计算资源为车路协同打造闭环能力。同时，随着 5G 的快速普及，基于边缘计算的车联网 V2X 架构将在出行场景有着广阔的应用。

2）平台服务。在平台服务层面，模拟仿真服务、高精地图服务、MEC 开源服务、自动驾驶服务等应用环境，为车路协同提供技术支持和应用落地，有效提升车路协同的安全性和效率。

3）业务应用。在业务应用层面，基于场景驱动、智能交互、个性化推荐服务等应用，可以进一步加强对用户需求的理解，以及对真实时间和空间场景的理解，一方面向用户及时推送实时路况信息、高精定位、辅助安全驾驶等能力，另一方面结合具体应用场景，把互联网的相关服务直接面向客户主动推送，从"人找服务"向"服务找人"进行转变。

第7章
V2X 技术及应用

以 V2X 技术为基础的汽车网联化和道路智能化是实现自动驾驶的重要支撑，近年来在全球呈现出加速发展趋势。V2X 技术作为车与外界进行信息交互的核心技术，是未来自动驾驶、智能出行、协同式智能交通系统的基础，能大幅度降低道路交通事故发生率，提高交通效率，实现节能减排，也是下一代车联网技术发展的核心。我国具备推动 V2X 产业发展的基础环境，能够进一步推动 V2X 技术产业化发展和应用推广。

7.1　概述

7.1.1　V2X 的定义与分类

1. V2X 的定义

V2X 是指车用无线通信技术，它是将车辆与一切事物相连接的新一代信息通信技术，其中 V 代表车辆，X 代表任何与车辆交互信息的对象，当前 X 主要包含车辆、行人、路侧基础设施和网络。

V2X 交互的信息模式包括车辆与车辆（V2V）、车辆与路侧基础设施（V2I）、车辆与行人（V2P）以及车辆与网络（V2N）之间的交互，如图 7-1 所示。

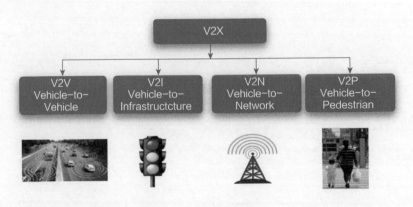

图 7-1　V2X 通信技术

（1）V2V　V2V 是指通过车载终端进行车辆间的通信。车载终端可以实时获取周围车辆的车速、位置、行车情况等信息，车辆间也可以构成一个互动的平台，实时交换文字、图片和视频等信息。V2V 通信主要应用于避免或减少交通事故、车辆监督管理等。

（2）V2I　V2I 是指车载设备与路侧基础设施（如交通信号灯、交通摄像头、路侧单元等）进行通信，路侧基础设施也可以获取附近区域车辆的信息并发布各种实时信息。V2I 通信主要应用于实时信息服务、车辆监控管理、不停车收费等。

（3）V2P　V2P 是指弱势交通参与者（包括行人、骑行者等）使用用户设备（如手机、穿戴设备等）与车载设备进行通信。V2P 通信主要应用于避免或减少交通事故、增强信息服务等。

（4）V2N　V2N 是指车载设备通过接入网/核心网与云平台连接，云平台与车辆之间进行数据交互，并对获取的数据进行存储和处理，提供车辆所需要的各类应用服务。V2N 通信主要应用于车辆导航、车辆远程监控、紧急救援、信息娱乐服务等。

V2X 将"人、车、路、云"等交通参与要素有机地联系在一起，不仅可以支撑车辆获得比单车感知更多的信息，促进自动驾驶技术创新和应用；还有利于构建一个智慧的交通体系，促进汽车和交通服务的新模式、新业态发展，对提高交通效率、节省资源、减少污染、降低事故发生率、改善交通管理具有重要意义。

2. V2X 的分类

从技术方向上，V2X 的分类如图 7-2 所示。

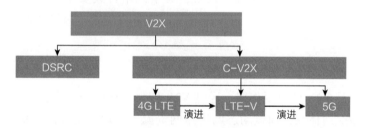

图 7-2　V2X 的分类

3. C-V2X 的定义

C-V2X 中的 C 是指蜂窝（Cellular），C-V2X 是基于蜂窝的 V2X 通信技术，它是基于 4G/5G 等蜂窝网通信技术演进形成的车用无线通信技术，包含两种通信接口：一种是车、人、路之间的短距离直接通信接口（PC5）；另一种是终端和基站之间的蜂窝通信接口（Uu），可实现长距离和更大范围的可靠通信，如图 7-3 所示。

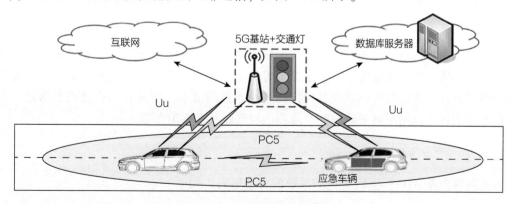

图 7-3　C-V2X 通信技术

C - V2X 是基于第三代合作伙伴计划（3GPP）全球统一标准的通信技术，包含 LTE - V2X（LTE - V）和 5G - V2X，从技术演进角度讲，LTE - V 支持向 5G - V2X 平滑演进。

LTE - V 可支持 L1 ~ L3 级别的智能网联业务，包含红绿灯车速引导、交通事故提醒、远程诊断、紧急制动提醒等应用场景。

5G - V2X 相比 LTE - V 将在时延、可靠度、速率、数据包大小等方面有大幅度提高，可支持 L4/L5 级别的自动驾驶业务，包含车辆编队行驶、自动驾驶、远程控制、传感器信息共享等应用场景。

7.1.2 V2X 的意义

实施 V2X 具有以下意义。

1. 提升行驶安全

提升行驶安全是 V2X 最重要的意义。通过 V2X 车载终端设备及智能路侧设备的多源感知融合，对道路环境实时状况进行感知、分析和决策，在可能发生危险或碰撞的情况下，对智能网联汽车进行提前告警，为车辆出行提供更可靠、安全、实时的环境信息获取，从而减少交通事故或降低交通致伤亡率，对于汽车行驶安全有十分重要的意义。典型的 V2X 交通安全类应用有交叉路口来车提醒、前方事故预警、盲区监测、道路突发危险情况提醒等。

2. 提高交通效率

提高交通效率是 V2X 的重要作用。通过 V2X 增强交通感知能力，实现交通系统网联化、智能化，构建智慧交通体系，通过动态调配路网资源，实现拥堵提醒、优化路线诱导，为城市大运量公共运输工具及特殊车辆提供优先通行权限，提升城市交通运行效率，进一步提高交通管理效率，特别是区域化协同管控的能力。典型的 V2X 交通效率类应用包括前方拥堵提醒、红绿灯信号播报和车速诱导、特殊车辆路口优先通行等。

3. 提供出行信息服务

提供出行服务是 V2X 应用的重要组成部分，是全面提升政府监管、企业运营、人们出行水平的手段。V2X 信息服务类典型应用包括突发恶劣天气预警、车内电子标牌等。

4. 支持实现自动驾驶

车路协同是支撑自动驾驶落地的重要手段，通过本地信息收集、分析和决策，为智能网联汽车提供碰撞预警、驾驶辅助、信息提醒等服务，为自动驾驶提供辅助决策能力，提升自动驾驶的安全性，并降低车辆适应各种特殊道路条件的成本，加速自动驾驶汽车落地。自动驾驶典型应用场景包括车辆编队行驶、远程遥控驾驶及自主泊车等。

7.1.3 V2X 通信系统的要求

智能网联汽车 ADAS 对 V2X 通信系统的要求见表 7 - 1。

表 7 - 1　智能网联汽车 ADAS 对 V2X 通信系统的要求

分类	应用	通信类型	频率/Hz	最大时延/ms	定位精度/m	通信范围/m	适用通信技术
低延时、高频率	前车防撞预警	V2V	10	100	1.5	300	LTE - V/DSRC/5G
	盲区预警/变道辅助	V2V	10	100	1.5	150	
	紧急制动预警	V2V	10	100	1.5	150	
	逆向超车碰撞预警	V2V	10	100	1.5	300	
	闯红灯预警	V2I	10	100	1.5	150	
	交叉路口碰撞预警	V2V/V2I	10	100	5	150	
	左转辅助	V2V/V2I	10	100	5	150	
	高优先级车辆让行/紧急车辆信号优先权	V2V/V2I	10	100	5	300	
	弱势交通参与者预警	V2P/V2I	10	100	5	150	
	车辆失控预警	V2V	10	100	5	300	
	异常车辆提醒	V2V	10	100	5	150	
	道路危险状况提示	V2I	10	100	5	300	
高延时、低频率	基于信号灯的车速引导	V2I	2	200	1.5	150	4G/LTE - V/DSRC/5G
	限速预警	V2I	1	500	5	300	
	车内标牌	V2I	1	500	5	150	
	前方拥堵提醒	V2I	1	500	5	150	
	智能汽车近场支付	V2I	1	500	5	150	

7.2　V2X 通信技术

7.2.1　DSRC

专用短程通信技术（DSRC）是一种高效的短程无线通信技术，它可以实现在特定区域内对高速运动下的移动目标的识别和双向通信，例如车辆与车辆（V2V）、车辆与基础设施（V2I）双向通信，实时传输图像、语音和数据信息，将车辆和道路有机连接。

DSRC 通信系统的参考架构如图 7 - 4 所示。车辆与车辆之间，以及车辆与路侧基础设施之间，都可以通过 DSRC 进行信息交互。

DSRC 通信系统包含物理层、媒体访问控制层（MAC）、网络层和应用层。

1）物理层。物理层是建立、保持和释放专用短程通信网络数据传输通路的物理连接的层，位于协议栈的最底层。

2）媒体访问控制层。媒体访问控制层是提供短程通信网络节点寻址及接入共享通信媒体的控制方式的层，位于物理层之上。

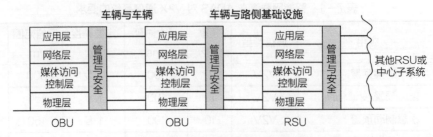

图7-4 DSRC通信系统的参考架构

3）网络层。网络层是实现网络拓扑控制、数据路由，以及设备的数据传送和应用的通信服务手段的层，位于媒体访问控制层之上。

4）应用层。应用层是向用户提供各类应用及服务手段的层，位于网络层之上。

车载单元的媒体访问控制层和物理层负责处理车辆与车辆之间，车辆与路侧基础设施之间的专用短程无线通信连接的建立、维护和信息传输；应用层和网络层负责把各种服务和应用信息传递到路侧基础设施及车载单元上，并通过车载子系统与用户进行交互；管理和安全功能覆盖专用短程通信整个框架。

DSRC通信系统主要由车载单元（OBU）、路侧单元（RSU）以及 DSRC 协议 3 部分组成，如图 7-5 所示。路侧单元通过有线光纤的方式连入互联网。蓝车代表 V2V/V2I 类安全业务，绿车代表远程信息处理（Telematics）广域业务。车辆与车辆之间的信息交换通过 RSU 和 OBU 通信实现，Telematics 业务通过 802.11p + RUS 回程的方式实现。可以看到 DSRC 架构中需要部署大量的 RSU 才能较好地满足业务需要，建设成本较高。

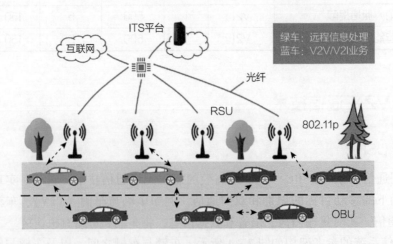

图7-5 DSRC通信系统

DSRC 技术在智能网联汽车上可实现 V2X 通信。DSRC 的有效通信距离为数百米，车辆通过 DSRC 以每秒十次的频率，向路上其他车辆发送位置、车速、方向等信息；当车辆接收到其他车辆所发出的信号，在必要时（例如马路转角有其他车辆驶出，或前方车辆紧急制动、变换车道）车内装置会以闪烁信号、语音提醒或座椅和转向盘振动等方式提醒驾驶人注意，如图 7-6 所示。

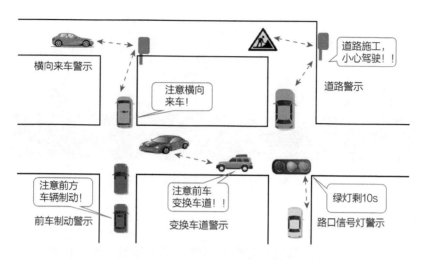

图 7-6　DSRC 应用于 V2X 通信

7.2.2　LTE-V

C-V2X 现阶段的主要解决方案是 LTE-V。LTE 是指长期演进；LTE-V 是指基于 LTE 网络的 V2X 通信技术。

LTE-V 按照全球统一规定的体系架构及其通信协议和数据交互标准，在车辆与车辆（V2V）、车辆与路侧基础设施（V2I）、车辆与行人（V2P）之间组网，构建数据共享交互桥梁，助力实现智能化的动态信息服务、车辆安全驾驶以及交通管控等。LTE-V 针对车辆应用定义了两种通信方式，即蜂窝链路式（LTE-V-Cell）和短程直通链路式（LTE-V-Direct），其中 LTE-V-Cell 通过 Uu 接口承载传统的车联网 Telematics 业务，操作于传统的移动宽带授权频段；LTE-V-Direct 通过 PC5 接口实现 V2V、V2I 直接通信，促进实现车辆安全行驶，如图 7-7 所示。

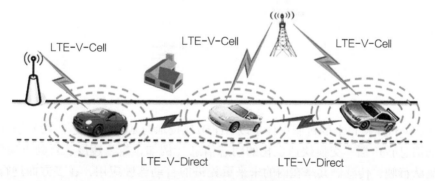

图 7-7　LTE-V 通信方式

LTE-V 系统由用户终端、路侧单元（RSU）和基站 3 部分组成，如图 7-8 所示。在 LTE-V-Direct 通信模式下，车辆之间的信息交互基于广播方式，可采用终端直通模式，也可经由 RSU 来进行交互，大大减少了需要的 RSU 数量。

图7-8　LTE-V系统的组成

7.2.3　V2X关键技术

C-V2X可支持的工作场景既包括有蜂窝网络覆盖的场景，也包括没有蜂窝网络部署的场景。落实到具体的通信技术而言，C-V2X可提供两种通信接口，分别称为Uu接口（蜂窝通信接口）和PC5接口（直连通信接口），如图7-9所示。当支持C-V2X的终端设备（如车载终端、智能手机、路侧单元等）处于蜂窝网络覆盖内时，可在蜂窝网络的控制下使用Uu接口；无论是否有网络覆盖，均可以采用PC5接口进行V2X通信。C-V2X将Uu接口和PC5接口相结合，彼此相互支撑，共同用于V2X业务传输，形成有效的冗余来保障通信可靠性。

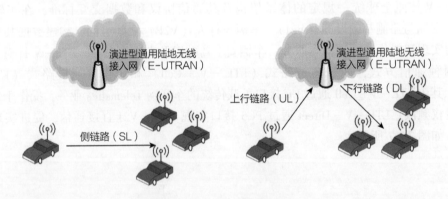

图7-9　C-V2X通信接口

C-V2X包括以下关键技术。

1. PC5接口关键技术

C-V2X在PC5接口上的机制设计是以LTED2D技术为基础，为支持V2X消息（特别是车辆之间的消息）广播、交换快速变化的动态信息（例如位置、速度、行驶方向等），以及包括车辆编队行驶、传感器共享在内的未来更先进的自动驾驶应用，在多方面进行了增强设计，主要包括以下方面。

（1）物理层结构进行增强，以便支持更高的速度　为了在高频段下支持高达500km/h的相对移动速度，解决高多普勒频率扩展以及信道快速时变的问题，C-V2X对物理层结构进行了增强。

（2）支持全球卫星导航系统同步　为保证通信性能，C-V2X的接收机和发射机需要在通信过程中保持相互同步。C - V2X 可支持包括全球卫星导航系统（GNSS）、基站和车辆在内多种同步源类型，通信终端可通过网络控制或调取预配置信息等方式获得最优同步源，以尽可能实现全网同步。C - V2X 还支持最优同源的动态维护，使得终端可及时选取到优先级更高的同步源进行时钟同步。

（3）更加高效的资源分配机制以及拥塞控制机制　作为 C - V2X 的核心关键技术，PC5 接口支持调度式的资源分配方式（Mode - 3）和终端自主式的资源分配方式（Mode - 4）。此外，C - V2X 还支持集中式和分布式相结合的拥塞控制机制，这种机制可以显著提升高密场景下接入系统的用户数。

2. Uu 接口关键技术

为了更好地匹配 V2X 的业务特性，C - V2X 在 Uu 空口上主要对以下方面进行了功能增强。

（1）上下行传输增强　上行传输支持基于业务特性的多路半静态调度，在保证业务传输高可靠性需求的前提下可大幅缩减上行调度时延。下行传输针对 V2X 业务的局部通信特性，支持小范围的广播，支持低延时的单小区点到多点传输和多播/组播单频网络。此外，LTE - V2X 支持核心网元本地化部署，并且针对 V2X 业务特性定义了专用服务质量参数来保证业务传输性能。

（2）多接入边缘计算研究　针对具备超低时延超高可靠性传输需求的车联网业务（如自动驾驶、实时高清地图下载等），C - V2X 可以采用多接入边缘计算（MEC）技术。目前，标准组织 ETSI 和 3GPP 都将其作为重点项目，针对 MEC 整体框架、用户面选择、业务分流、移动性和业务连续性以及网络能力开放等关键方面进行研究。

7.2.4　V2X 安全技术

1. 安全风险

V2X 通信系统安全风险主要来源于网络通信、业务应用、车载终端和路侧设备等。

（1）网络通信　网络通信安全风险来自于蜂窝通信接口和直连通信接口。

1）蜂窝通信接口。蜂窝通信接口场景下，V2X 通信系统面临的安全风险主要有假冒终端、伪基站、信令/数据窃听、信令/数据篡改/重放等，危害 V2X 智能网联业务安全。

2）直连通信接口。短距离直连通信场景下，V2X 通信系统面临着虚假信息、假冒终端、信息篡改/重放、隐私泄露等安全风险，直接威胁着用户的安全。

（2）业务应用　V2X 业务应用包括基于云平台的业务应用以及基于 PC5/V5 接口的直连通信业务应用。基于云平台的应用以蜂窝通信为基础，在流程、机制等方面与移动互联网通信模式相同，存在假冒用户、假冒业务服务器、非授权访问、数据安全等安全风险；直连通信应用以网络层 PC5 广播通道为基础，在应用层通过 V5 接口实现，该场景下主要面临着假冒用户、消息篡改/伪造/重放、隐私泄露、消息风暴等安全风险。

（3）车载终端　车载终端除了传统的导航能力，未来更是集成移动办公、车辆控制、辅助驾驶、自动驾驶等功能。功能的高度集成也使得车载终端更容易成为黑客攻击的目标，造成信息泄露、车辆失控等重大安全问题。因此车载终端面临着比传统终端更大的安全风险。

（4）路侧设备 路侧设备是 V2X 智能网联系统的核心单元，它的安全关系到车辆、行人和道路交通的整体安全。它面临非法接入、运行环境风险、设备漏洞、远程升级风险和部署维护风险等。

2. 安全架构

（1）蜂窝通信场景 蜂窝通信场景下 LTE－V 车联网系统安全架构如图 7－10 所示。

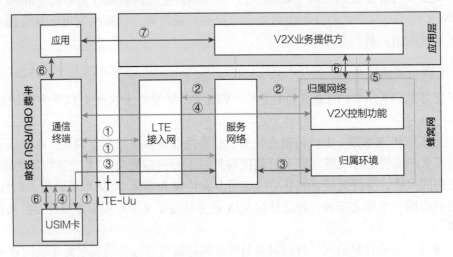

图 7－10 蜂窝通信场景下 LTE－V 车联网系统安全架构

蜂窝通信场景下，LTE－V 车联网系统安全架构包含以下 7 个安全域。

1）网络接入安全。车联网终端接入到 LTE 网络的信令及数据安全，如图 7－10 中①所示，包括接入层安全和非接入层安全。

2）网络域安全。LTE 系统网元之间信令及数据交互的安全，如图 7－10 中②所示，包括 LTE 接入网与服务网络之间、服务网络与归属网络之间的安全交互。

3）认证及密钥管理。车联网终端与 LTE 网络的接入认证以及密钥管理，如图 7－10 中③所示。

4）车联业务接入安全。车联网终端与 V2X 控制功能之间的安全，如图 7－10 中④所示。

5）车联业务能力开放安全。V2X 控制功能与 LTE－V 业务提供方之间的安全，如图 7－10 中⑤所示。

6）网络安全能力开放。LTE 系统向应用层开放网络层安全能力，提供双向身份认证及密钥协商服务，如图 7－10 中⑥所示。

7）应用层安全。车联网终端应用和 LTE－V 业务提供方之间在应用层提供的数据通信安全和用户隐私安全，如图 7－10 中⑦所示。

（2）直连通信场景 直连通信场景下 LTE－V2X 车联网系统安全架构如图 7－11 所示。其中 RSU 设备可以通过有线接口与交通信号控制系统及业务云平台交互。

直连通信场景下 LTE－V 车联网系统安全架构包含以下 4 个安全域。

1）网络层安全。车联网终端在网络层提供的数据通信安全和用户隐私安全，如图 7－11 中①所示。

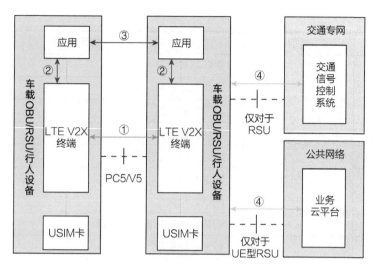

图 7-11　直连通信场景下 LTE-V2X 车联网系统安全架构

2）安全能力支撑。网络层向应用层提供的安全能力支撑，保护用户隐私信息，如图 7-11 中②所示。

3）应用层安全。车联网终端在应用层提供的数据通信安全和用户隐私安全，如图 7-11 中③所示。

4）外部网络域安全。RSU 设备与其他网络域设备之间的接入及数据交互安全，如图 7-11 中④所示，是 LTE-V 车联网与其他系统之间的安全边界。

7.3　V2X 技术的应用

7.3.1　V2X 的应用场景

借助人、车、路、云平台之间的全方位连接和高效信息交互，V2X 正从信息服务类应用向交通安全和提高效率应用发展，并将逐步向支持实现自动驾驶的协同服务类应用演进。

1. 辅助驾驶应用场景及技术需求

（1）辅助驾驶应用场景　辅助驾驶应用场景见表 7-2，这些应用场景基于 V2X 信息交互，实现车辆、路侧基础设施、行人等交通参与者之间的实时状态共享，辅助驾驶人进行决策。

表 7-2　辅助驾驶应用场景

序号	类别	应用名称
1	安全	前向碰撞预警
2		交叉路口碰撞预警
3		左转辅助
4		盲区预警/变道辅助

(续)

序号	类别	应用名称
5	安全	逆向超车预警
6		紧急制动预警
7		异常车辆提醒
8		车辆失控预警
9		道路危险状况提示
10		限速预警
11		闯红灯预警
12		弱势交通参与者碰撞预警
13	效率	绿波车速引导
14		车内标牌
15		前方拥堵提醒
16		紧急车辆提醒
17	信息服务	汽车近场支付

图 7-12 所示为基于 V2V 的交叉路口碰撞预警。交叉路口碰撞预警是指主车驶向交叉路口，与侧向车辆在交叉路口存在碰撞危险时，应对主车驾驶人进行预警，避免或减轻侧向碰撞。其中交叉路口包括十字路口、丁字路口、环岛、高速匝道等交叉路口。

图 7-12　基于 V2V 的交叉路口碰撞预警

图 7-13 所示为基于 V2P 的弱势交通参与者碰撞预警。弱势交通参与者碰撞预警是指汽车在行驶过程中，若发现与弱势交通参与者存在碰撞危险时，则对驾驶人进行预警，避免或减轻碰撞危险。其中 P 可为行人、自行车等，P 具备短程无线通信能力，若 P 不具备通信能力，则路侧单元（RSU）可通过雷达、视觉传感器检测周边 P，并广播 P 的相关信息。

（2）辅助驾驶应用场景技术要求　辅助驾驶应用场景对通信网络、数据处理、定位等提出了具体的要求。

1）在通信方面，时延要求小于 100ms，在特殊情况下小于 20ms，可靠性需满足 90% ~ 99%，典型数据包大小为 50 ~ 300B，最大 1200B。

图 7-13 基于 V2P 的弱势交通参与者碰撞预警

2）在数据处理方面，据统计单车产生的数据每天约为 GB 级，对大量车辆、道路、交通等数据的汇聚，需要满足海量数据储存的需求，同时对这些数据提出实时共享、分析和开放的需求。

3）在定位方面，定位精度满足车道级定位，即米级定位，并且车辆需要获取道路拓扑结构。

2. 自动驾驶应用场景及技术需求

（1）自动驾驶应用场景 5G 技术的更大数据吞吐量、更低延时和更高安全性等特性，极大地促进了智能驾驶和智慧交通发展。产业各方开始了面向自动驾驶的增强型应用场景的研究与制定，一方面从基础典型应用场景的实时状态共享过渡到车辆与车辆、车辆与路侧基础设施、车辆与云端的协同控制，增强信息交互复杂程度，可实现协同自动驾驶与智慧交通的应用；另一方面，基于通信与计算技术的提升，交通参与者之间可以实时传输高精度视觉传感器数据，甚至是局部动态高精度地图数据，提高感知精度与数据丰富程度。

自动驾驶应用场景见表 7-3。

表 7-3 自动驾驶应用场景

序号	类别	应用名称
1	安全	协作式变道
2		协作式匝道汇入
3		协作式交叉口通行
4		感知数据共享/车路协同感知
5		道路障碍物提醒
6		慢行交通轨迹识别及行为分析
7	效率	车辆编队
8		协作式车队管理
9		特殊车辆信号优先
10		动态车道管理

（续）

序号	类别	应用名称
11	效率	车辆路径引导
12		场站进出服务
13		基于实时网联数据的交通信号配时动态优化
14		高速公路专用道柔性管理
15		智能停车引导
16	信息服务	浮动车数据采集
17		差分数据服务
18		基于车路协同的主被动电子收费
19		基于车路协同的远程软件升级

（2）自动驾驶应用场景技术要求　自动驾驶应用场景对通信网络、信息交互、数据处理、定位等提出新的要求。

1）在通信方面，单车上下行数据速率需求大于10Mbit/s，部分场景需求50Mbit/s，时延需求为3~50ms，可靠性需大于99.999%。

2）在信息交互方面，需实时交互车辆、道路、行人的全量数据，利用多传感器融合技术获取实时动态交通高精度地图。

3）在数据处理方面，单车每天将产生上千TB级的数据，对数据的存储、分析等计算能力提出更高的要求。

4）在定位方面，需达到亚米级甚至厘米级的定位精度。

7.3.2　MEC与V2X融合应用场景

多接入边缘计算（MEC）是一种网络架构，为网络运营商和服务提供商提供云计算能力以及网络边缘的IT服务环境。

MEC与C-V2X融合是将C-V2X业务部署在MEC平台上，借助Uu接口或PC5接口支持实现"人-车-路-云"协同交互，可以降低端到端数据传输时延、缓解终端或路侧智能设施的计算与存储压力，减少海量数据回传造成的网络负荷，提供具备本地特色的高质量服务。MEC与C-V2X融合场景如图7-14所示。

MEC与C-V2X融合场景可按照"路侧协同"与"车辆协同"的程度进行分类。无须路侧协同的C-V2X应用，可以直接通过MEC平台为车辆或行人提供低时延、高性能服务；当路侧部署了能接入MEC平台的路侧雷达、摄像头、智能红绿灯、智能化标志标识等智能设施时，相应的C-V2X应用可以借助路侧感知或采集的数据为车辆或行人提供更全面的信息服务。在没有车辆协同时，单个车辆可以直接从MEC平台上部署的相应C-V2X应用获取服务；在多个车辆同时接入MEC平台时，相应的C-V2X应用可以基于多个车辆的状态信息，提供智能协同的信息服务。

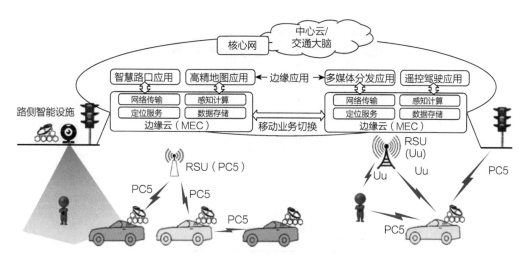

图 7 – 14　MEC 与 C – V2X 融合场景

依据是否需要路侧协同以及车辆协同，将 MEC 与 C – V2X 融合场景分为"单车与 MEC 交互""单车与 MEC 及路侧智能设施交互""多车与 MEC 协同交互"以及"多车与 MEC 及路侧智能设施协同交互"，如图 7 – 15 所示。

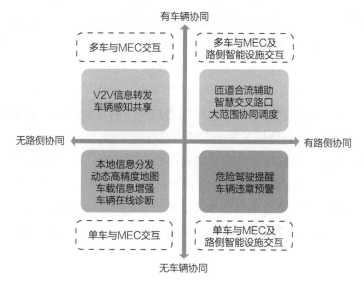

图 7 – 15　MEC 与 C – V2X 融合场景分类

1. 单车与 MEC 交互场景

在 C – V2X 应用中，本地信息分发、动态高精度地图服务、信息增强功能、在线诊断功能通过单车与 MEC 进行交互即可实现，其应用场景如图 7 – 16 所示。

（1）本地信息分发　MEC 作为内容分发的边缘节点，实现在线分发和流量卸载的功能；可为车辆提供音视频等多媒体休闲娱乐信息服务、区域性商旅餐饮等信息服务，或提供软件/固件升级等服务。

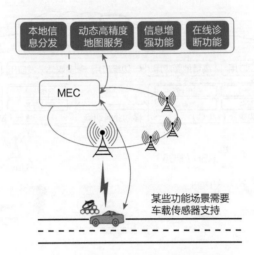

图 7-16　单车与 MEC 交互场景示意图

（2）动态高精度地图服务　MEC 可以存储动态高精度地图和分发高精度地图信息，减少时延并降低对核心网传输带宽的压力。在应用中，车辆向 MEC 发送自身具体位置以及目标地理区域信息，部署在 MEC 的地图服务提取相应区域的高精度地图信息发送给车辆。当车辆传感器检测到现实路况与高精度地图存在偏差时，可将自身传感信息上传至 MEC 用于对地图进行更新，随后 MEC 的地图服务可选择将更新后的高精度地图回传至中心云平台。

（3）信息增强功能　MEC 提供车载信息增强功能，车辆可将车载传感器感知的视频/雷达信号等上传至 MEC，MEC 通过车载信息增强功能提供的视频分析、感知融合、AR 合成等多种应用实现信息增强，并将结果下发至车辆进行直观显示。

（4）在线诊断功能　MEC 可支持自动驾驶在线诊断功能。车辆可将其状态、决策等信息上传至 MEC，利用在线诊断功能对实时数据样本进行监控分析，用于试验、测试、评估或应对紧急情况处理。同时 MEC 可定期将样本及诊断结果汇总压缩后回传中心云平台。在单车与MEC 交互场景中，车辆与部署在 MEC 上的服务进行交互，无须路侧智能设施及其他车辆参与。

2. 单车与 MEC 及路侧智能设施交互场景

在 C-V2X 应用中，危险驾驶提醒、车辆违章预警等功能可通过单车、路侧智能设施及MEC 进行交互实现，其交互场景如图 7-17 所示。

（1）危险驾驶提醒　MEC 部署危险驾驶提醒功能后，可结合路侧智能设施，通过车牌识别等功能分析车辆进入高速的时间，定期为车辆提供疲劳驾驶提醒；或在夜间通过视频分析，提醒车辆正确使用灯光；或在感知到突发车辆事故时，提醒附近车辆谨慎驾驶；或在天气传感器感知到高温"镜面效应"、雨雪大雾等恶劣天气时，提醒车辆安全驾驶。此外，MEC 可阶段性地将危险驾驶信息汇总后上传中心云平台。

（2）车辆违章预警　MEC 部署车辆违章预警功能后，可结合路侧智能设施，通过视频识别、雷达信号分析等应用实现车牌识别，并对超速、逆行、长期占据应急车道等违章行为判定，并将违章预警信息下发对应车辆，提醒车辆遵守交通规则行驶。此外，MEC 可阶段性地将违章信息汇总后上传中心云平台。

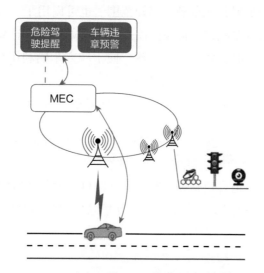

图 7-17　单车与 MEC 及路侧智能设施交互场景

在单车与 MEC 及路侧智能设施交互的场景中，车辆、路侧智能设施与部署在 MEC 上的服务进行交互，无须其他车辆参与。

3. 多车与 MEC 协同交互场景

在 C-V2X 应用中，V2V 信息转发、车辆感知共享等功能可通过多车与 MEC 协同交互实现，其交互场景如图 7-18 所示。

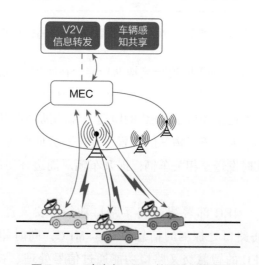

图 7-18　多车与 MEC 协同交互场景

（1）V2V 信息转发　MEC 部署 V2X 信息转发功能后，可作为桥接节点，以 V2N2V 的方式实现车与车之间的通信，实时交流车辆位置、速度、方向、制动及开启双闪等车辆状态信息，提升道路安全。

（2）车辆感知共享　MEC 部署车辆感知共享功能，可将具备环境感知车辆的感知结果转发至周围其他车辆，用于扩展其他车辆的感知范围。也可以用于"穿透"场景，即当前车遮挡后车视野时，前车对前方路况进行视频监控并将视频实时传输至 MEC，MEC 的车辆感知共享功能对收到的视频进行实时转发至后方车辆，便于后方车辆利用视频扩展视野，有效解决汽车行驶中的盲区问题，提高车辆的驾驶安全。

在多车与 MEC 协同交互场景中，多个车辆与部署在 MEC 上的服务进行交互，无须路侧智能设施参与。

4. 多车与 MEC 及路侧智能设施协同交互场景

在 C‒V2X 应用中，匝道合流辅助、智慧交叉路口、大范围协同调度等功能可通过多车、路侧智能设施及 MEC 进行协同交互实现，其交互场景如图 7‒19 所示。

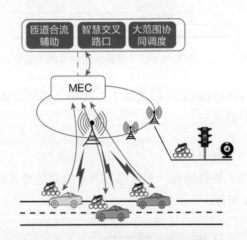

图 7‒19　多车与 MEC 及路侧智能设施协同交互场景

（1）匝道合流辅助　MEC 部署匝道合流辅助功能，在匝道合流汇入点部署监测装置（如摄像头）对主路车辆和匝道车辆同时进行监测，并将监测信息实时传输到 MEC，同时相关车辆也可以将车辆状态信息发送至 MEC，MEC 的匝道合流辅助功能利用视频分析、信息综合、路况预测等应用功能对车、人、障碍物等的位置、速度、方向角等进行分析和预测，并将合流点动态环境分析结果实时发送至相关车辆，提升车辆对周边环境的感知能力，减少交通事故，提升交通效率。

（2）智慧交叉路口　MEC 部署智慧交叉路口功能，交叉路口处的路侧智能传感器（如摄像头、雷达等）将路口处探测的信息发送至 MEC，同时相关车辆也可以将车辆状态信息发送至 MEC。MEC 的智慧交叉路口功能通过信号处理、视频识别、信息综合等应用功能对交叉路口周边内的车辆、行人等位置、速度和方向角等进行分析和预测，并将分析结果实时发送至相关车辆，综合提升车辆通过交叉路口的安全性和舒适性；同时 MEC 可以通过收集和分析相关信息，对交通信号灯各相位配时参数进行优化，提高交叉路口的通行效率。

（3）大范围协同调度　MEC 部署大范围协同调度功能，可在重点路段、大型收费口处借助视频传感信息，通过 MEC 进行路况分析和统一调度，实现一定范围内大规模车辆协同、车辆编队行驶等功能。或在城市级导航场景中，MEC 根据区域车辆密度、道路拥堵严重程度、拥堵节点位置以及车辆目标位置等信息，利用路径优化的算法对车辆开展导航调度，避免拥堵进一步恶化。

在多车与 MEC 及路侧智能设施交互场景中，多个车辆、路侧智能设施与部署在 MEC 上的服务进行交互。

第8章
物联网技术及应用

在供给侧和需求侧的双重推动下，物联网进入以基础性行业和规模消费为代表的第三次发展浪潮，5G、低功耗广域网等基础设施加速构建，数以万亿计的新设备将接入网络并产生海量数据，人工智能、边缘计算、区块链等新技术加速与物联网结合，应用热点迭起，物联网迎来跨界融合、集成创新和规模化发展的新阶段。面对重大的发展机遇，各产业巨头强势入局，生态构建和产业布局正在全球加速展开。

8.1 概述

8.1.1 物联网的定义

物联网是新一代信息技术的重要组成部分，是指通过各种信息传感器、射频识别技术、全球定位系统、红外感应器、激光扫描器等各种装置与技术，实时采集任何需要监控、连接、互动的物体或过程，采集其声、光、热、电、力学、化学、生物、位置等各种需要的信息，通过各类可能的网络接入，实现物与物、物与人的泛在连接，实现对物品和过程的智能化感知、识别和管理。物联网是一个基于互联网、传统电信网等的信息承载体，它让所有能够被独立寻址的普通物理对象形成互联互通的网络。

智能物联网是 2018 年兴起的概念，是指系统通过各种信息传感器实时采集各类信息，在终端设备、边缘域或云中心通过机器学习对数据进行智能化分析，包括定位、比对、预测、调度等。在技术层面，人工智能使物联网获取感知与识别能力，物联网为人工智能提供训练算法的数据；在商业层面，二者共同作用于实体经济，促进产生升级，体验优化。从具体类型看，主要有具备感知/交互能力的智能网联设备、通过机器学习手段进行设备资产管理、拥有联网设备和 AI 能力的系统性解决方案三大类。从协同环节来看，主要解决感知智能化、分析智能化与控制/执行智能化的问题。

8.1.2 物联网的发展历程

1982 年，卡内基梅隆大学的程序员将一台可口可乐自动售卖机连接到互联网上，人们可以在去购买之前检查机器是否有冷饮。这通常被认为是最早的物联网设备之一。

1990 年，由施乐公司发售的网络可乐贩卖机，可以监测出机器内是否有货、温度是否够冰凉，并且能够联网，这更接近现代物联网设备。

1999 年，物联网的概念正式在美国所召开的移动计算和网络国际会议中提出。当时基于互联网、RFID 技术、EPC 标准，在计算机互联网的基础上，利用射频识别技术、无线数据通信技术等，构造一个实现全球物品信息实时共享的实物互联网。

2004 年，"物联网"这个术语开始出现在各种书名中，并在媒体上传播。

2008 年，第一届国际物联网大会在瑞士苏黎世举行。正是这一年，物联网设备数量首次超过地球上的人口数量。

2010 年，中国政府将物联网列为关键技术，并宣布物联网是其长期发展计划的一部分。同年，Nest 公司发布一款智能恒温器，它可以学习客户的习惯，并自动调节客户室内温度。Nest 让"智能家居"概念成为众人瞩目的焦点。

2013 年，谷歌眼镜发布，这是物联网和可穿戴技术的一个革命性进步。

2014 年，亚马逊发布 Echo 智能扬声器，为进军智能家居中心市场铺平道路。在其他新闻中，工业物联网标准联盟的成立证明了物联网有可能改变任何制造和供应链流程的运行方式。

2016 年，通用汽车、来福车（Lyft）、特斯拉和优步（Uber）都在测试自动驾驶汽车。

2017—2019 年，物联网开发变得更便宜、更容易，也更被广泛接受，从而导致整个行业掀起了一股创新浪潮。自动驾驶汽车不断改进，区块链和人工智能开始融入物联网平台，智能手机/宽带普及率的提高将继续使物联网成为未来一个吸引人的价值主张。

目前，我国物联网正处于高速发展期，依据艾瑞 2020 年中国物联网行业研究报告，预计到 2025 年，物联网连接量将接近 200 亿个，如图 8-1 所示。

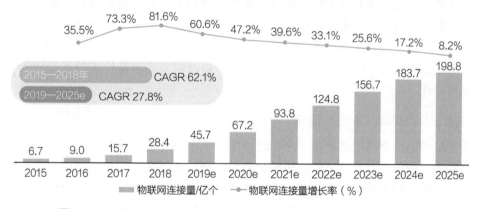

图 8-1　2015—2025 年我国物联网连接量（不包括手机等移动设备）

8.1.3　物联网的发展特点

物联网的发展将出现以下特点。

1. 内生动力不断增强

互联网企业、传统行业企业、设备商、电信运营商全面布局物联网，产业生态初具雏形；连接技术不断突破，低功耗广域网全球商用化进程不断加速；物联网平台迅速增长，服务支撑能力迅速提升；区块链、边缘计算、人工智能等新技术题材不断注入物联网，为物联网带来新的创新活力。受技术和产业成熟度的综合驱动，物联网呈现出"边缘的智能化、连接的泛在化、服务的平台化、数据的延伸化"新特征。

2. 物联网应用场景持续拓展

物联网应用场景迎来大范围拓展，智慧政务、智慧产业、智慧家庭、个人信息化等方面产生大量创新性应用方案，物联网技术和方案在各行业的渗透率不断加速。

3. 垂直行业领军企业开放物联网能力

工业、交通、能源、汽车等垂直行业领军企业深度应用物联网技术，实现自身业务变革，并积累众多物联网技术应用、平台建设及运营能力，目前正逐渐尝试开放其能力，为同行业或其他行业物联网应用赋能。特斯拉在车联网的创新性应用，为车载物联网终端、车联网管理平台、基于数据的服务等领域建立了一个标杆，大量车企和解决方案企业在这一参考下实施车联网方案。工程机械厂商采用物联网方案成功实现产品服务化转型，基于此经验孵化出第三方工业物联网平台，为业内其他企业转型提供服务。

4. 人工智能与物联网加速融合

人工智能与物联网融合起步于智慧家居、智能硬件、服务机器人等消费物联网领域，目前正在向行业物联网渐次渗透，已经在自动驾驶、医疗自动诊断、智能制造、智能安防等众多领域开展应用，正处于规模起量阶段。

5. 边缘计算助力物联网边缘侧赋能

边缘计算不仅可以帮助解决物联网应用场景对更高安全性、更低功耗、更短时延、更高可靠性、更低带宽的要求，还可以极大限度地利用数据，进一步缩减数据处理的成本。在边缘计算的支持下，大量物联网场景的实时性和安全性得到保障，尤其是在一些异构网络场景、带宽资源不足和突发网络中断等网络资源受限场景以及需要高可靠性实时性的场景，边缘计算作用不可替代。

6. 基于区块链拓展分布式物联网

区块链最核心的价值便是通过程序算法来建立一个公开透明的规则，以此为基础来创立一个信任网络，确保点对点之间的信任与交易的安全，这就摒弃了传统的中心化的第三方机构，也省去了统一的账簿更新和验证环节。区块链与物联网的融合创新主要体现在两个方面：一是拓展去中心化、去平台化分布式架构；二是保障物联网数据跨环节、跨行业流动的真实性，拓展物联网应用。目前区块链在产品追溯、车联网等领域均有广阔的应用空间。在产品溯源的生产、加工、销售等多个环节建立区块链账本，形成多方参与、信息透明共享保真的溯源链，直达最终使用方或消费者。

8.2 物联网技术

8.2.1 物联网技术架构

物联网技术架构如图 8-2 所示，分为感知层、网络层和应用层。

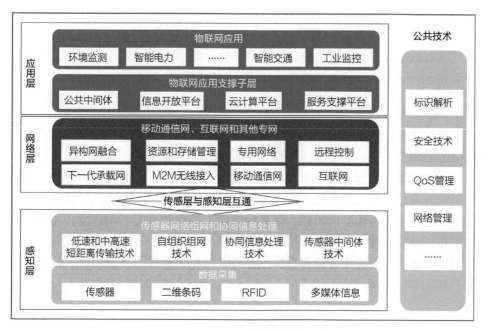

图 8-2 物联网技术架构

1. 感知层

感知层处在物联网的最底层，包括用于数据采集的传感器、二维条码、RFID、多媒体信息，用于信息处理和感知层内部传输的短距离传输技术、自组织网络技术、协同信息处理技术、传感器中间体技术，以及相应的信息化支撑设备（如计算机硬件、服务器、网络设备、终端设备等）。其功能主要用于采集包括各类物理量、标识、音频和视频数据等在内的物理世界中发生的事件和数据。

2. 网络层

网络层由各种移动通信网、互联网和其他专用网络等组成，在物联网中起到信息传输的作用，该层主要用于对感知层和应用层之间的数据进行传递，它是连接感知层和应用层的桥梁。

网络层中的异构网是指网络不具有相同的传输性质和通信协议；下一代承载网是指一个多业务的承载网络，它能够支持数据、语音、视频等多种业务融合的应用；M2M 无线接入是指通过无线技术将数据从一台终端传送到另一台终端。

3. 应用层

应用层主要包括物联网应用支撑子层和各种物联网的应用。应用支撑子层为物联网应用提供信息处理、计算等通用基础服务设施、能力及资源调用接口，以此为基础实现物联网在众多领域的应用。

此外，围绕物联网的三个逻辑层还存在一个公共技术层。公共技术层包括标识解析、安全技术、网络管理和服务质量管理等具有普遍意义的技术，它们被同时应用在物联网技术架构的三个层次。

8.2.2　物联网关键技术

物联网具有数据海量化、连接设备种类多样化、应用终端智能化等特点，其发展依赖于感知与标识技术、信息传输技术、信息处理技术以及信息安全技术等诸多技术。

1. 感知与标识技术

感知与标识技术是物联网的基础，负责采集物理世界中发生的物理事件和数据，实现外部世界信息的感知和识别，主要包括传感器技术和识别技术。

（1）传感器技术　传感器是物联网系统的关键组成部分，传感器的可靠性、实时性、抗干扰性等特性，对物联网应用系统的性能起到举足轻重的作用。物联网领域常见的传感器有距离传感器、光传感器、温度传感器、烟雾传感器、心率传感器、角速度传感器、气压传感器、加速度传感器、湿度传感器以及指纹传感器等。

物联网用传感器主要采用智能传感器，并向微型化、低成本、低功耗、抗干扰、灵活性方向发展，如图8-3所示。

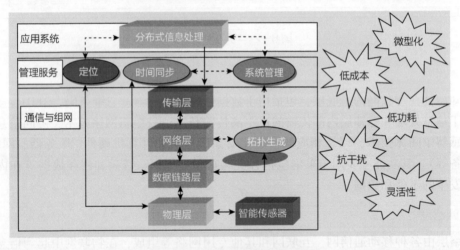

图8-3　物联网中的智能传感器

（2）识别技术　对物理世界的识别是实现物联网全面感知的基础，涵盖物品识别、位置识别和地理识别。

2. 信息传输技术

目前，信息传输技术包含有线传感网络技术、无线传感网络技术和移动通信技术，其中无线传感网络技术应用较为广泛。无线传感网络技术主要又分为远距离无线传输技术和近距离无线传输技术。其中，远距离无线传输技术包括4G、5G、窄带物联网、低功耗物联网等，信号覆盖范围一般在几千米到几十千米，主要应用在远程数据的传输，如智能电表、智能物流、远程设备数据采集等。近距离无线传输技术包括Wi-Fi、蓝牙、UWB、ZigBee、NFC等，信号覆盖范围则一般在几十厘米到几百米之间，主要应用在局域网，比如家庭网络、工厂车间联网、企业办公联网。

3. 信息处理技术

物联网采集的数据往往具有海量性、时效性、多态性等特点，给数据存储、数据查询、质量控制、智能处理等带来极大挑战。信息处理技术的目标是将传感器等识别设备采集的数据收集起来，通过信息挖掘等手段发现数据内在联系，发现新的信息，为用户下一步操作提供支持。当前的信息处理技术有云计算技术、边缘计算技术、智能信息处理技术等。

4. 信息安全技术

信息安全问题是互联网时代十分重要的议题，安全和隐私问题同样是物联网发展面临的巨大挑战。物联网除面临一般信息网络所具有的如物理安全、运行安全、数据安全等问题外，还面临特有的威胁和攻击，如物理俘获、传输威胁、阻塞干扰、信息篡改等。保障物联网安全涉及防范非授权实体的识别，阻止未经授权的访问，保证物体位置及其他数据的保密性、可用性，保护个人隐私、商业机密和信息安全等诸多内容，这里涉及网络非集中管理方式下的用户身份验证技术、离散认证技术、云计算和云存储安全技术、高效数据加密和数据保护技术、隐私管理策略制定和实施技术等。

8.2.3　物联网传感器技术

传感器是一种检测装置，能感受到被测量的信息，并能将感受到的信息按一定规律变换成为电信号或其他所需形式的信息输出，以满足信息的传输、处理、存储、显示、记录和控制等要求。

传感器是整个物联网系统工作的基础，是物联网的关键技术之一。现阶段全球范围内已有 2 万多种传感器产品。

1. 传感器的类型

传感器有很多种分类方法，按测量对象划分和按工作原理划分，主要有以下类型。

（1）按测量对象划分　按测量对象可以分为温度传感器、压力传感器、流量传感器、气体传感器、位移传感器、测速传感器、加速度传感器和测距传感器等。

1）温度传感器。温度传感器是指能感受温度并转换成可用输出信号的传感器，例如用于检测发动机温度、吸入气体温度、冷却水温度、燃油温度和环境温度等。

2）压力传感器。压力传感器是能感受压力信号，并能按照一定的规律将压力信号转换成可用的输出的电信号的器件或装置，例如用于检测气缸负压、大气压、物体压力和油压等。

3）流量传感器。流量传感器是一种通过测量气体或者液体等介质的流量参数并将其转换为输出信号的一种电子元器件，例如用于检测发动机空气流量和燃料流量等。

4）气体传感器。气体传感器是指用于探测在一定区域范围内是否存在特定气体和/或能连续测量气体成分浓度的传感器，例如用于检测车辆内气体和废气排放等。

5）位移传感器。位移传感器又称为线性传感器，是一种属于金属感应的线性器件，其作用是把各种被测物理量转换为电量。在生产过程中，位移的测量一般分为测量实物尺寸和机械位移两种。按被测变量变换的形式不同，位移传感器可分为模拟式和数字式两种。模拟式又可分为物性型和结构型两种。常用的位移传感器以模拟式结构型居多，包括电位器式位移传感器、电感式位移传感器、自整角机、电容式位移传感器、电涡流式位移传感器和霍尔式位移传感器等。数字式位移传感器的一个重要优点是便于将信号直接送入计算机系统。这种传感器发展迅速，应用日益广泛。

6）测速传感器。测速传感器是能测量被测物运行速度的仪器，常用的有测量线速度传感器和测量转速度传感器，例如用于检测发动机转速、车轮转速和行驶车速等。

7）加速度传感器。加速度传感器是一种能够测量加速度的传感器，通常由质量块、阻尼器、弹性元件、敏感元件和适调电路等部分组成。传感器在加速过程中，通过对质量块所受惯性力的测量，利用牛顿第二定律获得加速度值。根据传感器敏感元件的不同，常见的加速度传感器包括电容式、电感式、应变式、压阻式和压电式等。加速度传感器主要用于测量纵向加速度、横向加速度和垂直加速度等。

8）测距传感器。测距传感器主要是指测量距离的传感器，如超声波雷达、毫米波雷达等，用于测量汽车行驶的距离以及汽车至障碍物之间的距离等。

（2）按工作原理划分　按工作原理可以分为电阻式传感器、电容式传感器、电感式传感器、压电式传感器、电磁式传感器、热电式传感器、光电式传感器和电化学式传感器等。

1）电阻式传感器。电阻式传感器是将被测量变化转换成电阻变化的传感器，如空气流量传感器、压力传感器和节气门位置传感器等。

2）电容式传感器。电容式传感器是将被测量变化转换成电容量变化的传感器，如机油传感器、碰撞传感器和燃油液位传感器等。

3）电感式传感器。电感式传感器是将被测量变化转换成电感量变化的传感器，如位置传感器、爆燃传感器和加速度传感器等。

4）压电式传感器。压电式传感器是将被测量变化转换成由于材料受机械力产生静电电荷或电压变化的传感器，如进气压力传感器和减振器传感器等。

5）电磁式传感器。电磁式传感器是指利用磁通量的变化，将被测量在导体中转换成电信号变化的传感器，是利用导体和磁场发生相对运动而在导体两端输出感应电势，如发动机转速传感器、车轮转速传感器和转向盘转角传感器等。

6）热电式传感器。热电式传感器是将被测量变化转换成热生电动势变化的传感器，如水温传感器、空气流量传感器和进气温度传感器等。

7）光电式传感器。光电式传感器是将光通量转换成电量的传感器，如曲轴位置传感器和红外传感器等。

8）电化学式传感器。电化学式传感器是利用被测量的电化学反应，将其变化转换成电位或者电导率变化的传感器，如氧传感器和湿度传感器等。

2. 传感器技术的发展趋势

传感器技术的发展趋势是微型化、多功能化、集成化、智能化和网络化。

（1）微型化　微型传感器具有体积小、成本低、高可靠性等优点，而且它还可以通过微机械加工技术和微米/纳米技术，将微传感器、微执行器以及信号和数据处理装置集成在一个微系统中，可以提高系统测试精度，使测量更加精准。

（2）多功能化　多功能化是指一个传感器能检测 2 个或 2 个以上的特性参数或者化学参

数，从而减少汽车传感器数量，提高系统可靠性。

（3）集成化 集成化是指利用集成电路制造技术和精细加工技术制作成集成式传感器。

（4）智能化 智能化是指传感器与大规模集成电路相结合，带有 CPU，具有智能作用，以减少 ECU 的复杂程度，减少其体积，并降低成本。

（5）网络化 随着汽车智能化和网络化的发展，各种控制系统间的数据通信变得更加频繁，以分布式控制系统为基础构造汽车车载传感器网络是十分必要的，大量数据的快速交换、高可靠性、抗电磁干扰及低成本是车载传感器网络系统的要求。

另外，功能材料对传感器的发展也起着不可替代的作用。随着材料科学的不断进步，在进行各种材料的制造过程中，可以有效地控制其成分，设计出多种应用于传感器的功能材料，有效地降低生产成本。传感器的敏感元件除了由功能材料决定外，加工工艺也对其影响巨大。随着技术的发展，半导体、陶瓷等新型材料广泛应用于传感器的敏感元件，很多现代的制造技术被广泛地引入汽车传感器领域。例如微细加工技术、薄膜技术和离子注入技术等，能制造出可靠性高、体积小且质量轻的微型化敏感元件。

8.2.4 物联网通信技术

无线通信技术是实现物联网最基本的技术，随着无线应用的增长，各种技术和设备也会越来越多，也越来越依赖于无线通信技术。

根据通信距离，无线通信技术可以分为短距离无线通信技术和远距离无线通信技术。

1. 短距离无线通信技术

短距离无线通信和远距离无线通信在传输距离上至今并没有严格的定义，一般来说，只要通信收发两端是以无线电方式传输信息，并且传输距离被限定在较短的范围内（一般是几厘米至几百米），就可以称为短距离无线通信。它具有低成本、低功耗和对等通信三个重要特征。短距离无线通信技术主要有蓝牙技术、紫蜂（ZigBee）技术、无线保真（Wi-Fi）技术、超宽带（UWB）技术、60GHz 技术、红外（IrDA）技术、射频识别（RFID）技术、近场通信（NFC）技术等。

（1）蓝牙技术 蓝牙技术是由爱立信、诺基亚、东芝、IBM 和英特尔五家公司于 1998 年联合宣布共同开发的一种短距离无线通信技术。

蓝牙是一种支持设备之间进行短距离无线通信的技术，它能在包括移动电话、掌上计算机、无线耳机、笔记本计算机、智能汽车、相关外设等众多设备之间进行无线信息交互。利用蓝牙技术能够有效地简化移动通信终端设备之间的通信，也能够简化设备与因特网之间的通信，使数据传输变得更加迅速高效，为无线通信拓宽道路。蓝牙采用分散式网络结构以及快跳频和短包技术，支持点对点及点对多点通信，工作在全球通用的 2.4GHz ISM（即工业、科学、医学）频段，采用时分双工传输方案实现全双工传输。

蓝牙技术具有以下特点：

1）全球范围适用。蓝牙工作在 2.4GHz 的 ISM 频段，全球大多数国家 ISM 频段的范围是 2.4 ~ 2.4835GHz，使用该频段无须向各国的无线电资源管理部门申请许可证，便可直接使用。

2）通信距离为 0.1~10m，发射功率 100MW 时可以达到 100m。

3）可同时传输语音和数据。蓝牙采用电路交换和分组交换技术，支持异步数据信道、三路语音信道以及异步数据与同步语音同时传输的信道。蓝牙有两种链路类型，即异步无连接链路和同步面向连接链路。

4）可以建立临时性的对等连接。根据蓝牙设备在网络中的角色，可分为主设备和从设备。主设备是组网连接主动发起连接请求的蓝牙设备，几个蓝牙设备连接成一个皮网时，其中只有一个主设备，其余都是从设备。皮网是蓝牙最基本的一种网络形式，最简单的皮网是一个主设备和一个从设备组成的点对点的通信连接。

5）抗干扰能力强。工作在 ISM 频段的无线电设备有很多种，为了更好地抵抗来自这些设备的干扰，蓝牙采用了跳频方式来扩展频谱。蓝牙设备在某个频点发送数据之后，再跳到另一频点发送，而频点的排列顺序是伪随机的，每秒钟频率改变 1600 次，每个频率持续 625μs。

6）蓝牙模块体积很小，便于集成。

7）功耗低。蓝牙设备在通信连接状态下，有四种工作模式——激活模式、呼吸模式、保持模式和休眠模式。激活模式是正常的工作状态，另外三种模式是为了节能所规定的低功耗模式。

8）接口标准开放。蓝牙技术联盟为了推广蓝牙技术的应用，将蓝牙的技术标准全部公开，全世界范围内的任何单位和个人都可以进行蓝牙产品的开发。蓝牙产品只要能通过蓝牙技术联盟的兼容性测试，就可以进入市场。

9）成本低。随着市场需求的扩大，各个供应商纷纷推出自己的蓝牙芯片和模块，蓝牙产品价格逐渐下降。

蓝牙技术主要有 3 个方面的应用，即外围设备互联、个人局域网、语音/数据接入。外围设备互联是指将各种设备通过蓝牙链路连接到主机；个人局域网主要用于个人网络和信息的共享；语音/数据接入是将一台计算机通过安全的无线链路连接到广域网。

（2）紫蜂（ZigBee）技术　ZigBee 是以 IEEE 802.15.4 标准为基础发展起来的短距离无线通信技术。2000 年 12 月成立工作小组起草 IEEE 802.15.4 标准，为了促进 ZigBee 技术的发展，2001 年 8 月成立 ZigBee 联盟。

ZigBee 技术是一种短距离双向无线通信技术，主要用于距离短、功耗低且传输速率不高的各种电子设备之间进行数据传输以及典型的有周期性数据、间歇性数据和低反应时间数据传输的应用。

ZigBee 技术是一种低速短距离传输的无线网络协议。ZigBee 协议从下到上分别为物理层、媒体访问控制层、传输层、网络层和应用层等。

ZigBee 是一种无线连接技术，可工作在 2.4GHz（全球流行）、868MHz（欧洲流行）和 915MHz（美国流行）三个频段上，分别具有最高 250kbit/s、20kbit/s 和 40kbit/s 的传输速率；不同频段可使用的信道分别为 16 个、1 个和 0 个；它的传输距离一般在 10~100m 的范围内。

ZigBee 技术具有以下特点：

1）低功耗。由于 ZigBee 的传输速率低，发射功率仅为 1MW，而且采用了休眠模式，功耗低，因此 ZigBee 设备非常省电。

2）低成本。通过大幅简化协议（不到蓝牙的1/10），降低了对通信控制器的要求，而且 ZigBee 免协议专利费。

3）低速率。ZigBee 工作速率为 20～250kbit/s，分别提供 250kbit/s（2.4GHz）、40kbit/s（915MHz）和 20kbit/s（868MHz）的原始数据吞吐率，满足低速率传输数据的应用需求。

4）短距离。传输范围一般介于 10～100m 之间，在增加发射功率后，也可增加到 1～3km，这指的是相邻节点间的距离。如果通过路由和节点间通信的接力，那么传输距离可以更长。

5）短时延。ZigBee 的响应速度较快，一般休眠激活的时延只需15ms，节点连接进入网络只需30ms，活动设备信道接入只需15ms，进一步节省电能。相比较，蓝牙需要 3～10s，Wi-Fi 需要 3s。

6）高容量。ZigBee 可采用星形、对等和混合网络结构，由一个主节点管理若干子节点，一个主节点最多可管理 254 个子节点；同时主节点还可由上一层网络节点管理，最多可组成 65000 个节点的大网；一个区域内可以同时存在最多 100 个 ZigBee 网络，而且网络组成灵活。

7）高安全。ZigBee 提供了三级安全模式，包括无安全设定、使用访问控制清单防止非法获取数据以及采用高级加密标准的对称密码，以灵活确定其安全属性。

8）高可靠。采取碰撞避免策略，同时为需要固定带宽的通信业务预留专用时隙，避开了发送数据的竞争和冲突。媒体访问控制层采用了完全确认的数据传输模式，每个发送的数据包都必须等待接收方的确认信息。如果传输过程中出现问题可以进行重发。

9）免执照频段。使用工业科学医疗（ISM）频段、915MHz（美国）频段、868MHz（欧洲）频段以及 2.4GHz（全球）频段，均为免执照频段。

随着 ZigBee 技术的进一步完善，基于 ZigBee 技术的产品正逐渐被开发。采用 ZigBee 技术的无线网络应用领域有数字家庭领域、工业领域和智能交通领域等。

（3）无线保真（Wi-Fi）技术　Wi-Fi 是由接入点和无线网卡组成的无线局域网络。目前，Wi-Fi 已经成为人们生活必不可少的工具。

Wi-Fi 是以 IEEE 802.11 标准为基础发展起来的短距离无线通信技术。随着技术的发展以及 IEEE 802.11a、IEEE 802.11g、IEEE 802.11n 等标准的出现，现在 IEEE 802.11 这个标准已统称为 Wi-Fi 技术。802.11 有各种不同的版本，版本不同，所对应的 Wi-Fi 特性也有差别。例如 802.11g 工作在 2.4GHz 频段，所支持的最大传输速率为 54Mbit/s；802.11n 工作在 2.4GHz 或 5.0GHz 频段，最大传输速率为 600Mbit/s。

Wi-Fi 技术具有以下特点：

1）覆盖范围大。覆盖半径可以达到数百米，而且解决了高速移动时数据的纠错问题和误码问题，Wi-Fi 设备与设备、设备与基站之间的切换和安全认证都得到了很好的解决。

2）传输速率快。不同版本的传播速率不同，基于 802.11n 的传播速率可以达到 600Mbit/s。

3）健康安全。IEEE 802.11 规定的发射功率不可超过 100MW，实际发射功率为 60～70MW，辐射非常小。

4）无须布线。可以不受布线条件的限制，不需要网络布线，适合移动设备。

5）组建容易。在需要的地方设置接入点并通过高速线路将互联网接入，用户只需将支持无线局域网的设备拿到该区域，即可进入互联网。

Wi-Fi 技术凭借其低成本、低功耗、灵活、可靠等优势在物联网产业中发挥着重要作用。Wi-Fi 技术在物联网中广泛应用于电力监控、油田监测、环境监测、气象监测、水利监测、热网监测、电表监测、机房监控和供水监控等。

（4）超宽带（UWB）技术　UWB 技术能够为无线局域网和个人域网的接口卡和接入技术带来低功耗、高带宽并且相对简单的无线通信技术，已经成为短距离、高速无线网络最热门的物理层技术之一。

UWB 是指信号宽带大于 500MHz 或者信号宽带与中心频率之比大于 25% 的短距离无线通信技术。例如一个中心频率为 1GHz 的 UWB 系统，它的射频带宽应在 250MHz 以上。UWB 技术是一种无载波通信技术，它采用极短的脉冲信号来传送信息，通常每个脉冲持续的时间只有十几皮秒到几纳秒。UWB 技术也称为脉冲无线电、脉冲雷达、时域技术或无载波技术等。

UWB 技术具有以下特点：

1）传输速率高，空间容量大。在 UWB 系统中，信号宽带高达 0.5 ~ 7.5GHz，传输速率最高可达 1Gbit/s。因此，将 UWB 技术应用于短距离高速传输场合是非常合适的，可以极大地提高空间容量。

2）适合近距离通信。UWB 系统的辐射功率非常有限，3.1 ~ 10.6GHz 频段总辐射功率仅为 0.55MW，远低于传统窄带系统。随着传输距离的增加，信号功率将不断衰减。另外，超宽带信号具有极其丰富的频率成分，无线信道在不同频率表现出不同的衰减特性。由于随着传输距离的增加高频信号衰减极快，导致 UWB 信号产生失真，严重影响系统性能。研究表明，当收发信机之间的距离小于 10m 时，UWB 系统的信道容量将高于 5GHz 频段的 WLAN 系统；当收发信机之间的距离超过 12m 时，UWB 系统的容量急剧下降。因此，UWB 系统特别适合近距离通信。

3）隐蔽性好。因为 UWB 的频谱非常宽，能量密度非常低，所以信息传输安全性高。另一方面，由于能量密度低，所以 UWB 设备对于其他设备的干扰非常低。

4）多径分辨能力强。由于 UWB 极高的工作频率和极低的占空比而具有很高的分辨率，窄脉冲的多径信号在时间上不易重叠，很容易分离出多径分量，故而能充分利用发射信号的能量。试验表明，对常规无线电信号多径衰落深达 10 ~ 30dB 的多径环境，UWB 信号的衰落最多不到 5dB。

5）定位精度高。冲击脉冲具有很高的定位精度，采用超宽带无线通信，可在室内和地下进行精确定位，而 GPS 定位系统只能工作在 GPS 定位卫星的可视范围之内。与 GPS 提供的绝对地理位置不同，超短脉冲定位器可以给出相对位置，其定位精度可达厘米级。

6）抗干扰能力强。UWB 扩频处理增益主要取决于脉冲的占空比和发送每个比特所用的脉冲数。UWB 的占空比一般为 0.001 ~ 0.01，具有比其他扩频系统高得多的处理增益，抗干扰能力强。一般来说，UWB 抗干扰处理增益在 50dB 以上。

7）穿透能力强。在具有相同绝对带宽的无线信号中，UWB 脉冲的频率最低，相对于毫米波信号具有更强的穿透能力。

8）体积小，功耗低。UWB 无线通信系统接收机没有本振、功放、锁相环、压控振荡器、频器等，因而结构简单，设备成本低。由于 UWB 信号无须载波，而是使用间歇的脉冲来发送数据，脉冲持续时间很短，一般在 0.20~1.5ns 之间，有很低的占空因数，因此它只需要很低的电源功率。一般 UWB 系统只需要 50~70MW 的电源，是蓝牙技术的 1/10。

UWB 技术是一种技术手段先进且性价比较高的短距离无线通信技术，在办公及家庭环境、军事领域、成像、传感器网络和智能交通领域具有广阔的应用前景。

（5）60GHz 技术 60GHz 技术是指通信载波为 60GHz 附近频率的短距离无线通信技术。60GHz 通信载波是波长为毫米级的无线电磁波，属于毫米波，具有频带宽、波长短的基本特征。这些频率特征决定 60GHz 频段的电磁波具有极强的数据传输能力和极高的波形分辨率。

60GHz 技术具有以下特点：

1）频谱资源丰富。60GHz 波段可用于无线通信的连续频率带宽达 7~9GHz，并且是免许可的免费资源。目前无线低频段大部分已被占用，大量的低频无线电的频谱空间被分配给了无线本地通信的应用，例如 2.4GHz 的无线低频频段就挤满了 ZigBee、蓝牙、微波和其他应用。各国政府都在 60GHz 频率附近划分出免许可的连续免费频谱，专门用于短距离的无线通信。比如，韩国和北美国家划出 57~64GHz 频段，日本和欧洲国家划出 59~66GHz 频段，我国划出 59~64GHz 频段。随着无线频谱资源越来越稀缺，60GHz 毫米波无线通信技术在 60GHz 频率周围能够利用的资源之多、频段之广，要远远超出其他几种无线通信技术。因此，60GHz 毫米波无线通信技术可以提供更快的传输速率和更优质的通信质量。

2）传输速率高。由于 60GHz 毫米波无线通信技术拥有极大的带宽，传输速率随着带宽的增加而增加，所以 60GHz 毫米波无线通信技术的理论传输速率极限可以达到千兆级。对于其他几种无线通信技术来说，由于频谱资源和带宽的限制，要达到千兆级的传输速率从理论上来说不是不可能，而且必须要采用高阶调制等极其复杂的技术，大大增加了实现的难度，并且对信道的信噪比要求更高，在现实中几乎不可能实现。而 60GHz 毫米波无线通信技术因为有足够的带宽资源，无须使用复杂技术就可以在较低的信噪比条件下达到兆比特级的传输速率，性能是其他无线传输技术的数十倍。

3）抗干扰性强。60GHz 无线信号的方向性很强，使得几个不同方向的 60GHz 通信信号之间的相互干扰非常小，几乎可以忽略不计。目前使用该频段进行无线通信的技术很少，而且主要使用的无线通信技术的载频基本都远远小于 60GHz。因此，通信系统之间的干扰也很小，同样可以忽略不计。

4）安全性高。传输路径的自由空间损耗在 60GHz 附近频率时约为 15dB/km，并且墙壁等障碍物对毫米波的衰减很大，这使得 60GHz 无线通信在短距离通信的安全性能和抗干扰性能上存在得天独厚的优势，有利于近距离小范围组网。

5）方向性强。99.9% 的波束集中在 4.7° 范围内，极强的窄波束特别适合点对点的无线通信。

6）易于实现频率复用。60GHz 电磁波的路径损耗大，传输距离近，适合在近距离内实现频率复用。加之载波方向性强，抗干扰能力也强，使得多条同频传输链路可在同一空间内共存，实现空间复用，有效提升网络通信容量。

7）最大发射功率限制小。60GHz 波段占用的频率少，相对比较空闲，且远离传统通信系统的工作频段，使用较高的发射功率也不会对别的无线通信系统造成干扰。因此，60GHz 波段所允许的最大发射功率限制小，可利用较高的发射功率来提高数据速率。

8）天线尺寸小和电路可集成化。天线的尺寸与载波波长的数量级相比，由于60GHz载波波长处于毫米级别，其天线的尺寸相对低波段天线大为减小，可以弥补载波在传输过程中的路径损耗，也有利于实现电路的集成。此外，与低波段电磁波相比，60GHz的载波更短，除了能降低天线的尺寸外，还可以显著降低元器件的尺寸，提高通信设备的集成度。

由于60GHz的无线频点处于大气传播中的衰减峰值，频段不适合长距离通信（大于2km），故可以全部分配给短距离通信。在以60GHz为中心的8GHz范围内，衰减也不超过10dB/km。因此，无线本地通信有8GHz的带宽可用。对短距离通信来说，60GHz的频段最具有吸引力。

60GHz技术具有高速率、大容量、抗干扰、安全性能好等优点，特别适合高速率、短距离内的通信，可以广泛用于无线个域网、无线高清多媒体接口、海量文件的传输、医疗成像和汽车防撞报警系统等。

（6）红外（IrDA）技术 IrDA技术是一种利用红外线进行点对点短距离无线通信的技术。红外线是波长在$0.75 \sim 1000 \mu m$之间的电磁波，它的频率高于微波而低于可见光，是一种人眼看不到的光线。红外线可分为三部分：近红外线，波长为$(0.76 \sim 1) \sim (2.5 \sim 3)$ μm；中红外线，波长为$(2.5 \sim 3) \sim (25 \sim 40)$ μm；远红外线，波长为$(25 \sim 40) \sim 1000 \mu m$。IrDA通信一般采用红外波段内的近红外线，波长的范围限定在$0.85 \sim 0.9 \mu m$之内。

IrDA通信发送端采用脉时调制方式，将二进制数字信号调制成某一频率的脉冲序列，并驱动红外发射管以光脉冲的形式发送出去；接收端将接收到的光脉冲转换成电信号，再经过放大、滤波等处理后经解调电路进行解调，把它还原为二进制数字信号后输出。总之，IrDA通信的本质就是对二进制数字信号进行调制与解调，使它有利于使用红外线进行传输。

IrDA通信按发送速率分为三大类——串行红外（SIR）、中红外（MIR）和高速红外（FIR）。SIR的速率覆盖RS－232端口通常支持的速率（9.60 ~ 115.2kbit/s）；MIR可支持0.576Mbit/s和1.152Mbit/s的速率；FIR通常用于4Mbit/s的速率，最高达到16Mbit/s的速率。

1）IrDA技术具有以下特点：

①稳定性好。由于红外传输采用的是模拟传输方式，并不像蓝牙、无线射频等技术采用数字信号传输方式，所以几乎没有任何相似的信号对它产生干扰。

②私密性强。红外传输技术是一种利用红外线作为载体进行数据传输的技术。在日常生活中，红外传输技术随处可见，最典型的是电视机、空调等家用电器通过红外遥控器进行控制。

③功率低。功率小于40MW。

④成本低廉。红外传输技术已非常成熟，上下游产业链也极为发达，相对于蓝牙、Wi-Fi等无线传输技术，在成本上有明显的优势。

2）IrDA技术具有以下局限性：

①IrDA技术是两个具有IrDA端口的设备之间的数据传输，中间不能有阻挡物。这在两个设备之间是容易实现的，但在多个电子设备间就必须调整彼此的位置和角度等。

②由于红外线发射角度一般不超过30°，所以可控性比较小，发送方和接收方的位置要相对固定，移动性差。

③如果红外线频率过高，就会导致人类眼睛与皮肤受到损伤。因此在设置红外无线通信时，需要严格控制红外发射强度。

IrDA 技术可应用在家庭生活、军事、医学、遥感探测和智能汽车等方面。

（7）射频识别（RFID）技术　RFID 技术是 20 世纪 90 年代开始兴起的一种自动识别技术。RFID 技术也称电子标签，是一种短距离无线通信技术，可以通过无线电信号识别特定目标并读写相关数据，而无须识别系统与特定目标之间建立机械或者光学接触，因此，它是一种非接触式的自动识别技术。

RFID 技术具有以下特点：

1）读取方便快捷。数据的读取无须光源，甚至可以透过外包装来进行。有效识别距离更大，采用自带电池的主动标签时，有效识别距离可达到 30m 以上。

2）识别速度快。标签一进入磁场，阅读器就可以即时读取其中的信息，而且能够同时处理多个标签，实现批量识别。

3）数据容量大。数据容量最大的二维条形码，最多也只能存储 2725 个数字；若包含字母，则存储量会更少；RFID 标签则可以根据用户的需要将存储量扩充到数万个数字。

4）穿透性和无屏障阅读。在被覆盖的情况下，RFID 能够穿透纸张、木材和塑料等非金属或非透明材质，并能够进行穿透性通信。

5）使用寿命长、应用范围广。无线通信方式使 RFID 可以应用于粉尘、油污等高污染环境和放射性环境，而且封闭式包装使得 RFID 标签寿命大大超过印刷的条形码。

6）标签数据可动态更改。利用编程器可以向标签写入数据，从而赋予 RFID 标签交互式便携数据文件的功能，而且写入时间比打印条形码的时间更短。

7）安全性好。不仅可以嵌入或附着在不同形状、类型的产品上，而且可以为标签数据的读写设置密码保护，从而具有更高的安全性。

8）动态实时通信。标签以每秒 50 ~ 100 次的频率与阅读器进行通信，只要 RFID 标签所附着的物体出现在阅读器的有效识别范围内，就可以对其位置进行动态追踪与监控。

射频技术应用非常广泛，特别是在服装零售业、航空、智能制造、防伪溯源、资产管理、智能交通和新零售终端等领域。

（8）近场通信（NFC）技术　NFC 技术是由飞利浦公司发起，由诺基亚、索尼等厂商联合主推的一项无线通信技术。NFC 技术又称近距离无线通信技术，是一种短距离的高频无线通信技术，允许电子设备之间进行非接触式点对点信息传输，交换数据、图片和视频等。该技术结合了非接触式射频识别及无线连接技术，作用于 13.56MHz 频率，传输距离一般在 20cm 内，传输速率有 106kbit/s、212kbit/s 和 424kbit/s 三种。

NFC 技术具有以下特点：

1）近距离感应。NFC 设备之间的极短距离接触，主动通信模式为 20cm，被动通信模式为 10cm，让信息能够在 NFC 设备之间点对点快速传递。

2）安全性。NFC 是一种短距离通信技术，设备必须靠得很近，从而提供固有的安全性；也可以通过加/解密系统来确保移动设备之间的安全通信。

3）处理速度快。从 NFC 移动设备侦测、身份确认到数据存取只需 0.1s 即可完成。

4）连接快速。NFC 能够快速自动地建立无线网络，为蜂窝设备、蓝牙设备、Wi-Fi 设备提供一个"虚拟连接"，使电子设备可以在短距离范围内进行通信。NFC短距离交互大大简化了整个认证识别过程，使电子设备间互相访问更直接、更安全和更清楚。

NFC技术近年来发展迅速，在智能媒体、手机支付、电子票证以及智能汽车等方面有着广泛的应用前景。

2. 远距离无线通信技术

当无线通信传输距离超过短距离无线通信的传输距离时，称为远距离无线通信。远距离无线通信技术主要有移动通信技术、微波通信技术和卫星通信技术等。

（1）移动通信技术　移动通信技术是指通信的双方至少有一方在运动中实现通信的方式，包括移动台与固定台之间、移动台与移动台之间、移动台与用户之间的通信技术。在移动通信中，常处于移动状态的电台称为移动台，常处于固定状态的电台称为基地台或基站。

与固定通信相比，移动通信技术具有以下特点：

1）移动性。就是要保持物体在移动状态中的通信，因而它必须是无线通信，或无线通信与有线通信的结合。移动通信的传输信道是无线信道，也称无线移动信道。

2）电波传播环境复杂多变。因移动体可能在各种环境中运动，电磁波在传播时会产生反射、折射、绕射、多普勒效应等现象，产生多径干扰、信号传播延迟和展宽等效应。另外，移动台相对于基地台距离远近变化会引起接收信号场强的变化，即存在远近效应。

3）噪声和干扰严重。移动通信会受到城市环境中的汽车噪声、各种工业噪声的影响，以及移动用户之间的互调干扰、邻道干扰和同频干扰等。

4）系统和网络结构复杂。移动通信是一个多用户通信系统网络，必须使用户之间互不干扰，能协调一致地工作。此外，移动通信系统还应与市话网、卫星通信网、数据网等互联，整个网络结构较为复杂。

5）用户终端设备（移动台）要求高。用户终端设备除技术含量很高外，还要求手持机体积小、质量轻、防振动、省电、操作简单、携带方便；对于车载台而言，还应保证在高低温变化等恶劣环境下也能正常工作。

6）要求有效的管理和控制。由于系统中用户终端可移动，所以为了确保与指定的用户进行通信，移动通信系统必须具备很强的管理和控制功能，如用户的位置登记和定位、呼叫链路的建立和拆除、信道的分配和管理、越区切换和漫游的控制、鉴权和保密措施、计费管理等。

（2）微波通信技术　微波通信技术是使用波长在0.1mm～1m之间的电磁波——微波进行的通信技术。该波长段电磁波所对应的频率范围是0.3～3000GHz。与同轴电缆通信、光纤通信和卫星通信等现代通信网传输方式不同的是，微波通信是直接使用微波作为介质进行的通信，不需要固体介质，当两点间直线距离内无障碍时就可以使用微波传送。微波通信的容量大、质量好并可传至很远的距离，因此微波是国家通信网的一种重要通信手段，也普遍适用于各种专用通信网。

微波通信技术具有以下特点：

1）快速安装。微波通信系统的每个终端站或中继站一般由体积较小的室外单元和一副定向天线连接在一起，室外单元再通过中频电缆和室内单元接连，完成信号传输和馈电。微波通信占用面积小，安装维护方便，便于快速组网。

2）抵御自然灾害和人为破坏能力强。微波通信的通信链路是空间介质，传输路线不易因自然灾害和人为破坏而受到影响，即使站点受到自然或人为因素的破坏，也会因其易于安装和维护的特点而避免遭受大的损失。

3）受地理条件制约小。数字微波通信则因其空间介质传输的特点基本不受地理条件的影响与制约，在许多地形复杂的山区、大草原、沙漠、沼泽地带和被水面、公路隔断的区域，可以快速建立微波通信网络。

4）设备体积小、功耗低。由于微波传输设备大量采用集成电路，所以设备的体积小、电源损耗小，数字信号在传播的过程中抗抗干扰能力强。因此可以降低设备的发射功率，使功放体积和输出功率减小，功耗降低。

微波通信技术频率范围宽，通信容量大，传播相对较稳定，通信质量高，采用高增益天线时可实现强方向性通信，抗干扰能力强，可实施点对点、一点对多点或广播等形式的通信联络。它是现代通信网的主要传输方式之一，也是空间通信的主要方式。

（3）卫星通信技术　卫星通信是指利用人造地球卫星作为中继站转发无线电信号，在两个或多个地面站之间进行的通信。地面站是指在地球表面（包括地面、海洋和大气中）的无线电通信站。卫星通信是在地面微波中继通信和空间技术的基础上发展起来的，通信卫星的作用相当于离地面很高的微波中继站。

1）卫星通信技术具有以下特点：

①通信距离远，且建站成本几乎与通信距离无关。以静止卫星为例，卫星距地面35000km，其视区可达地球表面的42%，最大通信距离可达18000km，中间无须再加中继站。只要视区内的地面站与卫星间的信号传输满足技术要求，通信质量便有保障，建站经费不因通信距离的远近而变化。因此，在远距离通信中，卫星通信比微波通信、电缆通信及光缆通信等有明显优势。

②通信容量大，业务种类多，通信线路稳定可靠。由于卫星通信采用微波频段，所以可供使用的频带资源较宽，一般在数百兆赫以上，适于多种业务传输。随着技术的发展，卫星通信的容量越来越大，传输业务的类型越来越多样化。卫星通信的电波主要在大气层以外的宇宙空间传输，而宇宙空间近乎真空状态，电波传播比较稳定，且受地面和环境条件影响小，通信质量稳定可靠。

③覆盖面积大，便于实现多址连接。通信卫星所覆盖的区域内，所有地面站都能利用该卫星进行通信，即可多址连接。这是卫星通信的突出优点，它为通信网络的组成提供高效性和灵活性。同时，对于移动站或小型地面终端提供高度的机动性。

④卫星通信机动灵活。地面站的建立不受地理条件的限制，可建在边远地区、岛屿、汽车、轮船和飞机上。

⑤可以自发自收进行监测。只要地面站收发端处于同一覆盖区，通过卫星向对方发送的信号自己也能接收，从而可以监视本站所发信息是否正确传输，以及通信质量的优劣。

2）卫星通信也有以下不足：

①卫星的发射和控制技术比较复杂。卫星从发射到精确定位，并保持很小的漂移，技术难度大；星站之间的通信距离较远，传播损耗大，为保证信号质量，需要采用高增益天线、

大功率发射机、低噪声接收设备和高灵敏度调解器等，这就提高了设备成本，也降低了其便携性。

②有较大的传播时延。在静止卫星通信系统中，星站之间的单程传播时延约为0.27s，进行双向通信时，往返的传输时延约为0.54s。

8.3 物联网技术的应用

8.3.1 物联网的应用领域

物联网的应用主要体现以下方面：

1）面向需求侧的消费性物联网，即物联网与移动互联网相融合的移动物联网，创新高度活跃，孕育出可穿戴设备、智能硬件、智能家居、车联网、健康养老等规模化的消费类应用。

2）面向供给侧的生产性物联网，即物联网与工业、农业、能源等传统行业深度融合形成行业物联网，成为行业转型升级所需的基础设施和关键要素。

3）智慧城市发展进入新阶段，基于物联网的城市立体化信息采集系统正加快构建，智慧城市成为物联网应用集成创新的综合平台。

从全球范围来看，产业物联网（包括生产性物联网和智慧城市物联网）与消费物联网基本同步发展，但双方的发展逻辑和驱动力量有所不同。消费物联网作为体验经济，会持续推出简洁、易用和对现有生活有实质性提升的产品来实现产业的发展；产业物联网作为价值经济，需以问题为导向，从解决工业、能源、交通、物流、医疗、教育等行业、企业最小的问题到实现企业变革转型之间各类大小不同的价值实现，即有可能做到物联网在企业中的落地。

图8-4所示为典型的物联网应用场景。

图8-4 典型的物联网应用场景

1. 智能家居

智能家居是兼备建筑、网络通信、信息家电、设备自动化，集系统、结构、服务、管理为一体的高效、舒适、安全、便利、环保的居住环境。智能家居涵盖智能家电控制、智能灯光控制、智能影音、智能安防、远程监控、信息服务以及网络教育等。

图8-5所示为智能家居架构图。

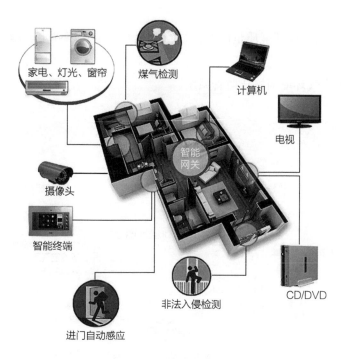

图 8-5　智能家居架构图

2. 智能农业

智能农业是集新兴的互联网、云计算和物联网技术为一体，依托部署在农业生产现场的各种传感节点和通信网络实现农业生产环境的智能感知、智能预警、智能决策、智能分析及专家在线指导等，为农业生产提供精准化种植、可视化管理和智能化决策。

图 8-6 所示为农业监测物联网架构。

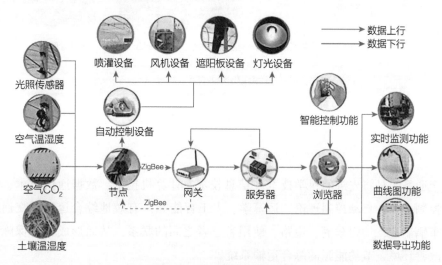

图 8-6　农业监测互联网架构

3. 环境监测

环境监测是通过对反映环境质量的指标进行监视和测定，以确定环境污染状况和环境质量的高低。

图 8-7 所示为大气环境网格化监管系统。

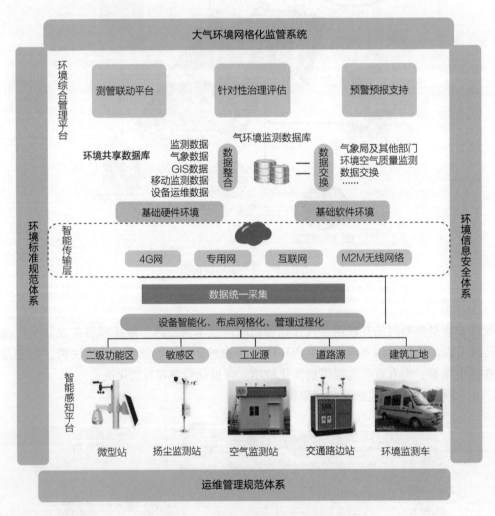

图 8-7　大气环境网格化监管系统

4. 智能交通

智能交通系统是将先进的科学技术（信息技术、计算机技术、数据通信技术、传感器技术、电子控制技术、自动控制理论、运筹学、人工智能等）有效地综合运用于交通运输、服务控制和车辆制造，加强车辆、道路、使用者三者之间的联系，从而形成一种保障安全、提高效率、改善环境、节约能源的综合运输系统。

图 8-8 所示为未来智能交通示意图。

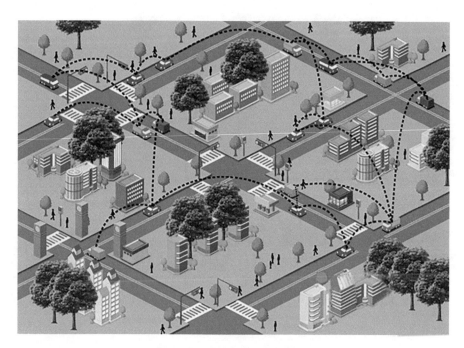

图 8-8　未来智能交通示意图

5.智能电网

智能电网是建立在集成的、高速双向通信网络的基础上，通过先进的传感和测量技术、设备技术、控制方法以及先进的决策支持系统技术的应用。智能电网实现了电网的可靠、安全、经济、高效、环境友好和使用安全的目标，其核心内涵是实现电网的信息化、数字化、自动化和互动化。

智能电网包括智能发电、智能输电、智能配电和智能用电，如图 8-9 所示。

图 8-9　智能电网

6.工业控制

工业控制主要是指使用计算机技术、微电子技术、互联网等，使工厂的生产和制造过程更加自动化、效率化、精确化，并具有可控性及可视性。

图 8-10 所示为工业控制架构。

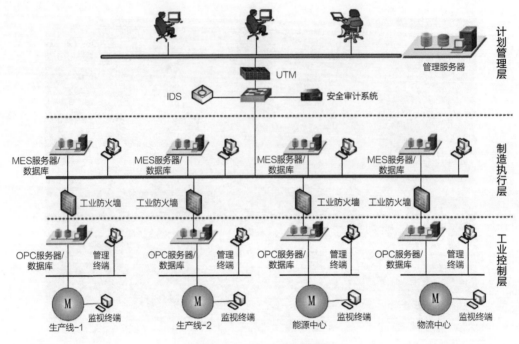

图 8-10 工业控制架构

8.3.2 车联网

1. 车联网的定义

车联网是物联网在汽车行业和交通系统领域的典型应用。车联网是由车内网、车云网、车际网构成的"三网"融合的网络，是汽车、交通、信息通信技术相互交叉的领域。车内网指利用总线技术建立一个标准化的整车网络；车云网是车载终端通过蜂窝通信技术与外部移动互联网实现互联互通；车际网是基于标准通信技术构建的动态通信网络。

传统车联网主要提供远程车载信息服务，"三网"保持相对独立状态，并无交集。然而，随着车辆智能化的发展以及通信技术的快速演进，人们对于车联网的需求已逐渐发展到智能化交通管理、智能动态信息服务及车辆的智能化控制等方面。"三网"需紧密协同，逐步融合，实现车与车、车与人、车与路以及车与网的全方位网络连接，从而进行智能信息的共享与交换，具备复杂环境感知、智能决策、协同控制等功能，提升汽车智能化、网联化水平，推动自动驾驶和智能交通发展。

随着"三网"的融合发展，车联网的服务内容也将逐步丰富。目前产业界普遍将车联网的发展划分为三个阶段，即车载信息服务、智能辅助驾驶、自动驾驶及智能交通。

下一代车联网主要指以 V2X 为核心，以智能化和网联化为基础的智能辅助驾驶、自动驾驶及智能交通，即车联网的后两个阶段。

2. 车联网体系架构

车联网体系架构如图 8-11 所示。它由终端层、网络层、应用层、业务支撑和运营支撑组成，形成"端-管-云"的闭环系统。

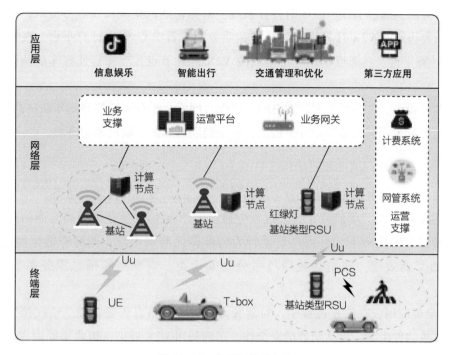

图 8-11 车联网体系架构

图 8-12 所示为中国移动基于蜂窝网技术的下一代车联网通信体系架构。

在空口方面，通过优化 Uu 接口，解决 V2X 的时延及容量问题，同时引入直连通信技术（PC5 接口），解决密集车辆高移动场景下的低时延、大带宽、高移动性问题。

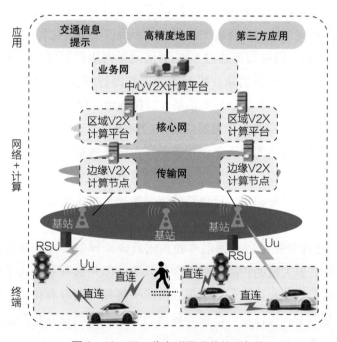

图 8-12 下一代车联网通信体系架构

在平台方面，通过引入多级实时计算系统，根据智能汽车应用及业务需求，分阶段部署中心、区域和边缘的 V2X 计算平台，分别在业务网部署中心 V2X 计算平台、在核心网部署区域 V2X 计算平台、在靠近基站侧部署边缘 V2X 计算节点，支撑智能汽车的高性能、实时计算需求。

在终端方面，引入多形态车联网终端，以配合网络、平台实现端到端车联网高性能业务。同时将引入针对车联网的端到端安全机制，保证健康可靠的车联网通信环境。

3. 下一代车联网的重点业务场景

下一代车联网的重点业务场景分为辅助驾驶类、自动驾驶及智能交通类。

（1）辅助驾驶类　车辆可在行驶过程中通过 V2X 通信收集获取道路交通信息。驾驶人在辅助驾驶信息的提示下，可提高驾驶行为的准确性与安全性，同时降低车辆能源消耗，提升整体的交通效率。辅助驾驶阶段可分为安全类、效率类和信息服务类等几类应用场景。

1）安全类应用。在驾驶过程中，对驾驶人进行危险信息告警，紧急情况预警可以有效降低交通事故的发生率，提高交通的安全性。车辆利用 V2X 通信，可收集周边车辆的状态信息，交通基础设施信息及慢速行人等状态信息，提前获取安全类预警提示信息。典型的安全类应用如前车碰撞预警、弯道限速预警和行人横穿预警等。

2）效率类应用。车辆通过 V2X 通信，可在十字路口、施工路段等易造成拥塞的地区提前获知交通信息，结合辅助驾驶的策略建议，进行合理避让通行。车辆间还可利用 V2X 通信交互驾驶信息，协作驾驶行为，提高复杂路段的车辆通过率，有效提高交通效率。典型的效率类应用如协同式自适应巡航、道路施工预警和十字路口交通优化等。

3）信息服务类应用。服务商可通过 V2X 通信向车内用户提供导航定位、软件更新等服务类应用，满足用户的信息服务需求，提升驾驶人的出行感受。相对安全类和效率类应用，该类应用对通信要求较低。典型场景如停车场入口控制和远程车辆诊断等。

（2）自动驾驶及智能交通类　随着通信技术的演进及汽车技术的更新换代，车辆与周边事务的信息交互不再只是辅助驾驶人完成车辆操控，越来越精准的信息可保证车辆能够在无人驾驶的情况下实现自主操控，这就需要信息传递具有超高可靠性与超低时延，同时也要满足视频、图片等大容量信息的输出。自动驾驶阶段的场景可主要分为远程驾驶、车辆编队及传感器信息共享等。

1）远程驾驶。远程驾驶是指车辆由驾驶人或云计算程序实现车辆的远程操控，即实现人车分离。自动驾驶需要大量的传感器和复杂的算法，但是远程驾驶由于有人类操作员，故而规避了这些复杂的传感器和算法。如果车载摄像头将现场的视频传给远程驾驶人，在不需要任何复杂计算的帮助下，操作员可以很容易地感知到车辆的潜在危险。基于该视频，远程驾驶人可向车辆发送驾驶命令。

2）车辆编队。编队行驶是指一组车辆以非常靠近的方式行驶。为保持车队内车辆间距，车辆间需要分享状态信息，例如速度、行驶方向和制动加速度等信息。利用编队行驶，车辆间的距离可以稳定地保持在一个相对较小的状态，总体上油耗降低，驾驶人的数量也会大大减少。

3）传感器信息共享。传感器信息共享是指车辆同周围车辆、路侧基础设施或云端实现实时信息交互（包括图片、视频等大容量信息）。该类信息的获取可以辅助车辆更好地避免安全事故，同时也可以帮助车辆构建整体态势感知，即动态地图，从而提升车辆对于周围环境的感知能力。

参 考 文 献

[1] 杨竹青，等. 新一代信息技术导论 [M]. 北京：人民邮电出版社，2020.

[2] 艾瑞咨询研究院. 中国人工智能产业研究报告 [Z]. 2019.

[3] 亿欧智库. 2019 年中国人工智能商业落地研究报告 [Z]. 2019.

[4] 中国信息通信研究院. 大数据白皮书 [Z]. 2018.

[5] 中国信息通信研究院. 大数据白皮书 [Z]. 2019.

[6] 全国信息技术标准化技术委员会大数据标准工作组，中国电子技术标准化研究院. 大数据标准化白皮书 [Z]. 2020.

[7] 中国信息通信研究院. 云计算发展白皮书 [Z]. 2018.

[8] 中国信息通信研究院. 云计算发展白皮书 [Z]. 2019.

[9] 中国信息通信研究院. 云计算发展白皮书 [Z]. 2020.

[10] 张俊. 边缘计算方法与工程实践 [M]. 北京：电子工业出版社，2019.

[11] 边缘计算产业联盟（ECC）与绿色计算产业联盟（GCC）. 边缘计算 IT 基础设施白皮书 1.0 [Z]. 2019.

[12] 边缘计算产业联盟（ECC）与网络 5.0 产业和技术创新联盟（N5A）. 运营商边缘计算网络技术白皮书 [Z]. 2019.

[13] 边缘计算产业联盟（ECC）与工业互联网产业联盟（AII）. 边缘计算安全白皮书 [Z]. 2019.

[14] 中国信息通信研究院. 区块链白皮书 [Z]. 2018.

[15] 中国信息通信研究院. 区块链白皮书 [Z]. 2019.

[16] 中国信息通信研究院，等. 区块链即服务平台 BaaS 白皮书 [Z]. 2019.

[17] 中国信息通信研究院. 5G 应用创新发展白皮书 [Z]. 2019.

[18] 中国电信集团有限公司. 中国电信 5G 技术白皮书 [Z]. 2018.

[19] 中国信息通信研究院，等. 5G 网络设计架构白皮书 [Z] 2016.

[20] IMT - 2020（5G）推进组. C - V2X 白皮书 [Z]. 2018.

[21] 中国智能网联汽车产业创新联盟. C - V2X 产业化路径和时间表研究白皮书 [Z]. 2019.

[22] IMT - 2020（5G）推进组. LTE - V2X 安全技术 [Z]. 2019.

[23] IMT - 2020（5G）推进组. MEC 与 C - V2X 融合应用场景 [Z]. 2019.

[24] 中国信息通信研究院. 物联网白皮书 [Z]. 2018.

[25] 中国移动 5G 联合创新中心. 下一代车联网创新研究报告 [Z]. 2019.

[26] 崔胜民. 智能网联汽车新技术 [M]. 北京：化学工业出版社，2016.